ザ・マインドマップ®

脳の力を強化する思考技術

［著］
トニー・ブザン
バリー・ブザン
神田昌典［訳］

ダイヤモンド社

本書を、脳の世紀と知力のミレニアムにおいて、

知性の発展と自由を求めて戦う、

すべての知的戦士に捧げる

The Mind Map® Book

by Tony Buzan with Barry Buzan

This translation of "The Mind Map® Book"first published in 1993, revised and updated in 1995 and 2000 and revised edition published in 2003 by BBC Worldwide Limited is published under licence from BBC Worldwide Limited through Tuttle-Mori Agency

感謝をこめて

私が最初に『ザ・マインドマップ』（原書名:The Mind Map® Book）の初版を書き上げたのは、15年前のことだ。以来、世界20か国以上で定期的に新しく版を重ね続けてきた。

このたび、新しい日本語版ができたことを、たいへんうれしく思っている。私は日本の、文化、知的娯楽、武道、食べ物、そして人々を特別に愛しているからだ。私は、合気道と碁で、名誉ある「段」を所持していることを誇りに思っている。

日本語版を出版するにあたり、舞台裏で疲れを知らずに働いた多くの人々がいる。とくに——あなたが今持っているこの本を訳してくれた、私の最も頼れる仲間・神田昌典氏。本物の知的戦士であることをすぐに証明してくれたダイヤモンド社の私の担当編集者・渡辺考一氏。そして、あらゆる場面に参加し、見事なサポートをしてくれた、ダイヤモンド社の海外版権担当者・浅川まどか氏——に感謝したい。

さらに、次の方々にあらためて感謝したい。このすばらしい旅に私たちを送り出してくれた両親、ゴードン・ブザンとジーン・ブザンに。とくに、本書を書き上げることができたのは、母が毎日、献身的に支えてくれたからである。編集者のヴァンダ・ノースは、著者に劣らない熱心さで本書の執筆に協力してくれた。ロレイン・ギルは画家として、見ることの重要性と本質、イメージ、脳や記憶や創造性がいかに芸術と関わっているかについて深い知識を示してくれた。デボラ・ブザンは、長年にわたりこのプロジェクトに協力してくれた。マイケル・J・ゲルブは、著者と本書とマインドマップの世界を、熱心に根気強く支えてくれた。多くの友人が時間をかけて原稿を読み、助言を与えてくれた。なかでも、リン・コリンズと故ポール・コリンズは、大きな進歩は小さなことから起こることに気づかせてくれた。ジュディ・コールドウェルは、真の批評家として、著者を奮い立たせてくれた。ジョン・ハンブルは、長年にわたりマインドマップのコンセプトを支持して、著者を勇気づけてくれた。ショーン・アダムは著者を個人的に支えてくれ、10年間にわたってプロジェクトに関わり、本書の出版を勧めてくれた。ジョージ・ヒューズは、マインドマップを家族で使うテクニックを初めて成功させた。エドワード・ヒューズは、放射思考とマインドマップを使って、ケンブリッジ大学で優秀な成績を修めた。アンドリュー・ストリグナー博士は、放射思考を広めるのに力を貸してくれている。『Brain Book』の著者ピーター・ラッセルは、いつも変わらず協力の手を差し伸べてくれる。ジェラルディン・シュワルツは、マインドマップのコンセプトを発展させるのに協力してくれた。フィリダ・ウィルソンは、複雑な迷路のような原稿を読み解いてタイプをしてくれた。トニーの事務所のスタッフである、キャロル・コーカー、ケイト・モレル、レズリー・ビアスは、作成したマインドマップを提供し、本書を作り上げるあらゆる過程で力を貸してくれた。ニック・チャップマン、クリス・ウェラー、シーラ・エイブルマン、デボラ・テイラー、ケリー・デイビス、ケイト・ギー、サラ・キッド、ジェニファー・フライはBBCのスタッフとして協力してくれた。マーティン・カーシャムとアリソン・カーシャムに夏のあいだ世話になったおかげで、本書の執筆が始められた。エアー家のキャロ、ピーター、ドリス、タニヤ、ジュリアンは、本書に協力し、食事を提供してくれた。本書の大半は、彼らのすばらしい家、グリーンハムホールで書かれた。フォリー家の人々も、申し分のない職場と家を提供してくれた。ピーター・バレットは、コンピュータでマインドマップを作成するための、実用可能なソフトウェアを開発してくれた。そして、マインドマップを作り、放射思考を行うすべての方々とブレイン・クラブのメンバーにも感謝している。

目次

<ファミリー編>

<教育編>

<ビジネス編>

著者紹介

トニー・ブザンについて

トニー・ブザンは政府機関、企業、専門家、大学、学校などで、脳についての講義やさまざまな助言を行っている。著書も多く、世界中で出版されている。また、「脳のスイスアーミーナイフ」と呼ばれて親しまれている思考のためのツール、マインドマップは、彼の発明によるものだ。

また、ブレイン・トラストと、頭と脳を使うクラブの創始者であり、知的スポーツ協議会、トニー・ブザン・オーガニゼーションの会長であると同時に、放射思考、知的リテラシーの考案者である。

1942年ロンドンで生まれ、1964年にブリティッシュ・コロンビア大学を卒業。心理学、英語、数学、一般科学など複数の学科で優等賞を受賞した。1960年代後半から70年代初め、当時フリート・ストリートにあったデイリー・テレグラフに勤務し、インターナショナル・ジャーナル・オブ・メンサ（高知能指数保持者のための協会）誌の編集に携わった。『Use Your Head（邦訳『頭が良くなる本』）や『マインドセット』シリーズなどの著作で、世界的なベストセラー作家となり、著作は30か国語に翻訳され、100か国を超える国々で出版されている。

『Use Your Head』シリーズ（BBCテレビ）、『Open Mind（オープンマインド）』シリーズ（ITV）、『Enchanted Loom（エンチャンティッド・ルーム）』（脳を探る1時間のドキュメンタリー）や数多くのトークショーなど、多数の衛星放送、テレビ、ビデオ、ラジオの番組で司会、共同制作などを行い、国際的なメディア・スターとなっている。最新作は、ビジネスの現場でマインドマップを使う方法を解説した『マインドパワー』(BBC ビデオ)と、家族全員の脳力を高める方法を解説した『ファミリー・ジーニアス』である。『マインドパワー』は賞をとり、『ファミリー・ジーニアス』では、『マインドセット』シリーズの原理がすべてまとめられている。

また、政府機関や多国籍企業(BP、バークレイズ銀行、ディジタル・イクイップメント、エレクトロニック・データ・システムズ、ゼネラルモーターズ、IBM、マネージメントセンター・ヨーロッパ、ウォルト・ディズニー)のアドバイザーを務め、国際的な主要企業、大学、学校で定期的に講演を行っている。2000 年には、英国、シンガポール、メキシコ、バーレーン、クウェートなどの湾岸諸国、リヒテンシュタイン公国などの政府および政府機関で主要な教育構想に着手している。

さらに、記憶力世界選手権と世界速読選手権を創設。「脳の世紀」となる 21 世紀の初めまでに世界 74 か国から 2 万 5000 人を超える人々が参加した。また、マインドスポーツオリンピアド(MSO)、知的オリンピックゲームを共同創設し、ヤング・プレジデント・オーガニゼーション(YPO)のメンバーのあいだでは、「ミスター・ブレイン」という愛称で呼ばれている。世界最高の創造性 IQ の保持者でもあり、その創造力を生かして 400 以上の詩作を行い、文学賞も受賞している。

スポーツの分野では、国際オリンピックのコーチや選手、オリンピックに参加する英国のボート競技のチーム、チェス・オリンピックに参加する英国チームのアドバイザーも務める。トニー・ブザン自身もスポーツ選手として受賞経験がある。国際心理学者協会(IPC)のメンバーに選出され、国際教育研修学会(ITD)の会員、英国経営者協会会員、ロンドン市名誉市民でもある。さらに、ケンブリッジ大学とブリストル大学において若い起業家の会を後援している。学習障害を持つ人々の支援にも多くの力を注いでいる。

YPO リーダーシップ賞を含む数々の受賞歴に加え、エレクトロニック・データ・システムズ社より、不可能を可能にする人に与えられる賞であるイーグルキャッチャー賞が授与された。

バリー・ブザンについて

バリー・ブザンは、ロンドン・スクール・オブ・エコノミクス（LSE）の国際関係学の教授である。1995年から2002年まで、ウェストミンスター大学の国際関係学科の研究教授とコペンハーゲン大学の平和紛争研究所長を務め、1988年から90年まで英国国際関係学会の会長も務めた。1968年、ブリティッシュ・コロンビア大学で最初の学位を、1973年にLSEで博士号を取得した。1970年以降、弟のトニー・ブザンとともにマインドマップの開発に熱心に取り組み、1981年から本書の共同執筆を行った。

学問の分野では、歴史と国際社会の構造研究が専門で、世界の歴史、政治、経済、科学、社会学に基づいた広い知識をもとに、ゼネラリストとして活躍している。国際安全保障や国際関係論、ヨーロッパ、南アフリカ、南アジア、東南アジア、北東アジア、中東などの地域安全保障などについて広く論じた講演や著作活動を行っている。ローレンス・フリードマンは、彼を「近代国際関係論のもっとも興味深い理論家のひとり」と評している。

研究活動をとおして、広大で複雑なテーマに取り組み、学問や一般の場で発表する準備や、記事、論文、本などの構想を練るためのツールとしてマインドマップを使ってきた。著作には、『Seabed Politics（海底の政治学）』（1976年）、『People, State and Fear： The National Security Problem in International Relations（人民、国家、恐怖――国際関係における国家安全保障問題）』（1983年、改訂版1991年）、『South Asian Insecurity and the Great Powers（南アジアの政治不安と偉大な権力）』（ゴーハー・リズヴィ他との共著、1986年）、『An Introduction to Strategic Studies: Military Technology and International Relations（戦略研究入門――軍事技術と国際関係）』（1987年）、『The European Security Order Recast: Scenarios for the Post-Cold-War Era（ヨーロッパ安全保障秩序再編：ポスト冷戦時代のシナリオ）』（モートン・ケルストラップ、ピエール・ルメットル、エルズビエタ・トロマー、オール・ウェーバーとの共著、1990年）、『The Logic of Anarchy（無秩序の論理）』（チャールズ・ジョーンズ、リチャード・リトルとの共著、1993年）、『Identity, Migration and the New Security Agenda in Europe（ヨーロッパのアイデンティティ、移住、新たなる安全保障の課題)』(オール・ウェーバー、モートン・ケルストラップ、ピエール・ルメットルとの共著、1993年)、『Security : A New Framework for Analysis(安全保障――分析のための新しい枠組み)』(オール・ウェーバー、ジャプ・ド・ウィルドとの共著、1993年)、『Anticipating the Future(将来を読む)』(ジェラルド・セガルとの共著、1988年)、『The Arms of Dynamic in World Politics(世界政治における武装力学)』(エリック・ヘリングとの共著、1998年)、『International Systems of World History: Remaking the Study of International Relations(世界史の国際システム――国際関係論の再構築)』(リチャード・リトルとの共著、2000年)、『Regions and Powers : The Structure of International Security(地域と権力――国際安全保障の構造)』(オール・ウェーバーとの共著、2003年)がある。

現在は、『International Society and World Society: Rethinking English School Theory and Does China Matter?(国際社会と世界社会――英国流理論再考と中国問題)』(ローズマリー・フットとの共同編集)を執筆中である。

序文

トニー・ブザン

わたしは大学２年生のとき、調べ物をしようと図書館に行き司書に尋ねた。
「脳と脳の使い方についての本を探しているんですが、どこに行けば見つかりますか？」
すると、司書が案内してくれたのは医学書の棚だった。
「いえ、脳を手術するわけじゃなくて、〝使いたい〟んです」
そう説明すると、司書は言った。
「申し訳ありませんが、そういう本はないんです」
わたしは、信じられないという思いで図書館をあとにした。
わたしは、その頃、試練に耐えるような日々を送っていた。周囲の友人たちもみなそうだった。勉強しなければならないことがどんどん増えていく一方で、考えたり、作り出したり、覚えたり、問題を解決したり、分析したり、書いたりしなければならないものが多すぎて、脳が悲鳴をあげ始めていたのだ。効率が落ちるだけではなく、まったく成果があがらないことも多く、がむしゃらにノートをとって勉強すればするほど、かえってひどくなるような気がした。
このままいけば悲惨な結末しかない。勉強時間を減らせば必要な知識が吸収できず、結果的に事態はどんどん悪くなるし、かといって、これまで以上に時間をかけ、熱心にノートを作って勉強を続けたとしても、失敗するのは目に見えていた。
もしかしたら脳や思考力の使い方が間違っているのかもしれない。そう思って、わたしは図書館に出かけたのだ。

その日、図書館をあとにしたわたしは、求めていた本が見つからなかったという「不運」が、実は大変な幸運であることに気がついた。関連書物がないということは、それが未知の領域だということである。わたしは、極めて重要な分野に足を踏み入れたのだ。

そして、次のような基本的問いの答えを見つけようと、さまざまな分野の勉強を始めた。

- 学ぶことをどうやって学ぶのか
- 考えるとはどういうことなのか
- 記憶力を最大限に伸ばすにはどうすればいいか
- 創造力を高めるにはどうすればいいか
- 最も効率の良い速読法は何か
- 思考のための最も優れた技術は何か
- 新しい思考法、あるいは究極の思考法は開発できるのか

そして、心理学、脳の神経生理学、意味論、神経言語学、情報理論、記憶力、記憶術、認知力、創造的思考法、一般科学などを学ぶうちに、人間の脳は、感覚的な面と知的な技術が協力し合えば、より効果的で効率的に働くということに気づいた。

ほんの小さな工夫で、大きな、満足のいく結果が現れた。言葉と色という脳の２つの分野を一緒に働かせることで、わたしのノートのとり方が一変したのだ。ノートに色を２色加えるだけで記憶力は倍増したし、何よりも勉強を楽しめるようになった。

体系だったものが少しずつ作られ、わたしは趣味として、「学習障害」「失読症」「教育的遅滞」「学習遅滞」「不良」などといわれる生徒たちを教え始めた。いわゆる「落ちこぼれ」だった子たちの成績がたちまちあがり、クラスで１番になる子も出てきた。

バーバラという少女は、開校以来最低のIQを持つ生徒といわれていた。ところが、わたしのところで勉強の仕方を学んで１か月もしないうちに、IQを160まで伸ばし、大学は首席で卒業した。また、パットというアメリカ人の若者は驚くべき才能の持ち主なのに、「学習障害児」と誤って分類さ

れていた。のちに(創造性と記憶のテストの多くを見事な成績で終えたあと)、彼は、自分は「学習障害児」ではなく「学習剥奪児」だったと言ったのである。

1970年代初めには、人工知能の開発によって、メガバイトのコンピュータが手に入るようになった。そうしたコンピュータには1000ページもある取扱説明書がある。ところが、文明が発達したこの時代に現存するどんなコンピュータより1000兆倍も性能の高い、驚くほど複雑な生物コンピュータであるわたしたちの脳には、取扱説明書がないのである。

そこで、わたしは、研究に基づいて本を何冊か書くことにした。1971年に執筆を始めた『An Encyclopedia of the Brain and Its Use(脳とその使い方の百科事典)』である。書き進めるうちに、それまで考えてきたことが、よりはっきりとした形をとるようになった。それが放射思考とマインドマップである。

開発の初期段階では、わたしは、マインドマップをおもに記憶法として使うつもりでいた。しかし、兄のバリーと何か月も議論を重ねた結果、マインドマップを使うには創造的な思考が大切だという彼の主張が正しいと思うようになった。

バリーは、まったく異なる視点からマインドマップ理論の研究を続け、プロセスの開発を支えてくれた。彼の話はとても興味深いので、彼自身に語ってもらうのが一番だろう。

バリー・ブザン

わたしがマインドマップというトニーのアイデアに興味を持ったのは、ロンドンに移り住んだ直後の1970年代のことである。ただキーワードを並べるだけのノート法とは一線を画すマインドマップは、当時はまだ開発段階にあり、ようやく独自の形ができつつあるところだった。マインドマップは、トニーがこれから取り組もうとする幅広い学習法や人間の脳の理解のごく一部だったのである。わたし自身はトニーの研究にときおり参加することはあっても、開発過程に直接関わってはいなかった。真剣に取り組むようになったのは、博士論文の執筆にマインドマップを使い始めてからのことだ。

トニーはマインドマップでノートをとることに夢中になっていたが、わたしはノートを作るほうに関心があった。増え続ける山のような調査データを整理するだけでなく、なぜ平和運動が公言した目的を達成できないのかという複雑な政治問題について考察する必要があったからだ。そして、マインドマップが思考のための強力なツールであることを体験したのである。マインドマップのおかげで、要点をまとめ、それぞれの関連をすばやく、明確に理解することができた。頭のなかにあることを言葉にするための中間段階として、マインドマップが大いに役立ってくれたのだ。

わたしは、ほどなく、考えることから書くことへの移行の段階が、わたしたち大学院生にとって成否を決する要因であることに気づいた。多くの仲間が、この段階で失敗していた。彼らは、研究課題について知識を得れば得るほど、その詳細をまとめて書き上げることができなくなるようだった。

マインドマップは、わたしにとって大きな力となった。マインドマップを使えば、時間をかけて下書きをしたり、それをまた書き直したりということをせずに、考えをまとめて磨きをかけることができる。考える作業を書く作業から切り離すことによって、より明確に、より広くものをとらえることができるようになった。いざ書く段階になれば、頭のなかではすでに構造や方向性が明確になっているので、速く、容易に、楽しく書くことができる。わたしは、博士論文を所定の３年以内に書き上げただけでなく、他の本の章の一部を執筆したり、国際関係の新しい季刊誌を創刊して編集をしたり、学生新聞の共同編集者になったり、オートバイであちこちに出かけたりしたし、結婚もした（結婚の誓いは、妻になる女性とマインドマップを使って書いた）。こうした経験のおかげで、創造性を高めるというマインドマップの側面についての関心が一層高まったのだ。

いまでも執筆には、おもにマインドマップを使っている。おかげで、次々に本や記事や論文を書き続けることができる。また、情報が多すぎてほとんどの人がスペシャリストにならざるをえない分野でゼネラリストであり続けられるのも、マインドマップのおかげである。難解な文章を使ってしまいがちな論理的なテーマも、マインドマップを使えば、わかりやすく表現できる。マインドマップは、わたしのキャリアに大きな影響を与えているのである。
「想像していたよりずっとお若いんですね。いったいどうやって短期間にあんなにたくさん執筆できるんですか？」と、初対面の人によく言われるのがその証拠だ。

マインドマップは、わたしの人生と仕事を大きく変えてくれた。そのため、わたしは、トニーが開発したマインドマップの多岐にわたる用途のうち、とくに創造的思考のために使うことの重要性をみなさんに説くようになったのである。

1970年代の終わりに、トニーがマインドマップについての本を出すことにしたとき、わたしがどのようにこのプロジェクトに関わるべきかを話し合った。何十年かのあいだに、わたしとトニーは、かなり異なったやり方をしてきた。トニーは、指導や執筆活動をとおしてマインドマップを脳の理論に結びつけ始め、いろいろな決まりごとを作っていたし、わたしは、学術書の執筆者として、マインドマップをもっと限られた範囲で使用していた。わたしのマインドマップは、構成要素も少なく、色やイメージも使わないもので、基本構造がまったく違った。しかし、講演をするときや管理的な作業に使い始めてみると、マインドマップがとても役に立つのがわかった。そして、マインドマップを使い、大きな研究プロジェクトを組み立て、継続していくことで、長期間にわたって深く考える方法を学んだ。

わたしたちが本書を共同で作りたかった理由はいくつかある。まず、2人の考えを合わせればより良い本ができると思ったこと、また、2人ともマインドマップを大変すばらしいものと考えていて、世界中の人に広めたいと思っていること、そして、生徒にマインドマップの技術を教えようとしたときにもどかしさを感じたことだ。何回かの失敗を経て、マインドマップを作る技術だけでなく、考え方も教えなければいけないというトニーの主張が正しいことが、わたしにもわかるようになった。「この本を読めば、わたしと同じように考えたり仕事をしたりする方法がわかりますよ」と言って渡せる本があれば便利だとも思った。

執筆作業は長くかかった。わたしたちは、定期的に、ほとんど間もおかずに話し合いを続け、互いの考えを完全に理解できるよう努力した。脳理論、創造性と記憶のつながり、ルールやテクニックの大部分、物語のほとんどすべて、他の研究とのつながりなど、本書の8割はトニーが書いた。文章も、図もほとんどトニーによるものである。わたしはおもに本の構成を考え、マインドマップの真価は、BOI（基本アイデア）を伸ばしていくことにあるのを説明した。また、トニーに意見を述べたり、励ましたり、アイデアを提供したりするのがわたしの役目だった。

長い時間をかけたおかげで、わたしたち２人の意見は完全に一致した。共同執筆は多くの時間が必要だが、著者がそれぞれひとりで書くもの以上の深さと幅広さを備えた本ができあがることがある。本書もそのひとつだ。

トニー・ブザン

バリーが述べたように、わたしたちは教えていることを実践し、実践していることを教えてきた。本書もマインドマップを使って書いた。15年間、わたしたちがブレインストーミングとして使ってきたマインドマップの２つのアイデアを組み合わせたのが本書である。深い議論をしてアイデアを考え出し、それが自然に育つのを待って、個々に次の段階のコンセプトをマインドマップにして、ふたたび会ったときに、それを比較し、さらに次の段階へ進んだ。

マインドマップは、まず本書全体の構成を表したものを作り、次に章ごとのものを作った。各章の本文はそれをもとに書いたものである。このプロセスをとおし、「兄弟」、とくに「兄弟愛」という言葉が新しい意味を持つようになった。執筆中も、わたしたち自身がグループ・マインドを形成しているのを実感した。本書は、強い相乗効果によって生まれたわたしたち２人のアイデアを統合したものである。

本書を読んだみなさんが、わたしたちと同じように、発見のスリルと、探求の興奮と、アイデアを創造して異分野の人々と交流する喜びを見出すことを願ってやまない。

序文への追記

マインドマップは、1974年春、本書の親本である『Use Your Head』（邦訳『頭がよくなる本』）の出版とともに初めて正式に紹介された。1995年4月21日には、ロンドンのロイヤル・アルバート・ホールで、本書の誕生日を祝うパーティが開かれた。

年を経るたびに、放射思考やマインドマップを使う人の数は対数的なペースで増え続けている。現在、世界で2億5000万人以上の人々がマインドマップを使っていると考えられる。

放射思考実践者とマインドマップ使用者を支援し、すべての学校が必要なカリキュラムとして取り入れられるよう、2000年にマインドマップ協会が結成された。2010年までに放射思考やマインドマップ、メンタルリテラシーをこの地球に住むすべての人々に紹介するのが当協会の目的である。

あなたにも是非参加してほしい。

イントロダクション
本書の使い方

本書の目的

本書は読者を誘惑し、喜ばせ、刺激し、やる気を起こさせることを目的としている。本書を読めば、脳やその働きについて驚くような事実を発見し、知性解放の道への大きな第一歩を踏み出すことになるだろう。

本書には５つの大きな目的がある。

1 • 思考を発達させる新しいコンセプトを知る——放射思考
2 • 放射思考を人生のあらゆる面で最大限に利用するための革新的なツールを知る——マインドマップ
3 • 思考プロセスの仕組みや発達はコントロールができること、創造的思考能力は理論的には無限であることを知り、脳の能力を大きく解放する。
4 • 放射思考を体験し、知的技術や知性の水準を向上させる。
5 • 新しい世界を学ぶことで、興奮と発見の喜びを知る。

各部の構成

本書は６部で構成されている。

第1部 • 脳は驚異のメカニズム

人間の脳について、構造、機能などに関する最新情報を知る。歴史上の偉大な思想家（本書では「偉大な頭脳」と呼ぶ）の多くが、誰にも有効な技術を使っていた。また、95パーセント以上の人々が思考、記憶、集中、やる気、考えをまとめる、意思決定、企画などといった分野で問題を抱えている理由を考える。

また、放射思考とマインドマップが、脳の自然な構造から生まれたことを知り、脳の能力をいかに強化するかを学ぶ。

第2部 • 脳の力を全開にする準備

右脳と左脳のスキル、いかにそれを個別に使うか、また、いかに両方を組み合わせ、脳の力を飛躍的に高めることができるかを学ぶ。それにより、マインドマップ作成の技術（9章）を身につける。

第3部 • マインドマップの作り方

放射思考とマインドマップを最大限に機能させるためのルールとアドバイスを学ぶ。それにより、思考をより正確に、柔軟なものにする。

マインドマップを最大限に活用するためのアドバイスを学び、独自のマインドマップのスタイルを確立しよう。

第4部 • マインドマップ活用法

マインドマップを使って、さまざまな知的作業を行う。選択する（意思決定）、自分の考えを整理する（ノートの作り方）、他人の考え方を整理する（ノートのとり方）、創造的思考、ブレインストーミング、記憶力と想像力の強化、グループマインドの形成などにマインドマップを利用する。

第5部 • マインドマップを使いこなす方法

マインドマップのさまざまな用途を知る。マインドマップは次のような場面でよく使われる。

- 個人
- 家族
- 教育
- ビジネス
- 未来

マインドマップは、知的生活にもビジネスにも使用可能なツールである。自己分析、問題解決、記憶、論文作成、マネージメント、会議などで使用する方法を学ぶ。コンピュータ・マインドマップや知的リテラシーのある未来像についても知っておこう。

第6部 • 付録

復習しながら、楽しもう。

● クイズ：天才たちのノートを探せ

芸術、科学、政治、文学などの分野から選んだ、世界の偉大な思想家14人から17のノートが集められている。それぞれのノートを見て、作者を当ててほしい。

● 参考文献

小説、脳についての科学読み物、伝統的な科学書などを本文中、(*) が付いている箇所で参考にした。興味がある人のために、研究論文も多く掲載している。

章の構成

1 • 章のデザイン

各章は次のような要素からできている。

- 本文
- 「次の章では…」次章のイントロダクション
- 「脳の豆知識」では、興味深い話を紹介する。

2 • 囲み部分

このような囲みの部分は、著者の生徒たちが、とても役に立ったので強調してほしいと言った部分である。

3 • 研究

†の記号で始まる段落では、さまざまな研究の結果を紹介する。本書の勧める方法に従うのが重要であることがわかるようになっている。

練習する

練習することによりマインドマップの理解や知識をさらに強化できる。クイズ、チャレンジ、研究などの形があるので、マインドマップの用紙（A3の白紙）と12色以上の書きやすいフェルトペン、4色以上のラインマーカー、普通のペンを使って行うとよい。マインドマップ用のキットは通信販売もしている（編注：日本国内では未発売）。

こうした道具によって、放射思考やマインドマップ作成の能力を存分に活用し、新しい技術を簡単に、楽しく、しかもすばやく学ぶことができるだろう。さらに、練習問題をやることは、進歩を目に見える形で記録することになる。本書に収録された白黒のマインドマップにも、ぜひ色をつけてみてほしい。

マインドマップ知識のレベル

まず、本書全体をざっと読んで構造をつかみ、とくに関心のある部分を深く読み、最初の目標を設定してほしい。

そのあとの取り組みは、マインドマップの知識や経験度による。

1 • 初心者

マインドマップを一度も作ったことがなく、なんの知識もないという場合は、本書のすべてを読んでほしい。また、トニー・ブザン著『頭がよくなる本』（東京図書）も参考にしてほしい。

2 • 中級者

マインドマップについてある程度の知識があり、実際にマインドマップを作っている中級者は、いま使っている技術を本書で確認してみよう。マインドマップの技術を完全なものにすることを目指し、第5部でのさまざまなマインドマップ活用法を参考に、自分だけの目的を見つけよう。

3 • 上級者

マインドマップの経験をかなり積んだ上級者は、さらに深い知識を必要とする部分や、新しい情報を中心に、第3部までを重点的に読もう。

どのレベルの読者も、本書を読みながら、あるいは読んだあとに、本書の知識をマスター・マインドマップにしてみてほしい。

フィードバック

本書は常に進化を続ける。よって、読者のさまざまなフィードバックを歓迎する。

1 • 物語

あなた自身、あるいは友人、知り合いがマインドマップを驚くような方法で使っているという経験談。

2 • 研究

本書で説明した点を裏づける研究、実験、調査について知っていたら、ブザン・センターへできるだけ細かく教えてほしい。

3 • 追加

今後改訂する場合、追加してほしい項目などがあれば教えてほしい。

4 • 天才たちのノート

できるだけ多くの例を手に入れたい！

5 • 練習問題・ゲーム

マインドマップ作成の技術を発展させることができる練習問題やゲームを

自分で考えた、あるいは開発した人を知っているなどの場合は、連絡先を添え、概略を送ってほしい。

6 • マインドマップ

将来の改訂版に掲載できる優れたマインドマップがあれば、原本、またはカラーコピーを検討材料として送ってほしい。

7 • 参考文献一覧

有益だと思われる著作や論文を知っていたら、出版社の詳細などを知らせてほしい。

本書と読者

読者のみなさんは、それぞれ個性があり、それぞれのやり方で学習スキルを発達させてきたことだろう。よって、これからも自分に合ったリズムとペースで進歩していくことができるはずだ。大切なのは自分自身を物差しとすることである。本書に掲載した例の多くは、到達すべき目安ではなく、**目的へ導く信号灯**だと思ってほしい。

本書を最後まで読み終えたら、もう一度、ざっと目をとおして復習するとよい。この〝復習読み〟は、古い友人と再会するようなもので、マインドマップの技術の発達に一歩進んだ視点を与えてくれるだろう。

第1部
脳は驚異のメカニズム

人間は誰でも、どこにいても、言葉を理解するために、
既知の宇宙のなかで、最も美しく、複雑で、不思議で、神秘的で、
強力なものを使っている。それは脳である。

現人類（ホモ・サピエンス）は進化モデルとしては、誕生してわずか4万5000歳ほどでしかない。そして、いま、人類は発達の過程の大転換点にある。350万年にわたる人類の知性の歴史において初めて、知性そのものが知性を理解し、分析し、育むことができるのに気がついたのである。知性が知性を活用することにより、現在、世界中で使われている伝統的な思考方法よりも、はるかに柔軟で有効な新しい思考方法を開発することができたからだ。

人間が脳の構造や働きについての情報を集めるようになったのは、ほんの数百年前のことである。驚くべき事実が次々と明らかにされ、多くの論文や記事が発表された。脳についてこれまでに知られている情報の95パーセントが、過去10年間に蓄積されたものである。脳についてはまだわからないことも多いが（現在、解明されていることは脳の秘密のほんの一部にすぎないということも徐々にわかってきた）、それでも、これまでの自分や他人に対する見方を変えるのにはじゅうぶんである。

そこで次のことを考えてみよう。

1 ● 脳は何から構成されているか。

2 ● 脳はどのように情報を処理するのか。

3 ● 脳のおもな機能は何か。

4 ● スキルはどのように脳内に伝わるのか。

5 ● いかに苦労なく学び、覚えるか。

6 ● 人間の脳には、パターンを追い、パターンを作る性質があるのか。

7 ● 非凡な人が、ほかの人よりも多くのことを記憶するために使っている技術は何か。

8 ● なぜ、多くの人が自分の脳の力や機能について絶望しているのか。

9 ● 自然で理想的な考え方とは何か。

10 ● 自然で理想的な人間の思考の表現とはどのようなものか。

第１部から第５部は、こうした問いに対する答えであると同時に、細胞および全体レベルでの脳の驚くべき仕組みと機能のおもな原理を紹介している。また、天才と呼ばれる人たちが使ったスキルが誰にでも使えるということ、さらに、95パーセントの人が自分の知的機能に満足していない理由を示している。本文を読みながら、脳の働きに基づいた新しい思考法である放射思考と、それを自然な形で表現したマインドマップについて学ぼう。

1 あなたの脳の無限の力

この章では、驚くべきバイオコンピュータである人間の脳について、
最新の生物物理学や神経生理学でわかっていることを
大まかに説明する。脳には驚くべき数の脳細胞があり、
それがいかに複雑に、効率的に反応しているかがわかるだろう。
脳が情報を処理するシステム、右脳と左脳についての
最先端の研究などについても述べる。
また記憶の本質や働き、脳のおもな機能について学びながら、
脳の能力と潜在力が無限であることを知ろう。

脳のパワーの研究

神経生理学の父といわれるチャールズ・シェリントン卿は、脳細胞の研究の結果、次のような感嘆の言葉を残している。

「人間の脳は、はたおり機のようなものだ。何百万もの縦糸と横糸が織り成す美しい模様が、現れては消えていく。小さな模様が集まって、常に意味を持ち、常に変化する別の模様を作る。まるで銀河が宇宙のダンスを始めたかのようだ」

脳細胞（ニューロン）は、ピンの頭ほどの大きさしかないが、それぞれに複雑な電気化学装置と強力なマイクロデータ処理伝達システムを備えている。そして、何十、何百、何千という触手を四方八方に伸ばしている。

さらに拡大すると、それぞれの触手が木の枝のように、細胞の中心である

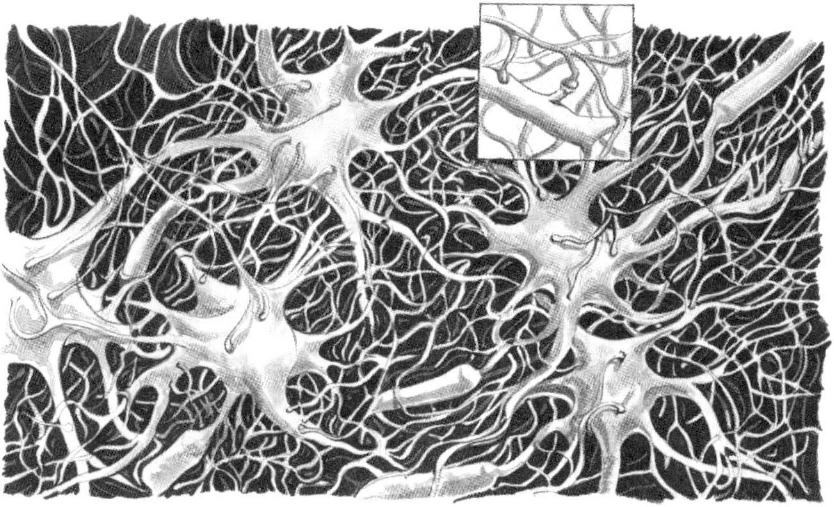

隣り合う脳細胞が結合するイメージ。（実際に顕微鏡で見られる脳細胞をごく簡略化したもの）

細胞核から放射状に広がっているのがわかる。これは樹状突起と呼ばれるもので、そのうちとくに大きく長いものを軸索といい、細胞が伝達する情報のおもな出口となる。

樹状突起や軸索の長さは１ミリメートルから1.5メートルほどで、先端には、小さなきのこ状の突起物である樹状突起棘とシナプスボタンがある。

それぞれの樹状突起棘やシナプスボタンには、人間の思考のプロセスで大切な役割を担う情報伝達化学物質が詰まっている。

樹状突起棘やシナプスボタンが別の脳細胞の樹状突起棘やシナプスボタンと結合し、脳細胞に電気刺激が起こると、シナプス間隙と呼ばれる、液体で満たされた小さな細胞間の隙間を越えて、化学物質が渡される。

化学物質を受け取った細胞は信号を発し、次の細胞に化学物質を渡す。情報は、こうして細胞間を伝わっていくのである（上の図参照）。

こうやって説明してしまうと簡単なことだが、シナプスには膨大な量の複雑な生化学情報が押し寄せることになる。ミクロの宇宙においては、ナイアガラの滝のようなものといっていいかもしれない。

何十万もの連結点から送られてくる信号を受け取った脳細胞は、巨大な電話交換機のような働きをしながら、マイクロ秒単位の速さで、受け取ったデータを正しい道筋へ出力する。

メッセージや考えや取り出した記憶が脳細胞から脳細胞へ伝わると、電磁回路ができる。これが「記憶痕跡」と呼ばれるニューロンの回路である。この記憶痕跡や認知地図が最近の脳研究のもっとも盛んな分野で、驚くべき発見が次々ともたらされている。

脳が何かを考えるたびに、思考を伝達する回路に生じる生体電磁抵抗が減少する。これは、森で小道を切り開くのに似ている。最初は下生えを刈りながら、苦労して進まなければならない。しかし、そのおかげで、2度めにその道を通るのはずっと楽になる。何度もそこを通るうちに、下生えを刈る必要がほとんどないほど、広い平らな道ができあがる。脳の機能も同じである。繰り返しにより、思考のパターンや地図ができれば、抵抗は減る。反復が次の反復作業を楽にするのだ。つまり、脳内の出来事は起これば起こるほど、起こりやすくなるのである。

森にできた小道を繰り返し通るうちに、道はやがて踏み固められ、その道を通る機会はさらに多くなる。道が増え、踏み固められるうちに、思考は速く、明確で、効率的になる。人間の知能は、パターンを作り、使う能力に大きく関係しているのである。

脳の豆知識

人間の脳には
推定1兆
（1,000,000,000,000）個
の脳細胞があるといわれている。

1973年冬、モスクワ大学のピョートル・コウズミッヒ・アノーヒン教授は、60年にわたる脳細胞の研究に関する最後の公式発表を行った。〝自然知能と人工知能の形成〟という論文で、彼はこう結論づけている。

「人間の脳にある100億個のニューロンひとつひとつに、1のあとに28個のゼロがつく数の連結の可能性がある。ひとつのニューロンにこれほどの潜在能力があるのだから、脳全体がどれほど大きな力を持つのかは想像もできない。ありとあらゆる組み合わせを書き出したら、1のあとにゼロが1500万キロも続くことになるかもしれない。

脳に秘められた可能性をすべて使い切った人間はいまだかつて存在したことがない。よって、人間の脳に限界があるという悲観的な考えを受け入れるのは難しくなる。脳の力は無限なのだ」

どうすれば、脳の無限の力を引き出せるのだろうか。鍵となるのは現在わかっているなかで最大の規模の現象といえる脳細胞の連結である。個々の脳細胞には、瞬時に他の1万個の脳細胞と連結する可能性があるのだ。

細胞が絶え間なく一瞬の連結を繰り返すことにより、脳内にはパターンや地図が無限に作られ、培われ、発達する。こうした脳のシステムやプロセスを反映して起こるのが放射思考である。マインドマップは脳内で行われる放射思考を鏡のように映し出し、思考の巨大な発信源となる脳の力を引き出す。

脳の半球

1960年代終わり頃、のちにノーベル賞を受賞したカリフォルニア工科大学のロジャー・スペリーが、人間の脳の最も高度に発達した領域である大脳皮質についての研究結果を発表した。

スペリーによると、脳の両半球の皮質、つまり、右脳と左脳は、それぞれ別の知的機能を担う（次ページの図参照）という。右脳は、リズム、空間認識、ゲシュタルト（全体性）、想像力、空想、色、次元性などの領域で優位性を持ち、左脳は、言葉、論理、数字、数列、直線性、分析、リストに優位性を示すというのである。

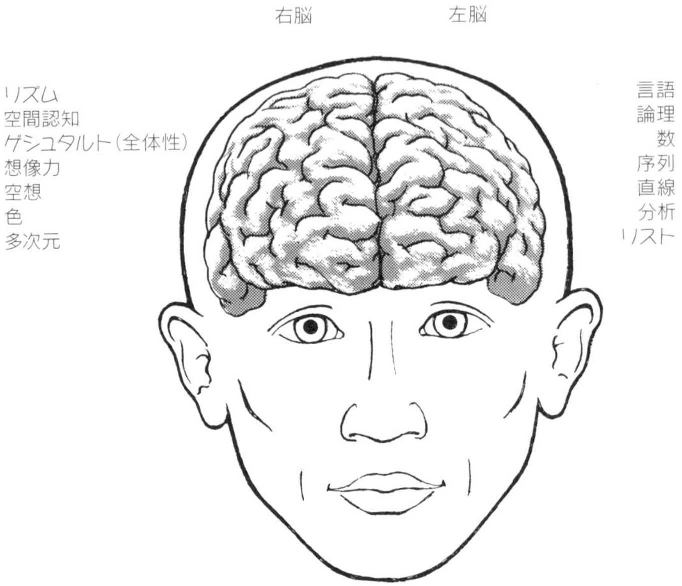

脳を正面から見たところ。こうした能力が、ノートを作ったり、考えたりするときに使われる。

この発見は、その後、オーンスタイン、ザイデル、ブロックらなどによって裏づけられた。しかし、次のようなこともまた明らかになっている。

つまり、各半球がある領域で優位になるということはあるが、基本的には両半球がすべての領域に働き、スペリーが特定した技能は、実際には大脳皮質全体に分散しているということである。

よって、最近はやりの、右脳型や左脳型に人を分類するやり方には弊害があるのである。マイケル・ブロックが次のように述べている。

「右脳型人間だとか左脳型人間だとかを決めつけるのは、新しい方法を開発する能力に枷をはめるようなものだ」

「○○の知的技術がない」とか、「○○が苦手だ」とかいうのは真実ではないし、間違いである。不得手なものがあれば、「○○の技術が発達していない」と言うのが正しい。知的技術を表現したり、使ったりするうえで問題になるのは、その方法を知っているかどうかだけなのである。

既に述べたものも含めて、右脳・左脳にかかわらず、脳が持つ知的技術には次のようなものがある。

1 • 言語
- 言葉
- 記号

2 • 数

3 • 論理
- 順序
- リスト
- 直線性
- 分析
- 時間
- 関連づけ

4 • リズム

5 • 色

6 • イメージ
- 空想
- 視覚化

7 • 空間把握
- 次元性
- ゲシュタルト（全体性）

放射思考とマインドマップはこれらすべての技術を利用する。

学習効果の科学

研究により、脳は学習の過程で次のようなことをおもに覚えているのが明らかになっている。

- 学習時間の始めに学んだもの（初頭効果）
- 学習時間の終わりに学んだもの（親近性効果）
- すでに蓄積された項目やパターンに結びつくもの。あるいは現在、学習中のほかのことに関連するもの
- 目立つ方法や変わったやり方で強調されたもの
- 五感に強く訴えるもの
- 特別に関心があるもの

このリストは、次ページのグラフとともに、人間の脳の働きを理解するうえで重要である。実際、著者は、この情報を知ったことにより、マインドマップの技術を発展させようと思い立ったのだ（多くの人の推測に反して、右脳・左脳理論ではない）。著者は、1960年代にいろいろな大学で学習と記憶の心理学についての講義を行う一方、教える理論と実際に行うことのあいだに大きな矛盾があることに気づいた。

著者の講義ノートは伝統的な直線形で、忘れやすく、関連性を表すのが難しいという点で、従来のものとまったく変わらなかった。そんなノートをもとにして記憶に関する講義を行い、想起に重要なのは関連づけと強調だ、と教えていた。しかし、それこそが、著者のノートに欠けていたものだった。

関連づけと強調がうまく行えるノート法は何かと自分に問い続けた結果、1960年代終わりから70年代初めにかけて、マインドマップの最初の構想を思いついた。

その後、情報処理の正体や脳細胞の構造や機能について学び、大脳皮質の研究をして、最初の理論を確認し、強化して、マインドマップを作り出したのである。

脳はゲシュタルト（全体性）を求める

脳には、パターンや完成を求める傾向がある。

「1、2、3」とくれば、「4」とつけ加えたくなる。

「すごくいい話があるんだけど……。あ、ごめんなさい。口止めされているんだった」と言われたら、話の続きを聞きたくてたまらない。

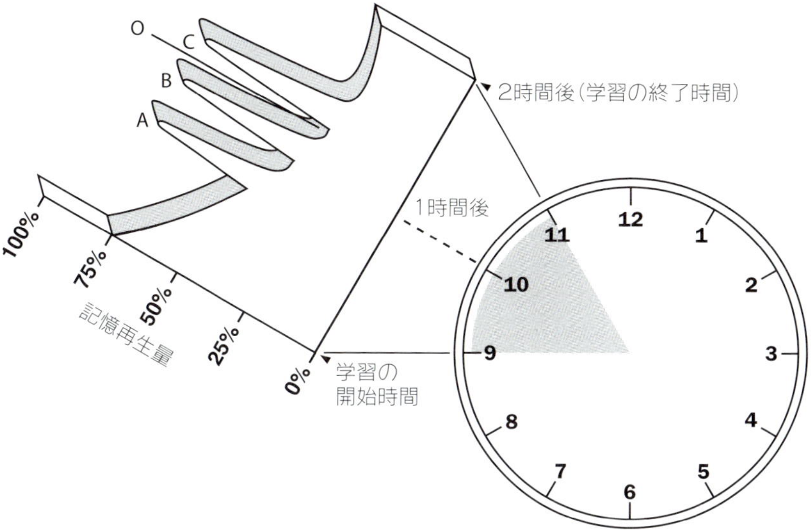

学習時間中、記憶再生の最高値と最低値が出る時間を予測したグラフ

マインドマップは、完成を求めるという脳に組み込まれた習性を満たすものである。マインドマップを使えば、「知りたいという気持ち」をつないで伸ばし続けることができるので、アイデアや問題を徹底的に調べることが可能になる。

脳の5つの機能

脳には、おもに次のような５つの機能がある。

1 • 受容

感覚が得た情報を受け入れる。

2 • 保持

情報を蓄積し、蓄積した情報を取り出す。記憶を保持する。

3 • 分析

パターン認識と情報処理

4 • アウトプット

さまざまなコミュニケーション、創造的な行為、思考

5 • コントロール

知的および身体的機能をコントロールする。

この5つの機能は互いに補強し合っている。脳が興味や動機を持ち、受容プロセスが脳の機能に合えば、データを受け入れるのは容易になる。効率的に受け入れられた情報を保持し、分析するのは難しくない。逆の言い方をすれば、記憶の保持や分析が効果的に行われれば、情報を受け入れる能力が高まるのだ。

同様に、複雑な情報処理作業の連続である分析にも、受容した情報を保持（維持と関連づけ）する能力が必要である。情報を受け入れ、保持する能力が高ければ、分析の質も高くなる。

アウトプットは、これら3つの機能を統合したものである。受け取り、保持し、分析したデータを、マインドマップや言葉や動作で表現するのだ。

5番めのコントロールとは、健康、態度、周囲の状況など、知的および身体的機能を監視することで、とくに重要な機能である。受容、保持、分析、アウトプットという4つの機能が能力を発揮するには、知的な健康と身体的な健康が不可欠だ。

人間はまだ進化の途中

人間の知性の歴史は、脳が自身の脳と効果的に交信する方法を探る研究の歴史である。

人間が最初に線を引いたとき、人間の意識の革命が始まった。そして、その後の発達の最先端にあるのがマインドマップである（興味がある方は、ロレイン・ギルの論文『線は人間が引いた』を参考にしてほしい）。

人間が心のなかにある絵を具象化できることがわかったあとの発達は速

かった。オーストラリアにあるアボリジニの洞窟絵画のように、ただの印が絵に進化していった。文明が発達するにつれ、絵はシンボルになり、そして、アルファベットや中国の漢字やエジプトのヒエログラフのようなさまざまな文字へと凝縮された。西欧の思想が発達し、ローマ帝国の影響が広まるにつれ、絵から文字への移行が完了した。その後、2000年間にわたり、文字の力が途方もないほど進化し、イメージ（絵）に対して優位を保ってきた。

最初に記号を書いた人間は、文字どおり、知性の進化に大躍進を記した。そのとき、人間の脳のなかにある世界が初めて具象化されたのだ。具象化により、人間は思考に時間と空間を結びつけ、時間的、空間的な広がりを得たのである。いまや人間の知性は、時間や空間を超えて伝達されている。

シンボルやイメージや符号が発達して文字になった。文字の進化により出現したのが、メソポタミアや中国などの巨大文明である。当時、文字が書ける人は書けない人にくらべて圧倒的に優位な立場にあった。文字を知らない人は、過去の偉大な知性から生まれた知恵や知識を得る方法がなかったからである。

大河が小さな水路へ引き込まれるように、情報を集めるという傾向は何世紀にもわたって加速し、「情報爆発」と呼ばれるものが起きた。この爆発を引き起こしたのは、文字こそが学習、分析、情報普及のための正しい方法だという考え方だ。

もし、文字が本当に情報を取り入れ、分析し、伝達する最高の方法なら、なぜこれほど多くの人が、学習や思考や創造性や記憶の分野で問題を抱えているのだろうか。なぜ、無能であるとか、自信がないとか、興味をもてないとか、集中力や記憶力や思考力を伸ばすことができないとか、嘆くのだろう。

そのせいで自分を恥ずかしく思ったり、目標を達成できなかったり、気力を失ったり、より厳しい規則を自分に課したりすれば、脳の本質的な機能はさらに妨げられる。

我々は言葉、文章、論理、数を文明の礎として捉え、それを唯一の正しいやり方と考えることで、脳の表現様式を制限しているのだ。

なぜこうなったのだろうか。それは、進化という意味では、人間がまだ新生児にすぎないからである。そのため、一瞬でも居心地の悪い思いをして、我々自身を試してきたのかもしれない。その居心地の悪さについては次章で説明し、残りの章で解決する。

次の章では…

生理学的にも、心理学的にも、
人間の脳にはものすごい力が秘められている。
そして、それは解放のときを待っているのだ。
脳が持つ潜在的な力を知り、
それをいかに使うかを学ぶために、
「天才」と呼ばれた人々の脳について考えてみよう。
次章では、過去の偉大な思想家たちが、
いかに連想とアイデアに満ちた
放射思考能力を発揮したのかを知る。

天才たちのノート 2

芸術、科学、政治、文学、軍事、ビジネス、教育などの分野で
偉大な頭脳の持ち主といわれてきた人々は、
ノートを思考の補助として使ってきた。
１章で明らかになった脳の働きをふまえ、
この章では歴史上の偉大な頭脳の持ち主たちが、
いかにその高い思考力を使っていたかを検証する。

偉大な頭脳

ノートが「きたない」とか「いたずら書きみたい」とか言われ続けてきた人には、ここからの話は、慰めにも弁護にもなるだろう。

過去25年間の講義で、著者は、しばしば「天才」といわれる人たちのノートを、学生たちに見せてきた。そして、誰のノートだと思うかを尋ねた。正しい答えがでることはあまりなかったが、ダ･ヴィンチ、アインシュタイン、ピカソ、ダーウィン、さらに著名な音楽家や科学者、政治家などの名前が挙がった。

この実験は、アインシュタインやダ・ヴィンチのような人々は普通の人よりも幅広い知的技術を持っていた、と考えられていることを示している。次の例を見れば、その推測が正しいことがわかる。しかし、彼らは、本来、誰の脳にも備わっている能力を活用しただけなのである。ただ、直線的な思考法ではなく、本能的に放射思考やマインドマップの原理を使っていたのが普

通の人々と異なるのだ。

ダ・ヴィンチとピカソ

ノートのとり方が上手かどうかを評価するには、39ページからの「脳の５つの機能」がどれだけ反映されているかを考えればよい。もちろん、使っている機能が多いほどよいノートである。

右ページにあるダ・ヴィンチのノートを見ればわかるだろう。言葉、記号、系列、表、直線性、分析、連想、視覚的リズム、数、イメージ、次元性、そしてゲシュタルト（全体性）などを活用している。優れた脳が優れた技術で自らを表現している例である。ピカソのノートにも、幅広い知的技術が活用されているのがわかる。第６部の「クイズ：天才たちのノートを探せ」をやる前に、脳の柔軟体操として、右ページのどちらがダ・ヴィンチで、どちらがピカソのノートかを当ててみてほしい。

次の章では…

天才たちのノートは偉大な頭脳の思考過程を外面化したもので、
彼らが、本来、持っていた能力を、
普通の人々より幅広く使っていたということを示している。
彼らと同じ能力は、誰にもあるはずだ。
それなのになぜ多くの人々が
思考・創造性・問題解決・記憶・変化への対応などに、
大きな問題を抱えているのだろう。
次章でその理由を考えよう。

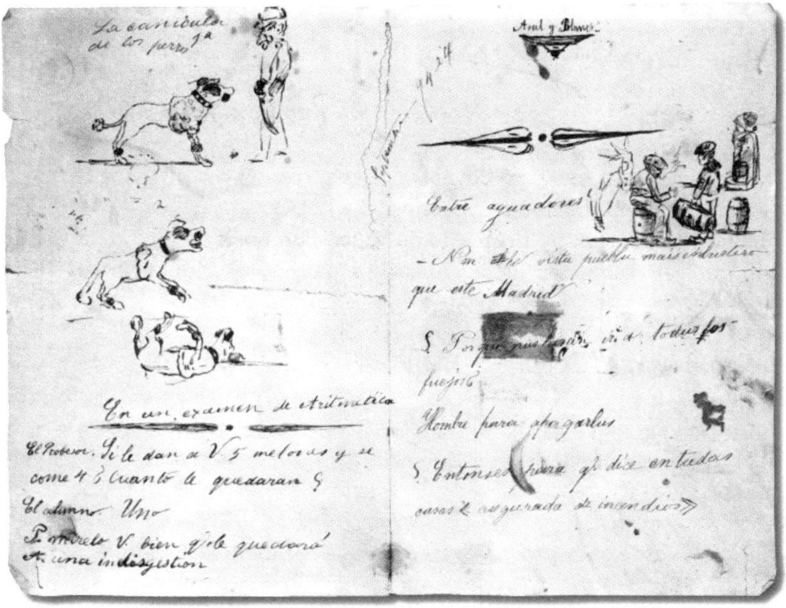
Azul y Blanco
Entre aguadores
que este Madrid
Hombre para apagarlos
En un examen de aritmética
El Profesor. Si le dan a V. 5 melones y se
come 4 ¿Cuanto le quedaran?
El alumno. Uno
A. una indigestion

3 なぜあなたの脳は無限の力を発揮できないのか

この章では、現在、世界中で使われているノートの形式が
持つ欠点を明らかにする。
さまざまなノートの有効性を分析することによって、
脳の働きに逆らうのではなく、
それを生かしたシステムを発達させる。

「ノートをとる」だけで満足するな

まず最初に、「ノートをとること」と「ノートを作ること」の違いをはっきりさせておこう。ノートを作るというのは、自分自身の考えを、創造的な方法で整理することである。ノートをとるというのは、本や記事や講義などで得た他人の考えを要約することだ。

著者は、研究仲間とともに、20年間、さまざまな国の、さまざまな年代の学生たちが、どのようなノートのとり方をしているかを研究し、観察、質問、実験などを行った。

実験のひとつは、学生たちに「脳、革新、創造性と未来」というテーマでスピーチをするための準備として、５分間でノートを作ってもらうことだった。あらゆる種類の紙､色ペンやその他の筆記用具を使うことを許可し､ノートは次のようなことを考えて作ってほしいと伝えた。

- 記憶
- 意思決定

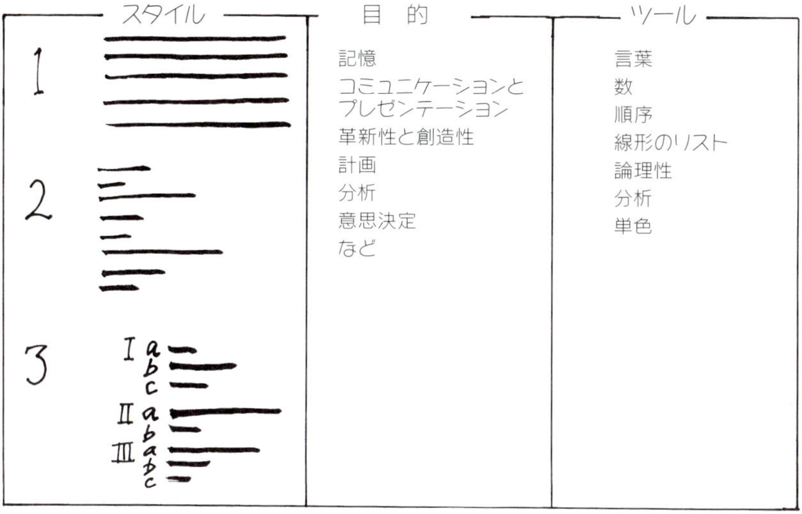

世界中の教育機関や企業で、言語や国籍によらず、95％の人が上記3つのノート法のいずれかを用いている。多くの人が脳をみずから苦しめているのがわかる。

- コミュニケーションとプレゼンテーション
- 革新と創造性
- 計画性
- 分析
- タイムマネージメント
- 問題解決
- ユーモア
- 聴衆の参加

さまざまな種類の紙を用意しておいたのだが、ほとんどの学生が、罫線入りの用紙と黒や青などのペンを単色で使った。結果は大変興味深く、学生たちはおもに次のような３つの形式のノートを作ったのがわかった。

1・話そうとすることを一語一語書いたもの
2・話そうとすることを、順番に箇条書きにしたもの
3・話そうとすることを、主要なテーマとサブテーマに分け階層化したもの

つまらないノートは世界共通

たいがいの人は、この3つの形式を組み合わせて使っている。しかし、まれに別の形式を使う人もいる。この4つめの形式は「まとまりがない」とか「きたない」とか言われることが多いが、マインドマップによく似ている。

標準的なノートのとり方・作り方は、現在、世界中どこでも似たようなものである。中東やアジアの国では、欧米とは違うように見えるが、本質的にはまったく変わらない。中国語や日本語は縦書き、アラビア語は右から左へ書くだけで、直線的な形式をしていることは同じである。

訪れた学校、大学、企業などどこでも、95パーセント以上の人がこの3つの方法を使っていた。

95パーセントの人が退屈なノートをとっている

通常の3つの形式のノートで使われたツールは次のようなものである。

1 ● 直線的な形式

ノートは直線的に使われ、文法、時間的序列、階層的序列に従っている。

2 ● シンボル

文字、単語、数字が使われている。

3 ● 分析

分析の手法は使われているが、直線的なために質は高くない。内容よりも直線性を保つことが強調されている。

1章を振り返ると、直線的な形式、単語、数、分析など、現在の標準的なノートは、人間の大脳皮質に有効な多くのツールのうちわずか3つの要素しか使っていないことがわかる。こうしたノートには次のようなものが欠けている。

● 視覚的リズム

- 視覚的パターン、またはただのパターン
- 色
- イメージ（想像）
- 視覚化
- 次元性
- 空間把握
- ゲシュタルト（全体性）
- 連想

脳の機能全般、とくに学習中の記憶の呼び起こしに必要なものが欠けているため、多くの人がノートをとるのはつまらない作業だ、と考えているのは驚きではなかった。ノートを作ることから連想されるのは、退屈、苦痛、頭痛、指の痛み、宿題、試験、時間の浪費、失敗、肩こり、憂鬱、勉強、学習などだった。

さらに、ノートの95パーセント以上がモノトーン（青、黒、グレーなど）、つまり単色で書かれていた。モノトーンの語源は、「単調な（モノトノス）」である。脳は退屈するとどうなるのであろうか。興味を失い、眠るのである。

つまり、読み書きのできる人の95パーセントが、自分自身や他人を退屈させ、眠りに誘うためにノートをとっているのだ。

これは大変な威力を発揮している。学校や公共の図書館のなかを見回してみるといい。半数の人が眠っている。学習の場が、巨大な公共のベッドルームになりつつあるのである。

勉強の最中に眠ってしまうという世界的な「眠り病」の蔓延は、過去数百年間、わたしたちの大半が、大脳皮質の能力の半分も使わずにノート作りを行ってきた結果である。左脳と右脳のスキルが連鎖的に上昇するような作用を起こす工夫をせずに、脳が忘れたり拒否したりしやすくなるようなノート法で、脳の働きを阻んできたせいである。この2つの不利な要因が、脳に大きな損失をもたらしてきたのだ。

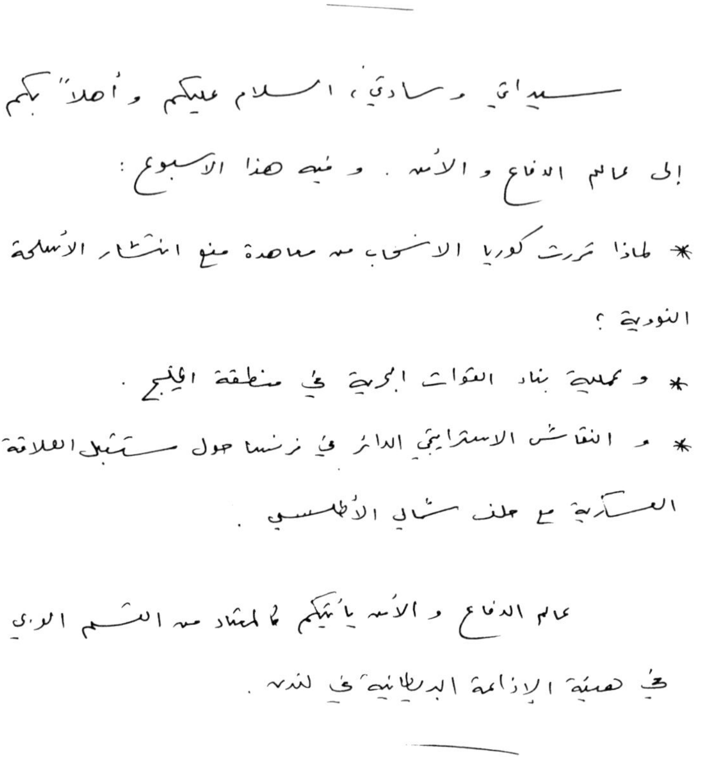
سيداتي وسادتي، السلام عليكم وأهلاً بكم
إلى عالم الدفاع والأمن. وفيه هذا الأسبوع:
* لماذا قررت كوريا الانسحاب من معاهدة منع انتشار الأسلحة النووية؟
* وعملية بناء القوات البحرية في منطقة الخليج.
* والنقاش الاستراتيجي الدائر في فرنسا حول مستقبل العلاقة العسكرية مع حلف شمال الأطلسي.
عالم الدفاع والأمن يأتيكم كالمعتاد من القسم العربي في هيئة الإذاعة البريطانية في لندن.

アラビア語のノート。世界中のどこでも、ノートの取り方は同じである。左から右へ書こうと、右から左へ書こうと……

普通のノートの4つの欠点

現在使われている標準的なノート法には、4つの欠点がある。

1 • キーワードが明確でない

キーワードは重要なアイデアを伝えるものだ。たいていは名詞か印象的な動詞で、その言葉を読んだり聞いたりすると、関連する語が頭のなかに広がる。従来のノート法では、キーワードがあちこちのページに散らばっていて、あまり重要でない言葉との区別がつかない。よって、脳がキーワードと重要なコンセプトとを結びつけにくくなっている。

2 • 記憶しにくい

単調（単色）のノートを見るのはつまらない。よって、ノートの内容を脳が拒絶し、忘れてしまう。さらに、標準的なノートは、長々とした、見た目にも区別がつかないリストの形になっていることが多い。こうしたリストを作るという退屈さで、脳は半睡眠状態に陥る。そうなると、内容を記憶することなど不可能だ。

3 • 時間を無駄にする

通常のノート法は、どの段階でも時間の無駄である。

- 不要なものを強調する。
- 不要なものを読まなければならない。
- 不要なものを読み返さなければならない。
- キーワードを探さなければならない。

4 • 脳の創造性を刺激しない

標準的なノートの直線的な形式は、脳の関連づけの機能を妨げ、創造と記憶の働きを止めてしまう。また、脳はリスト形式のノートを目にすると、「ここでおしまい」と感じるのである。この誤った達成感が睡眠薬のように作用し、思考プロセスを低下させ、停止させるのである。

非効率なノートは脳に悪影響

非効率的なノート法を使い続けると、脳にも多くの影響が出てくる。

- 脳がひどい目にあわされたことに反抗しようとして集中するのをやめる。
- ノートを次々に作って時間を無駄にする習慣が身についてしまう。要点がわかりにくくなり、それを解消するため、さらにノートを作ることになる。
- 自分自身にも、自分の知能にも自信がなくなる。
- 学ぶ喜びを失う。小さな子どもや勉強の仕方を学んできた人が、実に楽しそうに学んでいるのとは対照的だ。
- 退屈でいらいらする。
- 頑張れば頑張るほど、能率が低下する。気づかぬうちに自分自身のためにならないことをしているからである。

†ここで2つの話を紹介しよう。

まず『Left Brain, Right Brain』(スプリンガーとドイチュ共著 邦訳『左の脳と右の脳』1985年)に記された自閉症の少女のケースである(*)。重度の言語障害がある自閉症患者が、しばしばすぐれた芸術的才能を見せることが指摘されている。

「3歳半のナディアが描く絵は、細部に至るまで実物そっくりだった」

こうした特殊な才能が右脳の働きによるものであることが指摘され、治療を続けるうちにナディアの絵の才能が後退したと記されている。

もし、ナディアの脳の機能を阻害しない方法で治療が行われたのであれば、言語能力を発達させながら、芸術的才能も引き続き伸ばすことができたかもしれない。その場合、マインドマップが適切なツールになっただろう。

もうひとつは、ニューヨークに住む少女の話だ。少女は9歳のときは、成績がAだった。10歳になる頃にはBになり、11歳のときはC、12歳のときは落第寸前のDまで落ち込んだ。熱心に勉強もしているし、理解力もあるので、本人も、教師たちも、両親も首を傾げるばかりだった。

両親の依頼で、著者は少女と面会することになった。長く悲しいそれまでの経過を語った後、少女は顔を明るく輝かせて言った。
「それでも、毎年うまくなっているものがあるんです」
「どんなこと？」著者は尋ねた。
「ノートのとり方です」
その答えを聞いて、著者ははっとした。謎が解けたのだ。少女は学校でよい成績をとるためには、もっとたくさん、もっと良いノートをとらなければいけないと思い込んでいた。「もっと良い」とは、彼女にとっては、先生が言ったことを一語一語できるかぎり書きとった、いわゆる「整然とした」ノートのことだった。少女は、学んでいることを間違って理解し、しかも、学んだことを忘れるための行為に多くの努力を注ぎ込んでいたことになる。この方法はロシア人のシェレシェフスキーという人物が、故意に使っていた方法である。彼は完璧な記憶力の持ち主で、忘れるためにこの方法を使ったのだ。少女は自分がやってきたことを理解すると、すぐにマインドマップを使うようになり、成績も上がった。

脳の豆知識

現在のノート法を続けても、
効果は上がらない。
効果が上がるシステムが必要だ。

ノート作りで成績は変わる

以上のような発見はノート法についての多くの学問的研究の成果であり、とくにエクセター大学のハウ博士によるところが大きい。
ハウ博士は、学生たちが理解し、まとめたことを、ノートを使うことによってどれだけ上手に話せるかという実験を行った。学生たちは、学習したことを思い出し、問題の解答になりそうな部分を復習するためにノートを使うことになる。これは、ノートを持ち込めない試験を受けるのと同じことだ。結果は悪い順に並べて次のとおりだった。

1 ● 講義の口述記録ノートを与えられた人
2 ● 自分で口述記録ノートを作った人
3 ● 口述の文章の要約ノートを与えられた人
4 ● 口述の文章を自分で要約した人
5 ● キーワードを記したノートを与えられた人（ときどき悪い結果になることもあった。与えられたノートから正しい連想ができない人がいたためだ）
6 ● 自分でキーワードを記したノートを作った人

ハウ博士の研究から、成功するノート作りには、簡潔さ、効率、自分で作るという要素が欠かせないことがわかった。

次の章では…

現在のノート法では、脳が持つ強力な学習機能の
ほんの一部しか活用していないことがわかった。
また、偉大な頭脳の持ち主たちは、
わたしたちの誰にも備わっている知能を最大限に使っていた。
これを踏まえ、次章では、
より明確に、より自然に、そしてより効果的に
脳を使う方法である
放射思考について学ぼう。

脳の力を解放する放射思考 4

この章では1章から3章までに学んだ知識をまとめ、
人間の脳を理解し、利用して、その能力を伸ばすための
大きな第一歩である放射思考を学ぶ。

脳の処理システムは放射思考

よく熟れた梨を味わう、花の香りをかぐ、音楽を聴く、小川の流れに目をやる、愛している人に触れる、思い出にふける。こんなとき、脳ではいったい何が起きているのだろう。

答えは簡単であり、驚くほど複雑でもある。

脳が受け取る情報――感覚や記憶や思考（単語、数、記号、食物、香り、線、色、イメージ、振動、雰囲気、質感などを合体したもの）――が球体で、何千万、何億、何十億ものフックを放射状に広げていると想像してみてほしい（57ページのイラスト参照）。

フックのひとつひとつが他の情報と関連づけられ、その関連づけには、無限の結合の組み合わせがある。一度、関連づけされたものは、記憶のデータベース、つまり図書館になる。脳のデータの分析力と保存能力は、世界最新のコンピュータよりも優れているのだ。

フックを四方八方に伸ばすことにより、脳のなかの多重座標の情報処理・保存システムが情報地図を作る。それは世界の名だたる地図作成者たちが思わず息を呑み、目を疑うほどのものである。もし、実際に見ることができれ

ばの話だが。

関連づけの枝（ブランチ）を次々と伸ばしていくのが、脳の思考パターンである。ネットワーク上の無数の端末から、思考を放射状に発展させているスーパー・バイオコンピュータを想像してほしい。それが、脳を作る神経細胞のネットワークの構造だ。

ざっと計算しただけでも、既存の情報データベースとそこから放射状に広がる連結の可能性は何千兆もあることになる。

†ところが、この巨大なデータベースを、学ぶことから逃げる口実に使う人もいる。自分の脳の容量は限界に近く、貴重な未使用の領域は、本当に大切なことのためにとっておかなくてはいけないから、新しいことを学ぶのは無理だというのである。しかし、そんな心配は無用だ。パリのマーク・ローゼンワイグ博士の研究によると、毎秒10項目のデータ（簡単な単語やイメージ）を100年間、脳に与え続けたとしても、脳の使用領域は総容量の10分の1にもならないという。

この驚くべき記憶容量を可能にしているのは、代謝プロセスを作る、複雑で無駄のない経路である。代謝経路は、末端の部分でさえ、驚くほど入り組んだ構造になっている（1章参照）。しかも、アノーヒン教授が強調するように、記憶量よりもさらに優れているのが、処理が済んだデータを利用して思考パターンを作るという脳の能力である。

どれだけ多くのデータを蓄え、どれだけ多くの情報を結合したとしても、脳はそれを何千兆倍も上回る新しいパターンや異なる考えの組み合わせを放射するのだ。

脳のスキルを活用し、放射思考でデータを収集し、学習を続ければ、学ぶことがもっと楽になる。

放射思考のコンセプトは、脳が持つ無限の情報処理能力と学習能力に基づいたものであり、マインドマップは、放射思考を外面化したものである。

脳内の情報の「固まり」のひとつをイラスト化したもの

脳の豆知識

放射思考とは中心点から、連想的に思考を広げていくことである。

放射思考という新しく刺激的な方法を活用するには、マインドマップを用いるのがよい。マインドマップは放射思考を外面化させたものだ。言葉やイメージのひとつひとつが次のつながりの中心となって、全体あるいは共通の中心から、無限に、枝（ブランチ）のように伸びていく。マインドマップは２次元（平面）に描かれるが、実際には多次元の、包括的な空間や時間や色を表している。

この強力なツールの使い方を学ぶには、まず、脳がマインドマップを作り出す原則を理解し、放射思考が脳の自然な働きであることを理解しなければならない。思考過程を発達させる第一歩として、簡単なマインドマップの作り方を学び、その後、多次元マインドマップという最強のスキルを学ぼう。

次の章では…

放射思考をする脳が放射形式で自らを表現し、
脳の思考プロセスを外面化する。
それが、次章で説明するマインドマップである。

マインドマップで思考は進化する 5

この章ではマインドマップを定義する。マインドマップは
放射思考を映し出したものであり、
人間の思考活動の次の進化の段階である。

マインドマップの定義

マインドマップは放射思考を外面化したものであり、脳の自然な働きを表したものである。脳の潜在能力を解き放つ鍵となる強力な視覚的手法で、誰もが身につけることができる。あらゆる用途に使用でき、学習能力を高めたり、考えを明らかにしたりするのに役立ち、生産性の向上が可能になる。マインドマップの特徴は、次の4つである。

a）中心イメージを描くことにより、関心の対象を明確にする。

b）中心イメージから主要テーマを枝（ブランチ）のように放射状に広げる。

c）ブランチには関連する重要なイメージや重要な言葉をつなげる。

d）あまり重要でないイメージや言葉も、より重要なものに付随する形で加える。ブランチは、節をつなぐ形で伸ばす。

マインドマップに色、絵、記号、立体化などを使うと、おもしろさや美しさや個性などを加えることができ、創造力、覚える力、とくに記憶の再生の助けとなる。

マインドマップは、記憶容量を増やすことと、効率よく覚えることを区別する。そして、記憶量を増やす方法を示し、効率よく覚える助けとなるのだ。

効率よく覚えれば記憶容量も増加する。つまり、上手に整理して物を収納した倉庫は、めちゃくちゃに物を突っ込んだ倉庫よりも、たくさんのものを入れられるということである。注文システムがある図書館とない図書館の違いにたとえてもいいかもしれない。

マインドマップは思考を直線形式（1次元）から一歩前進させ、平面（2次元）、そして放射的で多次元的なものへと進化させる。

次の章では…

脳の連想機械としての潜在能力の大きさを知り、
自分自身や他のメンバーの考えを知る。
また、ブレインストーミングの新しい技術、研究による
興味深い発見も紹介する。
とくに他人とのコミュニケーションのしかたや
誤解を避ける方法を
よく理解できるようになる。

第２部
脳の力を全開にする準備

６章から９章では、言葉とイメージという対になった世界について
詳しく学びながら、ブレインストーミングや連想という強力な
手法を使って、脳のエネルギーを全開にする方法を学ぶ。
放射思考によるブレインストーミング、
マインドマップによるブレインストーミング、
最後にマインドマップそのものを体験する。

6 放射思考で連想を広げる練習

この章では、放射思考という脳の情報処理システムを学ぶ。
ブレインストーミングの練習をとおして、
脳の連想機械としての潜在能力の大きさを知り、
自分自身や他のメンバーの考えを知る。
また、ブレインストーミングの新しい技術、
研究による興味深い発見も紹介する。
とくに他人とのコミュニケーションのしかたや
誤解を避ける方法をよく理解できるようになる。

ミニ・マインドマップを作ろう

ミニ・マインドマップは、マインドマップの原型だ。省力版ではあるが、マインドマップの要素が多く含まれている。

さて、次の練習をやってみよう。まず、ペン、ノート、64ページのイラスト、あるいは大きめの白い紙を何枚か用意してほしい。

「しあわせ」で連想のエクササイズ

「しあわせ」という言葉を考えたとき、すぐに思い浮かぶ言葉を10個、中心から放射状に広がる線の上に書き入れる。ばかげていると思わず、最初に頭に浮かんだ言葉を書くことが大切である。これはテストではないので、1分以内に終わらせること。

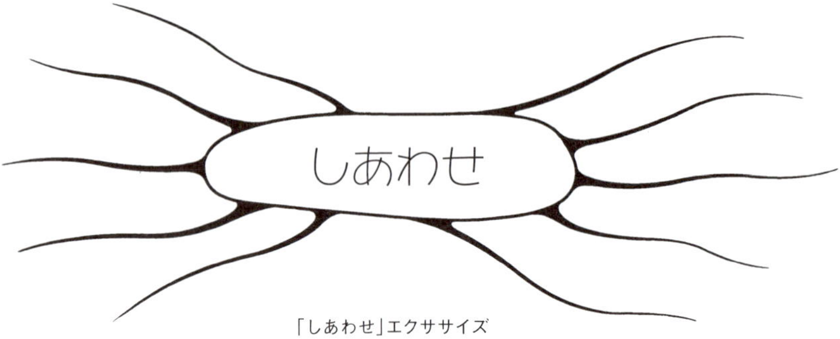

「しあわせ」エクササイズ

できれば、2人か3人でやってみるとよい。ただし、何を連想したかを書き込む前に話し合わないこと。

連想こそ個性

この練習の目的は、同じグループのなかで共通の言葉を見つけることだ(共通というのは、まったく同じということである。「太陽」と「太陽の光」は同じではない)。

まず予想をたててみよう。全員が書いた言葉、ひとりだけ書かなかった言葉、ひとりしか書かなかった言葉はいくつあるだろうか。

予想をたてたら、書いた言葉を他のメンバーと比較し、共通の言葉がいくつあるかを確認しよう(ひとりで練習をやるときは、右ページにある作者の結果と比べてみるとよい)。

メンバーが順番に書いた言葉を発表し、他のメンバーはそれを書きとりながら、自分と同じものがあれば下線を引く。色や記号を使って誰がどの言葉を選んだのかがわかるようにするとよい(67ページのイラスト参照)。

共通の言葉が多く、ひとりだけが選ぶ言葉は少ない、と多くの人が思うのではないだろうか。しかし、何千回も実験を行った結果、4人のグループで共通する言葉がひとつあることさえほとんどないことがわかった。

この「共通の」言葉を中心にして、もう一度、同じ4人のメンバーでミニ・マインドマップを作ったが、結果は同じだった。つまり、同じ言葉が、メンバーそれぞれにとって、まったく違うものを意味していることを示している。

グループの人数が増えれば増えるほど、共通の言葉が見つかる確率は低くなる。

頭は使えば使うほど個性的になる

他の言葉でも結果は似たようなものである。

たとえば、「走る」という言葉で同様の練習をしたことがあった。メンバーは40歳から55歳の銀行のシニアマネージャー4人で、全員似たような経歴の持ち主だった。予想どおり、4人のメンバー全員に共通の言葉はなかった。たまに、3人にひとつ、2人にひとつか2つ同じものがあったが、ほとんどの言葉はひとりだけが選んだものだった。

メンバーは「その言葉にはあまり関心がないので意味がない。4人がともに関心を持つものを選べば一致する言葉も多くなるのではないか」と言い出した。

そこで、次は「お金」という言葉を使って同じことを試した。ところが、一致する言葉はもっと少なかったのである。

この実験により、教育を受けた人ほどクローンみたいになってしまうのではないかという考え方は誤解で、事実はその逆だということがよくわかる。つまり、教育を受けた人ほど、連想の回路が大きくなり、個性的なのである。

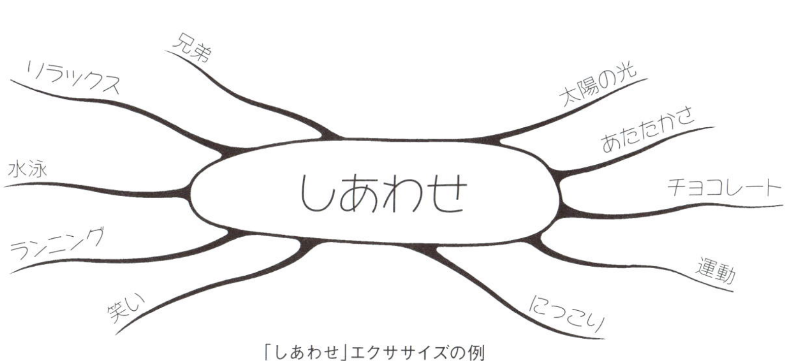

「しあわせ」エクササイズの例

67ページのイラストは、「走る」から連想する言葉を記録した３つの、４人グループの結果を示している。共通した言葉がわかるようにグループごとに違う色を使っている。

脳は無限の連想マシン

意識的にせよ、超意識的にせよ、何かを見たり、聞いたり、嗅いだり、味わったりすると、それを中心に何百万という連想が生まれる。

そうした連想をすべて書き出すことができるだろうか。

おそらく不可能である。何かひとつ書けば、それについての連想が始まる。連想したことを書きつけると、そこからまた連想が無限に広がっていくからだ。脳は無限の連想をするのが可能である。つまり創造的思考の潜在能力も無限なのである。

平均的な人間の脳には、何千兆もの関連づけされた情報が存在するといわれている。この巨大な情報ネットワークは、単なる記憶や個人的な知識の蓄積ではなく、人間ひとりの意識と超意識なのである。

無限の力は練習で引き出せる

ある言葉に対してひとりひとりが持つイメージや思いつく言葉がまったく違うのは、人間はひとりひとりが、不思議なほど、そして、奇妙なほど違うからである。つまり、誰もが自分や他人が考えるよりずっと個性的でユニークな存在なのだ。この文章を読んでいるあなたの脳にも、過去・現在・未来の、他の誰とも違う何兆もの連想が存在するのである。

ひとりひとりが個性的であることには多くの利点がある。たとえば、ブレインストーミングや問題解決をする場合には、アイデアが多様であればあるほどよい。そうした場では、ひとりひとりがとても価値ある存在になる。

社会的にいわゆる「不良」「異常」「突飛」と呼ばれる行動は、「凡庸から適度に逸脱した、さらなる創造性へつながるもの」として見ることも可能である。こうして、一見、社会問題に見えるようなことが、意外にも解決を導

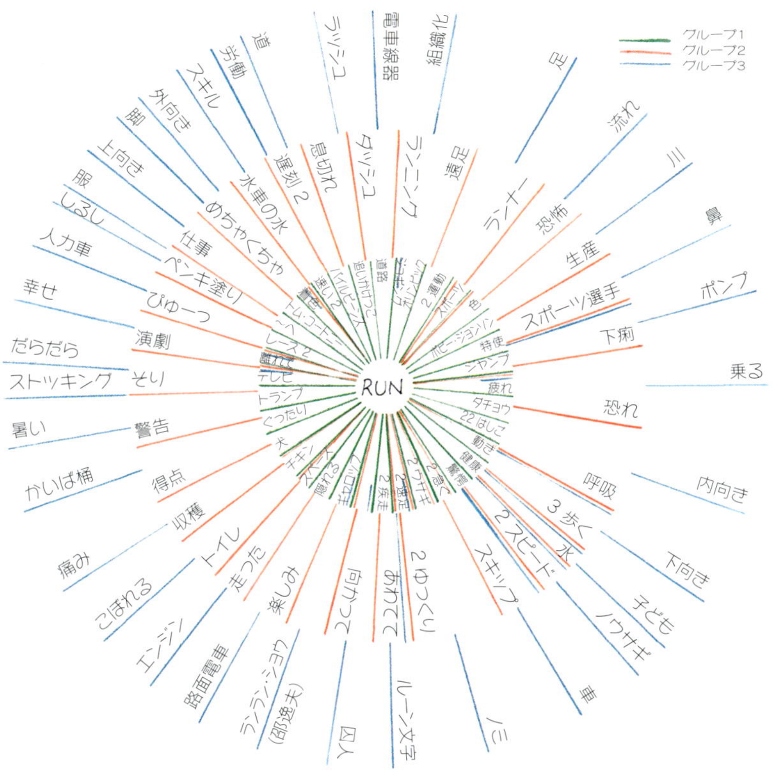

4人組3つのグループの共通性を探るため作成したもの

くことがあるのだ。

さらに、人間を個人ではなくグループとして見ることがいかに危険であるかが、この練習で明らかになったことだろう。個性を尊重すれば、個人的にも、社会的にも、誤解や衝突を避けることにつながる。

脳の豆知識

珍しい石は、宝石、貴石などと呼ばれる。人間はひとりひとりが個性的なのだから、自分自身や他人にもこうした言葉を当てはめていいのではないだろうか。

連想の練習によって、脳には無限の力が潜んでいることが明らかになった。その力は、天才と呼ばれる人にも、普通の人にもある。この練習は、何十億という人々を自らはめた精神的枷から解き放つためのものである。「しあわせ」から連想する言葉を書くという練習をするだけで、脳が持つ力が一瞬にして大きく高まるのを感じられるはずだ。

ロンドンの貧しい地区に住む８歳の少年の例を紹介しよう。彼は教師から無能とみなされ、自分自身でもそう思っていた。著者は彼に「しあわせ」の練習をやってもらった。それから、彼が書いた10個の言葉のどれでもいいから、さらに思いつく言葉を書いてみるように言った。少年はしばらく考えたあと、２つの言葉を書いた。そして、目を輝かせて言った。

「これ続けていいの？」

「もちろん」

と著者は答えた。少年は、まるで初めて海に入るような調子でこわごわと言葉を書き足し始めたが、突然、言葉と連想のうねりに襲われたようだった。そして、楽しそうに、熱心にページを埋めながら、

「僕は頭がいいんだ」

と叫んでいた。そのとおりである。彼に足りないのは教育だったのだ。

放射思考を身につければ、理解するとはどういうことかだけでなく、誤解とはどういうことかもよくわかるようになる。それにより、コミュニケーションの妨げとなる、論理的、あるいは非論理的な罠を避けることができる。

本書では､ブレインストーミングをマインドマップの第一歩と考えている。ブレインストーミングは脳の連想能力を強化し、放射思考を発達させる足がかりとする。

次の章では…

放射思考を左脳の技術といわれる
言語分野に使うことができるなら、
想像やイメージといった右脳技術にも
適用できるのだろうか。
次章では、この点について考えよう。

7 イメージ力を高めるエクササイズ

この章では、近年、世界中の専門家を驚かせた
脳研究の結果を見てみよう。
また、練習を実際に行い、95パーセントが休眠状態だという
連想のスキルを利用する方法を学ぼう。

誰でもイメージの潜在能力を持っている

†1970年、サイエンティック・アメリカン誌は、ラルフ・ハーバーが行った興味深い研究結果を掲載した。2560枚のスライド写真を1枚10秒間ずつ被験者に見せるという実験だった。全部で7時間分のスライドを数日に分けて見せた。最後のスライドを見せた1時間後、被験者をテストした。

テストでは、2枚1組のスライド2560組を使った。2枚のうち1枚は、被験者がこれまでに見たもの、もう1枚は、似てはいるが見ていないものである。被験者の認識率の平均は、85から95パーセントだった。

脳が非常に高い受容・保持・再生機能を持つことを確認したハーバーは、今度は高速での脳の認識能力を確かめるために、スライドを見せる時間を1枚1秒間にした。

結果は最初の実験と同じだった。つまり、脳は驚くほど大量のデータを、信じられないほどのスピードで、正確に再生できるのである。

ハーバーは第3の実験を行った。スライドを1枚1秒間見せるのは2回めの実験と同じだが、画像を裏返して鏡に映ったイメージとして見せたので

ある。結果は同じだった。脳は、3次元空間での画像処理を、きわめて高速で正確に行えることがわかったのである。

ハーバーは次のように述べている。「視覚刺激の実験は、脳の画像認識能力が完璧なものだということを示している。2500枚ではなく2万5000枚のスライドを使ったとしても、結果は同じだったろう」

また、R・S・ニッカーソンは、カナディアン・ジャーナル・オブ・サイコロジー誌で、被験者に600枚の写真を1枚1秒間見せるという実験の結果を報告している。写真を見せた直後に認識テストをした結果、平均正答率は98パーセントだった。

ハーバー同様、ニッカーソンも写真の数を600枚から1万枚に増やした。注目すべきなのは、どの写真も「強烈な」（つまり、記憶しやすく印象的な）ものだったということだ。

「強烈な」写真を使ったこの実験では、被験者の認識率は、ほぼ99.9パーセントに達した。1万枚を100万枚にして、被験者が多少退屈し、疲労することを考慮した場合でも98万6300枚、つまり98.6パーセントは認識できるのではないかと推測される。

脳の豆知識

季刊誌ジャーナル・オブ・エクスペリメンタル・サイコロジーの「1万枚の絵を記憶する」という記事で、ライオネル・スタンディングは、絵や写真の認識記憶能力は無限だ、と述べている。

「百聞は一見にしかず」ということわざがあるのは、見ることが、大脳皮質のスキルを幅広く使うことだからである。つまり、見ることによって、色、形、線、広がり、質感、視覚的リズムを認識し、想像力が働くのだ。イマジネーション（想像）という言葉は、ラテン語のイマジナリが語源で、「心に絵を描く」という意味である。

絵や画像は言葉よりもずっと強く心に訴える力を持ち、より正確に、より効果的に幅広い連想を呼び起こすので、創造的な思考や記憶力が刺激される。ノート法の95パーセントにイメージ（絵）が使われていないのは、実に残念なことだ。

イメージが使われないのは、言葉を情報のおもな伝達手段として重要視しすぎているせいだろう。しかし、絵が描けない、と多くの人が思い込んでいるのも一因かもしれない。

わたしたちは過去30年以上にわたり、この分野についての意見を調査してきた。また、ベティ・エドワーズ博士やロレイン・ギル博士も同様の研究を行っている。実験により、被験者の25パーセントが、自分にはイメージを創り出す能力がなく、90パーセント以上の人が、生まれつき絵を描く才能がまったくないと信じ込んでいることが明らかになった。さらに、遺伝子的にも肉体的にも損傷のない「普通の」脳の持ち主なら、誰でも学習によって美大生並みの絵が描けるようになることもわかった（下のイラスト参照）。

左：右利きの著者が右手を使って、最大限うまく描こうと努力した場合
右：同じ著者が2時間トレーニングしたら左手でもこれくらい描けるようになった

これほど多くの人がイメージを創造する能力がないと信じているのは、脳が試行を繰り返したのちに必ず成功するということを知らず、最初に失敗したことを能力不足だと勘違いし、生まれつき才能がないと思い込んでしまうからである。そのため、当然、開花するはずの脳のスキルを衰退させてしまっているのだ。

S・M・コスリン(*)は著書『Ghosts in the Mind's Machine』のなかで、「人は、経験を想像上で繰り返すことによって、必ず上達するようになる」と述べている。

マインドマップは、視覚という優れた能力を目覚めさせるものである。脳がイメージを創り出す能力を発達させれば、思考力や受容能力、記憶力、創造力も発達し、自信がつくようになる。

視覚的スキルが歓迎されない理由は、次のよくある誤った思い込みによるものだ。

1 ● イメージや色は幼稚だという思い込み。

2 ● イメージを創造したり描いたりする力は、ごく少数の人にだけ神が与えた才能だという思い込み(実際は、誰もが持っている才能なのだ)。

しかし、人間の脳について多くのことが明らかになると、イメージと言葉とのあいだに新しい関係を築く必要があるのがわかるようになる。コンピュータの世界では両者を連結し、使うことができるものが増えている。マインドマップは、脳がイメージと言葉を同時に活用するためのツールである。

ミニ・マインドマップでイメージのエクササイズ

「脳の視覚的筋肉」を鍛えるために、前章の「しあわせ」のマインドマップと同様のエクササイズをする。ただ、今度は、中心にイメージを置き、そのイメージを囲む10のブランチに、連想したイメージを描く。

この練習で、絵が「下手」だから描きたくないと思う気持ちを克服してほしい。たとえ、中心イメージが下手だとしても、試行成功(錯誤ではない)の性質を持つ脳にとっては、単に最初の試験的第一歩を踏み出しただけなの

ヴェンダ・ノースが作成したイメージ練習のためのミニ・マインドマップ

だ。継続すれば必ず上達するのである。

まず初めに、「家」を中心イメージにしてみよう。そこから、たくさんの連想イメージを広げてみてほしい。

エクササイズの6つの目的

このエクササイズには次の目的がある。

1 ● 脳が持つ無限の視覚能力を全開にする。
2 ● 記憶の保持・再生能力を、イメージによる強調と連想で強化する。
3 ● 美しいものを見る喜びを増やす――絵を純粋に楽しむ。
4 ● 学習に絵を使うことに対する抵抗感をなくす。
5 ● 脳をリラックスさせる。
6 ● レオナルド・ダ・ヴィンチのような偉大な芸術家および思想家と同じように、イメージを描き出す力と認知力を使いこなせるようにする。

イメージを連想するには

では、イメージはどのように連想すればいいのだろうか。楽しい実例を紹介しよう。

あるセミナーでのことだ。参加者のうちのひとりが息子を連れてきていた。アレクサンダーというその５歳の男の子は、アルファベットをいくつかようやく書くことができる程度だったが、練習を一緒にやりたいと言い始めた。大人たちは反対したが、とうとう彼の参加を認めた。

アレクサンダーは中心イメージに人間の脳を選んだ。何日も前から、脳に関する話を繰り返し聞かされてきたからである。それから、心に思い浮かんだことを声に出しながら描き始めた。

「ええと、脳は何をするんだっけ？　そうだ、いろいろ訊くんだ」

アレクサンダーはそう言って、クエスチョンマークのイメージを描き、すぐに言った。

「ほかに何をするのかな。ああ、友だちがいるんだ」

そう言うと、手と手をつないだ小さな絵を描いた。

「それからほかに……。そうだ。『ありがとう』って言うんだ」

そして、小さな封筒を描いた。描くたびに嬉しくなるらしく、椅子の上でぴょんぴょん跳ねた。

「あとは……。ああ、ママとパパが大好きなんだ」

そう言いながら、小さなハートを描いた。こうして、まったくためらうことなく10の連想イメージを描き、最後に嬉しそうに声を上げた。彼は、連想を放射状に自由に広げた。つまり、脳を自然な状態で機能させたのだ。

練習をする

脳にイメージを連想する能力があることがわかったら、練習をしてみよう。言葉を使った練習のときと同じである。「家」を表す中心イメージを描いたら、思い浮かぶイメージを付け加えていこう。

次の章では…

言葉とイメージという脳の異なるスキルを利用した
2種類のブレインストーミングの練習のあとは、
この2つの世界を統合させることが必要だ。
次章では、基本的ブレインストーミングから
マインドマップ作成へと旅をする。

8 連想力を伸ばすエクササイズ

この章では、6章の「しあわせ」のエクササイズで始めた
プロセスをさらに進める。
ミニ・マインドマップを
自分の望む大きさへと自在に広げる方法を学び、
本格的なマインドマップを作る入り口に立とう。

「しあわせ」で発展エクササイズ

最初の「しあわせ」のエクササイズを、さらに発展させる。

前回の練習で、「しあわせ」という言葉から連想される10個の言葉を放射状に書き入れた。それとまったく同じやり方で、今度は、その10個の言葉からさらに連想を広げてみよう。

まず、最初の10個の言葉からブランチを伸ばし、そのブランチの上に自由に連想した言葉を書く。そのとき、ブランチの長さと言葉の長さを同じにする。そして、そこから79ページのような言葉のマインドマップ・ツリーを作る。

図を見ると、最初の10個の言葉が太字になっているのに気づくはずだ。その下にブランチとして引いた線も、他の線に比べて太くなっている。これは、最初に心に浮かんだ10個の言葉をキーコンセプトとして強調するためだ。

単語をどんどんつないでいけば、マインドマップはより高度化し、記憶力

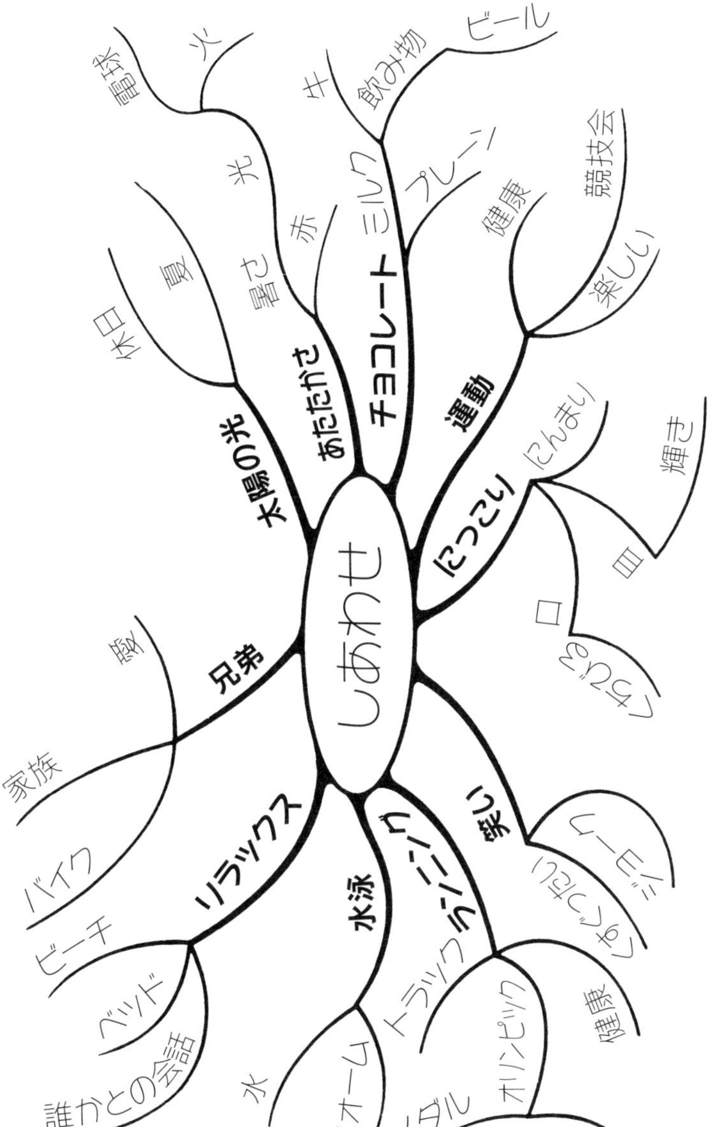

「しあわせ」エクササイズをさらに発展させたマインドマップ。言葉だけを用いた基本形。

を強化するものになる。

1985年、アンダーソンとパールマターは記憶についての興味深い実験を行った。被験者にキーワードを与え、指定したアルファベットで始まる言葉を連想させたのである。

たとえば、あるグループには「犬 =C、骨 =M」、あるグループには「ギャンブラー =C、骨 =M」という単語の組み合わせを与え、被験者が「肉（meat）」という言葉を連想するまでの時間を計測した。結果は、最初のグループのほうが早く「肉」という言葉を思いついた。「犬」という言葉が「犬―骨―肉」という連鎖を呼び起こしたのだ。実験結果から、アンダーソンとパールマターは次のように述べている。

「記憶とは、ある言葉から別の言葉を連想するプロセスである」

79ページのイラストをざっと見てみよう。次に、以前作った、「しあわせ」のミニ・マインドマップを見て、10個のキーワードから連想する言葉を書き込んでいこう。ひとつの言葉にかける時間は1分程度とする（全部で10分）。

次に、2番め、3番め、4番めのブランチを伸ばす。この段階になれば、ブランチはいくらでも伸ばせるはずだ。

この練習により、正しいテクニックを使えば、脳の無限の創造力を引き出せることがわかるだろう。

次の章では…

エクササイズによって、
脳が持つ、イメージを創造する力と言葉を連想する力を
統合し、発展させることができた。
これで、マインドマップ上で脳の知的スキルを
幅広く表現する準備ができたことになる。
次は脳のスキルを活用し、
マインドマップを作ってみよう。

9 マインドマップの基礎

この章では自分の思考を整理し、組み立てる技術を学ぶ。
「マインドマップを使って脳のなかを探る」では、
マインドマップができあがる過程を"内側から"見る。
脳には、無限の連結能力や創造力があることがわかるだろう。

言葉とイメージを結びつけよう

マインドマップは、言葉ではなくイメージ（絵）を中心に置き、重要な場所には言葉ではなくイメージを使うことで威力を発揮する。言葉とイメージという２つのスキルを結びつけることが、脳の力を倍増させるのである。独自のイメージを作り上げれば、効力はさらに大きくなる。

†イメージが学習にもたらす効果は、1989年、W・H・マトリンが、その16年前にブルとウィトロックが行った実験について述べている。

ブルとウィトロックは、９歳と10歳の子どもを３つのグループに分け、「脳」「雑誌」「厄介ごと」「真実」といった単語を覚えるように指示した。まず、第１グループの子どもたちは、指示された単語と定義を読み、それを書き写し、単語と定義をイメージ（絵）で表した。第２グループは、第１グループと同じように単語と定義を読み、それを書き写したが、独自のイメージを描くのではなく、指示された絵を描き写した。第３グループは、ただ単語と定義を何度も何度も書いた。

１週間後、子どもたちが単語とその定義を思い出せるかどうかをテストした。成績がずば抜けてよかったのは、独自のイメージ（絵）を描いた第1グループの子どもたちで、絵を描く作業がまったくなかった第3グループの子どもたちの成績が一番悪かった。

この発見は、マインドマップが学習に非常に適したツールだということを裏づけている。マインドマップは、イメージ（絵）を使うだけでなく、イメージ（絵）そのものだからである。

脳の豆知識

マインドマップは、言葉、イメージ、数、論理、リズム、色、次元化という脳のスキルを、すべて一度に活用する。マインドマップによって、無限に広がる脳の力を、自在に使いこなせるようになる。

BOIという思考ツール

脳の巨大な力を使いこなすためには、思考やマインドマップを、階層と分類を使って組み立てる必要がある。マインドマップを作成するための最初のステップは、**BOI（基本アイデア）**を決めることである。

BOI（基本アイデア）は、多くのコンセプトを統括するキーコンセプト（主要概念）だ。

たとえば「機械」という言葉は、非常に多くのものを意味している。そのひとつが「車」である。さらに、「車」にもたくさんの種類がある。たとえば「乗用車」である。さらに「乗用車」にも、フォード社製などがあり、それにもまた、さまざまなモデルがある。

「機械」は「フォード」より強力な上位の言葉であり、コンセプトだ。「機械」という言葉は、非常に多くの情報を示すと同時に、それを体系化する力を持つからだ。機械というものを漠然と思い起こさせるだけでなく、そのコンセプトに属するものを階層序列的に連想させるのである。

階層を逆にたどれば、上位にある、より一般的な言葉が見つかる。たとえば、

「機械」の上位に位置する言葉は「人造的」などといったものになるだろう。これらの力のある言葉、すなわちBOI（基本アイデア）は、連想の創造的プロセスを形成し、方向づける鍵となる。

もし本を書くとしたら、章の見出しになるのがBOI(基本アイデア)である。

†階層的な序列が記憶の助けとなることは、バウワー、クラーク、レスゴールド、ウィンゼンツらが1969年に行った研究で明らかにされている。実験では、被験者を2つのグループに分け、1枚に28個の言葉を書いた4枚のカードを見せた。

第1グループの人たちが見たのは、言葉を階層的に体系づけたものだった。たとえば、「楽器」という単語を頭に置き、そこから「弦楽器」「打楽器」とブランチを分岐させ、さらに「バイオリン」「ビオラ」「チェロ」、あるいは「ティンパニー」「ケトルドラム」「ボンゴ」などと分けたものだ。

第2グループは、まったく同じ言葉が無作為に並べられたものを見た。見た言葉を思い出せるかどうかを両グループにテストしたところ、予想どおり、階層的に並んだ言葉を見た第1グループのほうが、第2グループよりもずっと成績がよかった。

マインドマップを使って脳のなかを探る パート1

さて、これからマインドマップを作る過程を見ながら、脳のなかに入り込み、「しあわせ」とはどのようなコンセプトであるかを探ってみよう。このプロセスで、これまでに学んできたマインドマップ作成のテクニックを試すのと同時に、新しいテクニックも体験する。

まず「しあわせ」を表す中心イメージを描く。3つ以上の色を使い、立体的なものにしよう。

最初に心に浮かんだBOI（基本アイデア）は、「活動」だ。そこで、「活動」という単語を中心から伸ばした太い曲線の上に、大きく太い字で書き込む。このとき、線の長さと単語の長さを同じにする。

次々と連想が起こる。ヨット、ハート、走っている人、「共有」という言葉。こうした言葉を「活動」というコンセプトから伸ばしたブランチに書き込む。

さらに、「人」という別のBOI（基本アイデア）が思い浮かぶ。これをマインドマップの左側に配置しよう。中心イメージから伸ばした太いブランチに、大きな字で書く。テーマごとに分類できるよう、色を変えるとよい。

「家族」「友人」「パフォーマー」「協力者」「動物」などが浮かんでくる。こうした言葉を「人」から放射状に伸ばしたブランチに記入する。

アイデアからさらに別のアイデアが生まれ、「家族」というコンセプトから「兄弟」「お母さん」「お父さん」、「パフォーマー」から「手品師」「俳優」「道化」というブランチを伸ばす。「協力者」のところには「医者」「看護師」「教師」「コーチ」などを書き入れる。

次に「食物」「環境」「感覚」というBOI（基本アイデア）が思い浮かぶ。これも、マインドマップに書き加える。

「環境」という言葉が引き金となって、2つのコンセプトが生まれた。すぐに「山」の絵と「田舎」という単語を加える。さて、ここで休止し、これまでやってきたことの意味を考えてみよう。

マインドマップでアイデアは無限に湧き上がる

これまでに作ったマインドマップから、言葉やイメージ（絵）が思い浮かぶと、それを中心として、また別の言葉やイメージが広がるのがわかる。

つまり、マインドマップの広がりには限界がないということである。マインドマップの放射的性質により、言葉やイメージを加えるたびに新たな言葉やイメージが生まれ、そこからさらに連想が広がる。つまり、これは正常な人間の脳の連想能力や創造力が無限であることを示しているのだ。

「アイデアを生み出すことは、それを編集したり整理したりするよりずっと難しい」と多くの人が考えているようだが、これはまったく逆だということになる。マインドマップを作る力が無限だとすれば、問題はいつやめるかということだけだ。これも、マインドマップを使って決めることができる。

一方、リスト型の直線形のノートは、脳の働きを防げる。生み出されたアイデアを、意図的に前後のアイデアから切り離すことになるからだ。アイデアが前後関係を失えば、脳の思考は発展せずに止まってしまう。

リストにより、思考を制限された脳は、やがて停滞する。その結果、思考を行う神経経路は細くなり、創造や記憶再生の能力が徐々に減少してしまうのだ。

†リスト形式がなぜいけないのだろうか。それは、リストが脳の連想を終わらせてしまうからである。リストに書き込まれたアイデアはそこで「完了」し、前後のアイデアとの関連性を失う。世界中で行われる創造的思考に関するテストで愕然とするような結果が出るのは、こうした形で新しい思考の流れを分断し続けたことが原因なのである。たとえば、与えられたコンセプトについてできるだけたくさんの連想をするトランス非言語性創造的思考能力テストでは、好きなだけ時間をかけることができたにもかかわらず、学生が連想した言葉の平均は、わずか26という結果だった。思考を放射的に発展させる方法を知っていれば、疲れてやめるまでに、少なくとも何百万もの連想が浮かんだはずだ。

マインドマップを使って脳のなかを探る パート2

さて、ふたたび、マインドマップを使って脳のなかを探ってみよう。どうやら、脳はこれまでの教育の影響で、一時的にメンタルブロック（思考停止）の状態にあるようだ。

脳に関する知識がじゅうぶんでないせいで、メンタルブロックが起こり、それが何秒も、何分も、何時間も、何年も、場合によっては一生続くこともある。しかし、脳に無限の連想能力があることを知っていれば、自力で解決できるのだ。

脳の豆知識

あるものと別のあるものを結びつけることを学んだ脳は、与えられた刺激を引き金として、ほぼ瞬間的に、結びつけるものを見つけるようになる。

脳が、ゲシュタルト（全体性）を求める性質を利用し、マインドマップのキーワードからブランチを伸ばし、そこに何か書き入れるよう脳に誘いかけよう。

ブランチを伸ばしたおかげで、連想のネットワークが次々と形成される。イメージを加え、第2、第3、第4の下位の階層のコンセプトを書き加え、領域を連結し、記号を加え、ひとつの大きなブランチが完成したら外枠で囲む。

この段階で、放射思考、つまりマインドマップのもうひとつの面が明らかになる。それは、マインドマップが軸とするのは「連想の論理」であって、「時間の論理」ではないということである。マインドマップはあらゆる方向にブランチを伸ばし、あらゆる角度から思考をつかみ取るからだ。

スピーチ、発表、論文、研究などのために序列づけが必要な場合は、マインドマップのブランチに番号をふり、時系列的な順番をつけるとよい（時系列については22章、23章、25章、27章、28章でさらに詳しく説明する）。

BOIを見つける方法

マインドマップで使うBOI（基本アイデア）は、分類をわかりやすくする単語やイメージだ。非常に多くの連想を集結するキーコンセプト（主要概念）である。

最初に説明したミニ・マインドマップと、通常のマインドマップの違いは、階層と分類である。ミニ・マインドマップでは、10個の単語やイメージを、単純に頭に浮かんだ順に重要なものとしたが、マインドマップでは、配置はコンセプトの重要性で決まる。逆にいえば、BOI（基本アイデア）を見つけることができれば、マインドマップの**メインブランチ**が決まるのだ。

BOI（基本アイデア）を見つけるには、次のような質問をしてみるとよい。

- どんな知識が要求されているか。
- 本にするとしたら、章にどんな見出しをつけるか。
- 具体的な目的は何か。
- 7つの重要な項目は何か。
- 根本的な疑問は何か。「なぜ」「何を」「どこで」「だれが」「どうやって」「どれを」「いつ」などが、大きなブランチとしてうまく機能することが多い。

- こうしたものを含む、より大きな項目は何か。

このような質問を自分自身にしてみるだけで、適切なBOI（基本アイデア）を見つけ出すことができる。うまくいかないときは、まず中心イメージから数本のブランチを伸ばし、それから、自分に質問をしてみるとよい。

あるいは、ミニ・マインドマップのときのように、最初に浮かんだ10個の言葉やイメージ（絵）を書いてみる。そして、そのうちのいくつかを、一般的な見出しでまとめられないか考えてみる。

では、ここまでに学んだマインドマップの技術を駆使し、「しあわせ」を中心コンセプトとしたマインドマップを完成させ、79ページのものと比較してみよう。

1 ● 主要なアイデアを決めると、２番め、３番めのアイデアが簡単に思い浮かび、調和のとれた思考の骨組みができる。

2 ● BOI（基本アイデア）をもとにマインドマップが作られるので、脳が思考の自然な構造に沿って考えることができるようになる。

マインドマップが普通のノート法に勝る理由

現代のノート法の欠点の裏返しが、マインドマップの長所である。

1 ● 関連語だけを書くので時間を節約できる（50から95パーセント）。

2 ● 関連語だけを読むので時間を節約できる（90パーセント以上）。

3 ● マインドマップを使うことで時間を節約できる（90パーセント以上）。

4 ● 無用な言葉のなかからキーワードを探す必要がないので時間を節約できる（90パーセント以上）。

5 ● 要点への集中力が高まる。

6 ● キーワードが目につきやすい。

7 ● キーワードが近くに並んでいるので、創造力と記憶再生力が高まる。

8 ● キーワードとキーワードのつながりが明確で適切である。

9 ● マインドマップは色や立体のイメージ（絵）を使って視覚を刺激するので、単色で短調な直線形のノートよりも、脳が受容し、記憶しやすい。

10 ● マインドマップの作成中は、新しい発見と認識が絶えず起こり、思考の流れが妨げられることなく続く。

11 ● マインドマップは、完全性や全体性を求める脳の欲求をかなえ、学びたいという気持ちを満たす。

12 ● 脳のスキルすべてを常に使うことにより、脳の注意力と受容能力が高まり、自らの能力に自信を持てるようになる（3章参照）。

次の章では…

第１部と第２部をとおして、
放射思考の構造や基本的な考えにかなり慣れたことと思う。
また、基本的なブレインストーミング、
ミニ・マインドマップ、
マインドマップについても学んだ。
次は、放射思考を表現するための構造を
身につけることが必要だ。
第３部では、脳が持つ創造性を解放するための
基本的な指針を学ぶ。

第３部

マインドマップの作り方

第３部では、マインドマップのルールとアドバイスを紹介する。
このガイドラインに従えば、脳の能力や創造力が、
より自由に、より鋭敏になるだろう。
マインドマップの基本的なルールを理解し、
自分だけのマインドマップのスタイルを確立しよう。

マインドマップのルール 10

10章では、まず人間の知的活動を火星人になったつもりで眺めてみる。
地球外生物の目で眺めることによって、
放射思考のガイドラインを客観的に見ることができるだろう。
また、マインドマップのルールとアドバイスを知り、
練習することによって、メンタルブロック（意識における障壁）
が取り除かれ、マインドマップにした知識を記憶できるようになり、
正しい作業環境を整えることができるようになるだろう。
章の最後に、マインドマップ作成の初心者が陥りがちな
罠を避ける方法を学ぶ。

自分が10億年の文明を誇る火星人になったと想像してみよう。そして、地球に行き、人種的には未成熟だが、才能ある地球の住人を研究し、援助し、最終的には友人になるよう依頼を受けたと考えてみよう。

地球人を研究したところ、彼らは、高度で幅広い知的能力、無限の連想能力、底知れない記憶容量、新しいコンセプトや連想を生み出す計り知れない能力を備えた、驚くほど複雑な大脳皮質を持っていることがわかった。さらに、彼らには、その知性を支え、伝達するためのきわめて複雑で柔軟な肉体、技能を高めようとする精神力、宇宙のあらゆる面を探究する原動力となる好奇心などもある。

さらに、彼らの知的能力を調べたところ、地球人は、言語というきわめて

限定的な手段を通じてしか、知性を表出できないことがわかった。そのせいで、多くの人が、あまり学習の成果が期待できないことを悩んでいる。そして、何百万とある学習機関では、学生の多くが居眠りをしているか、その場所から逃げ出そうと試みている。

この悲惨な状況を見るに見かね、地球人にマインドマップのルールを教え、彼らが持っているすばらしい能力を解放してやることに決める。マインドマップのルールは、意味論、神経生理学、情報処理論、半球皮質論、物理学、心理学、哲学、記憶検索、学習理論などに基づいたもので、さまざまな用途に有効である。マインドマップのルール、理論、アドバイスは次のようなものだ。

マインドマップの3つの「A」

多くの古代東洋文明で、師が入門者に教えてきたのは次の３つの基本である。つまり、「従う」「協力する」「分化する」だ。これは、学習の段階の特徴を示すものでもある。

「従う」は、師の真似をし、説明が必要なときのみ質問することができる段階である。その他の質問は、次の段階でする。

「協力する」は、基本的な技術を身につけ、適切な質問をすることによって情報をまとめ、確かなものにしていく第２の段階である。この段階では、分析や創造の分野で、弟子は師が分析し、創造するのに手を貸す。

「分化する」では、弟子が、師が教えることをすべて完全に習得し、知的な進化を続けることで、師に敬意を表する段階である。このように、弟子は師の知識を礎として新しい知恵や理論を創造し、次の世代の師となる。

マインドマップにもこれに相当する３つの段階がある。「３つのＡ」、すなわち「受容する（accept）」「適用する（apply）」「順応する（adapt）」である。

●「受容する（accept）」

自分の知的限界についての先入観を捨て、マインドマップの規則にきちんと従い、与えられた模範例を細部にわたって真似する段階である。

●「適用する（apply）」

本書で説明する基本的なトレーニングを終了した第2段階。この段階では、本章に示すルールやアドバイスを適用して、独自のマインドマップのスタイルを発展させ、次章以降で紹介するさまざまな種類のマインドマップを、少なくとも100個は作ってみるといい。自分の考えを整理するためのごく自然なやり方だと感じられるようになるまで、ノート作りにマインドマップを活用する。

● **「順応させる（adapt）」**

マインドマップの技術をさらに発展させる段階。マインドマップを何百も作ったあとは、新たな用法を試してみよう。そして、その結果を、是非、著者に知らせてほしい。

ルールとアドバイス

●ルール

マインドマップのルールは、脳の能力を制限せず、自由に解放するためにある。ただし、秩序と柔軟性のなさ、自由と無秩序を混同してはいけない。「秩序」とは融通がきかない規則ではないし、「自由」とは無秩序や構造性の欠如ではないのである。真の知的自由とは、無秩序から秩序を生み出すことだ。マインドマップのルールは、まさにそれを実現するためのもので、技術的なものとレイアウトに関するものがある。

技術的ルール

1 ● 強調する
2 ● 連想を行う
3 ● わかりやすく作る
4 ● 自分のスタイルを発展させる

配置のルール

1 ● 階層を作る
2 ● 序列づけを行う

●アドバイス

1●メンタルブロックを打ち破る

2●強化

3●準備

このルールでマインドマップは描ける

1●強調する

これまで学んできたように、強調は記憶や創造性を高める効果がある。強調に使う技術は連想にも使え、その逆も可能である。マインドマップに強調の要素を加えるためのルールは、次のようなものである。

●中心イメージを置く

目と脳はイメージ（絵）に注目する傾向がある。よって中心イメージを置くことは、連想を引き起こすだけでなく、記憶の助けにもなる。さらに、イメージは興味をかきたてる。見るものを引きつけ、楽しませ、注意を引くのである。

イメージではなく言葉をマインドマップの中心にするときは、立体化や、色や、目を引く形状を使って、言葉をイメージ化すればよい。

●イメージ（絵）を使う

イメージの使用には、脳の視覚スキルと言語スキルの両方に刺激を与え、視覚認識を高めるという利点がある。

たとえば、蝶を描いてみよう。絵が下手だという不安はとりあえず忘れてほしい。最初はあまりうまく描けないかもしれない。しかし、描いたということが大切なのである。次に蝶を見たときは、もっとよく観察し、それを記憶して、紙の上に再現しようと思うようになるからだ。

このように、マインドマップにイメージを使うと、実生活に対する集中力が増し、事物の描写が上達するよう努力するようになる。文字どおり、周囲の世界に「目が開かれる」のである。

●中心イメージには3つ以上の色を使う

色は記憶力や創造力を刺激し、単調さから生じる退屈を解決してくれる。色の使用により、イメージは、生き生きとした、魅力的なものになる。

●イメージと言葉を立体的にする

立体的なものは目立ち、目立つものは記憶しやすく、伝達されやすい。よって、マインドマップの重要な要素も、立体化して強調する。

●感覚を使う

マインドマップには、可能な限り、視覚、聴覚、嗅覚、味覚、触覚、節覚（肉体的感覚）などの感覚に訴える言葉やイメージを使う。偉大な作家や詩人、著名な記憶術の大家の多くもこの技術を使ってきた。

たとえば優れた回想の作品である叙事詩『オデッセイ』で、作者ホメロスは、トロイの陥落の後、故郷に戻るユリシーズが経験する興奮や危険を、人間の感覚に最大限に訴えることで伝えている。次に引用するのは、海神ネプチューンの逆鱗に触れたユリシーズが、その報いとして暴風雨に襲われる場面である。

こういったとたんに、山のごとき大波が頭上から
凄まじい勢いで襲いかかって、
筏をくるくると回転させ、
たまらず彼は舵から手を離し、遠く海中に転落した。
さまざまな風が混ざって突風となり、凄まじく吹きつけ、
マストは真二つに折れ、
帆布も帆桁も遥かな海上に飛び散った。
海中に沈んだままで時が経ち、

麗わしの仙女カリュプソから贈られた衣服の重みに妨げられて
激しく動く大波の下から直ぐには浮き上がることもできなかった。
漸くにして浮き上がり、頭上から滝のごとく流れ落ちる
苦い塩水を吐き出した。
波の中を必死に筏を追って、漸くとらえ、
その中央に腰をおろして、死の手を逃れようとした。
さながら秋の日に北風が、堅く絡んだ野茨の球を、
野面をかすめて転がす時のように、
海原の上をさまざまな風が筏をここかしこへとふり廻す。
今南風が北風に筏を引き渡したかと見ると、
今度は東風が西風に譲り、散々に翻弄する。

講談社世界文学全集１　ホメロス／アポロニオス
（1982年6月1日第1刷）
『オデュッセイア』巻5　松平千秋訳 より

リズム、反復、順序、心象、五感への刺激、動き、誇張、色、感情などの、すべてが駆使され、この段落を記憶に残る優れたものにしているのだ。

小さな子どもたちを観察していると、彼らがあらゆる感覚をとおして自然を感じているのがわかる。触ったり、味わったり、動かしたり、探検したり、歌ったり、リズムをとったり、話しかけたりする。彼らは心の地図（マインドマップ）による魅力的なファンタジーと空想を楽しんでいるのだ。

「S（シィー）」として知られていた記憶術の大家シェレシェフスキーは、こうした共感覚を子どものように使い、人生のほぼすべての瞬間を記憶することができた。アレクサンダー・ルリア（*）は、「S」についての著作『The Mind of a Mnemonist』（邦訳『偉大な記憶力の物語』文一総合出版）でこう記している。

「『S』にとっては、言葉の持つ意味が何よりも大切だった。言葉のひとつひとつが、彼の心に映像を呼び起こすのだ。普通の人と違うのは、その映像がより鮮やかで、いつまでも変わらないことだった。さらに映像には、常に

共感覚的な要素があった」

動きも記憶を高める主要な技術であり、マインドマップに生かすことができる。言葉や絵やマインドマップ全体を、ウォルト・ディズニーのすばらしいアニメーションのように動かすためには、次の例のように、動きを示す要素を加えるだけでよい。

●字、線、イメージの大きさに変化をつける

階層における相対的な重要度を示すには、大きさを変えるのがよい。大きく描いたものは、強調され、記憶しやすくなる。

●スペースを整理して使う

スペースを整理すると、イメージがはっきりとし、階層や分類もわかりやすい。あとから何か書き加えるときのための場所をとっておくこともできるし、見た目にも美しい。

●適度な余白を残す

それぞれの項目の周囲に適度な余白を残すと、マインドマップに秩序と構造が生まれる。項目間の余白は、項目そのものと同じくらい重要なのである。たとえば、日本の生け花では、花と花との空間を生かして、全体の配置を決める。音楽もまた、無音のあいだに音が配列されているのだ。ベートーベン

の交響曲第五番が、休符で始まっていることからも、それがわかるだろう。

2 • 連想を行う

連想もまた、記憶力や創造力を高める要素となる。脳が肉体的経験を理解するために使う手段であり、記憶や理解には欠かせないものだ。

マインドマップでは、中心イメージとBOI（基本アイデア）を確立することによって、連想が活発になり、脳が思考を深めることができる。

すでに述べたように、連想に使われる技術は強調にも使うことができるし、逆もまた可能である。

● ブランチのなかで、あるいは、ブランチを越えて連結させたいときは矢印を使う

矢印は視点をマインドマップ上のある点から別のところへと導く。一方向のもの、複数の頭がついたもの、大きさ、形、広がりに変化のあるものなどが使用可能である。矢印を使うと、思考に空間的な方向性が生まれる。

● 色を使う

色は、記憶と創造性を高める最も強力なツールのひとつだ。色を記号として、あるいは、マインドマップ上の特定の領域を示すために使うと、情報を引き出すのが速くなる、記憶力が高まる、創造的アイデアの数や幅も増えるという利点がある。色記号やシンボルは、個人でもグループでも開発できる。

● 記号を使う

記号を使えば、離れたところにあるマインドマップ上の複数の箇所を、瞬時に結びつけることができる。✓点、十字型、円、三角形、下線などの記号も使えるし、102ページのマインドマップに見られるように、より複雑な形

も可能である。

また、時間の大幅な短縮もできる。たとえば、人物名、研究課題、要素、プロセスなどで同じものが何度も出てくる場合は、記号で代用することが可能だ。

分類や階層も、色、シンボル、形、イメージなどを使えば容易になる。資料（経歴情報など）をマインドマップに結びつけるときに、記号で表すのもよい。

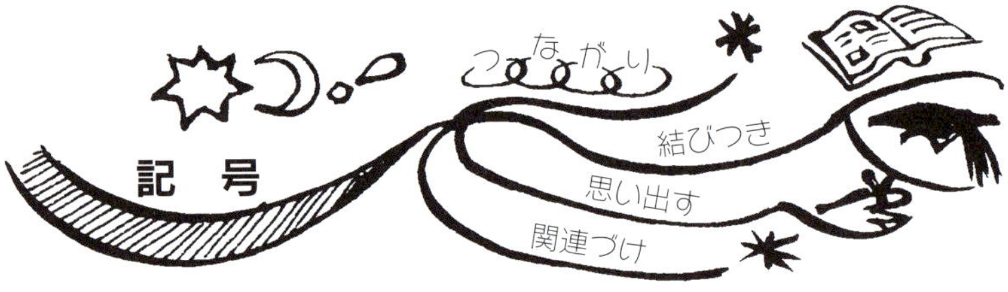

3 ● わかりやすく書く

わかりにくいものは、理解しにくい。ノートを雑に作れば、記憶の助けになるどころか、妨げになってしまう。連想的性質や、明快な思考もできなくなる。

● 1本の線にキーワードをひとつだけ配置する

単語ひとつひとつが何千もの連想の可能性を秘めている。1本の線に配置するキーワードをひとつだけにするのは、連想が自由に起こるようにするためである。重要な句のつながりを失わず、無数の選択肢を作り出すことが可能だ（この規則のさらに拡張した議論については、110ページ「単語は意味が浅いという誤解」を参照のこと）。

● 文字をきれいに、はっきりと書く

きれいな文字は形が明瞭なため、脳に焼きつきやすい。書く速度は多少遅くなるかもしれないが、創造的連想がすばやくできることや記憶が再生しやすいという利点は、それ以上に大きい。

●キーワードを線上に記入する

言葉を「肉」とすると、線は「骨」である。線は、マインドマップの構造を作り、見た目を整えて、マインドマップをわかりやすく、記憶しやすいものにする。また、線を加えることで、連想がさらに広がることもある。

●単語と線の長さを同じにする

単語同士を近くに配置し、連想を促すためのルールである。スペースの節約にもなるので、マインドマップにより多くの情報を書き込むことができるようになる。

●線は、中心イメージから伸びる大きなブランチや他のブランチから伸ばす

マインドマップ上の線をつなげることは、脳のなかの思考を結びつけることである。線は、矢印、曲線、輪、円、楕円、三角形、多面体などに変形してもよい。

●中央ラインを太くする

中央ラインが強調されると、脳は中心にあるアイデアが重要だという信号をすぐに受け取る。マインドマップの作成作業を続けているうちに、実は、周辺のアイデアの方が中心よりも重要だったと気づくことがあるかもしれない。そのような場合は、そのアイデアを囲む線を太くするだけでいい。有機的な曲線にすると、視覚的面白さも生まれる。

●境界線でブランチの輪郭を「囲む」

輪郭でマインドマップのブランチを「囲む」ようにするとユニークな形ができ、その形が、ブランチに含まれた情報を思い出すときの引き金になる。記憶術の上級者は、こうした「生き生きとした絵」を利用し、記憶の再生力を高めているのだ。

わたしたちのほとんどが、子どものときに、これと同じことを無意識のうちに行っている。たとえば、晴天の日に外で寝転がって青空を見上げ、浮か

んでいる雲を羊だとか恐竜だとか鳥だとかに見立てたことがあるだろう。

そのとき、脳は混沌としたものから、イメージを創り出そうとしていたのである。そうすることによって、形が識別しやすく、印象的なものになるからだ。それと同じように、マインドマップのなかに形を作れば、たくさんのデータが覚えやすい形で整理される。データをひとまとめにするのは、「チャンキング」といわれる、記憶術テクニックである。

心理学者によると、短期記憶が保持できるのは平均7項目の情報だけらしいが、チャンキングで、この貯蔵容量をもっと有効に使うことができる。

たとえば、脳を使う訓練を受けていない人は、7桁の電話番号を記憶するのに、短期の記憶容量すべてが必要かもしれない。一方、脳を上手に使う人は、7つの数字を意味のある塊にまとめることによって、記憶容量に空きを作ることができるのである。

これに関して、チェースとエリクソンが1982年に実験を行ったことが、グラスとホリヨークの著作（1986年）に記されている（*）。その実験で、被験者のひとりが、非常に興味深い結果を示した。彼は、最初は平均して7桁の数字しか記憶できなかったが、チャンキングの技術を使い始めると、2年後には82桁を記憶できるようになったのだ。彼が用いたのは、すでに長期記憶となっている情報に数字の塊を結びつけるという方法だった。たとえば、351という数字を、かつての1マイル走の世界記録（3分51秒）と結びつけた。

つまり、マインドマップを線で囲むことで、より多くの情報を覚えられるようになるのである。輪郭線を描いたあとに、さらにブランチを付け加えたいときは、新しいブランチを別の線で囲み、木の年輪のようにすればよい。

●イメージをできるだけわかりやすくする

マインドマップがわかりやすければ、脳の思考もわかりやすくなる。わかりやすいマインドマップは、優雅で魅力的である。

●紙は自分の前に水平に置く

水平（「横長」）のマインドマップは、垂直（「縦長」）のものよりも、自由と空間が多く、見やすい。

マインドマップ初心者は、体とペンを動かさず、紙を回転させて書くようである。作成段階ではそれでもよいかもしれないが、マインドマップを見るときに、ヨガのようなポーズをとらなければならなくなる。

●文字はできるだけ水平に書く

文字は水平に書いたほうが、脳が理解しやすい。線も同様で、できるだけ水平に描けば、マインドマップが見やすくなる。線の角度は45度を超えないようにしよう。

4●以前より＋１を心がける

わたしたちはひとりひとりが、驚くほど個性的である。マインドマップは、わたしたちの個性的な脳のなかのネットワークや思考パターンを反映している。マインドマップが個性的であれば、脳はそれを自らと同一視しやすくなるだろう。

個性的なマインドマップのスタイルを発展させるためには、「＋１（プラスワン）」の思考をすることである。これは、マインドマップを作成するときは、その前に作ったものよりほんの少し多くの色を使い、ほんの少し立体的要素や空想的要素を多くし、ほんの少し連想を論理的にしようということである。

そうすれば、常にすべての知的技術を発展させ、向上させていくことができる。また、そうしたマインドマップは、見直したり、創造やコミュニケーションのために使ったりするのが楽しくなる。個性的なマインドマップは記憶もしやすい（11章参照）。

このルールでマインドマップを配置する

1 ● 階層を使う

9章で説明したように、BOI（基本アイデア）を基本として階層を作り、分類をすることで、脳の能力が高まる。

2 ● 序列を使う

スピーチ、論文、あるいは試験答案などは、自分の考えを、時系列や重要度の順で伝えたい場合もあるだろう。

マインドマップをそうした原稿として使う場合は、ブランチに番号を振り、必要なら、それぞれのブランチに時間を書き込んだり、強調の記号を書き入れたりすればよい。番号の代わりに、アルファベットの文字を使ってもよい。序列を決めることで、思考が、自然に論理的になる。

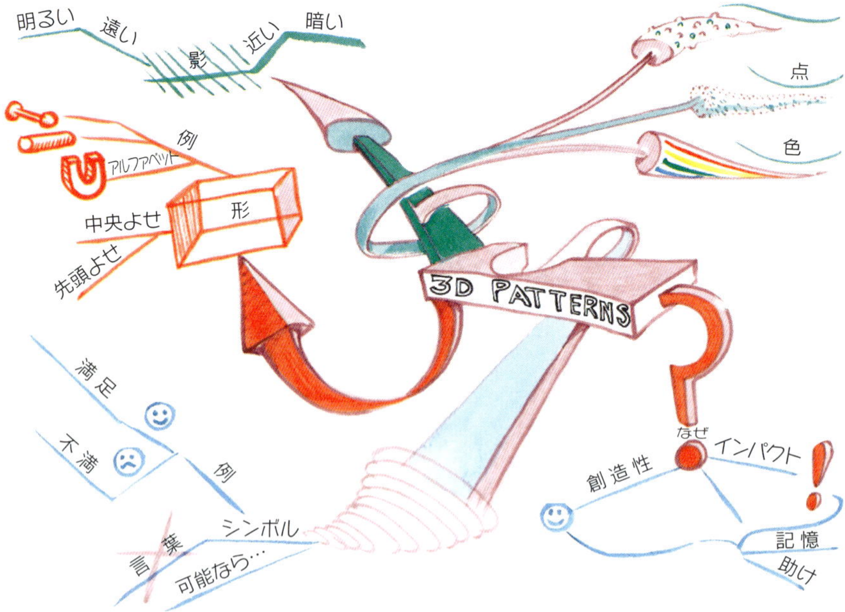

マーク・ブラウンのマインドマップ。
イメージ画や図形、奥行と広がりを使い、非常に壮大である。

マインドマップのルールのまとめ

●描くためのルール

1・強調する

・中心イメージを置く
・全体にイメージ（絵）を使う
・中心イメージには3色以上の色を使う
・イメージ（絵）や言葉を囲む枠を立体的に描く
・共感覚（複数の感覚を同時に知覚すること）を使う
・字、線、イメージの大きさに変化をつける
・スペースを系統立てて使う
・スペースを適切に使う

2・連想を行う

・同じブランチ、あるいは違うブランチにあるアイデアを連結させたいときは矢印を使う
・色を使う　　・記号を使う

3・わかりやすく作る

・1本の線にひとつのキーワードを置く
・言葉は全部読みやすい字で書く
・キーワードは線上に読みやすい字で書く
・言葉と下線の長さを同じにする
・中心イメージから大きなブランチを伸ばす
・線と線を連結させる
・中央線はほかの線よりも太くする
・境界線でブランチの輪郭を「囲む」
・イメージをできるだけわかりやすく書く
・紙は自分の前に水平に置く
・字はできるだけまっすぐに書く

4・自分のスタイルを発展させる

●配置するためのルール

①階層を作る　　②序列づけを行う

脳の力を解放するアドバイス

このアドバイスは、思考の流れを解放し、脳と体にとって最良の環境を用意するためのものだ。

●メンタルブロックを打ち破る

1 ● 線を書く

一時的なメンタルブロックに直面したら、作成中のマインドマップ上で線を１本、あるいは複数伸ばす。それにより、脳がやりかけの仕事を完成したいという強い意欲を抱くようになり、無限の連想力が働き始める。

2 ● 質問をする

質問をすることで、脳は知識のネットワークを連結し始める。脳に適切な質問をすれば、メンタルブロックを打ち破る反応が起こるだろう。

3 ● イメージ（絵）を加える

マインドマップにイメージ（絵）を加えると、連想や想起の引き金になる。

4 ● 連想能力は無限であることを意識する

この意識は、能力の限界という思い込みから脳を解放する。「しあわせ」の練習を思い出してほしい。どんな単語を中心にしても、放射的連想は可能なのである。

練習する

ここで、次の２つの練習をやってみてほしい。

ひとつは、記憶しているデータをいくつか選び、それらを、論理的なものでも、空想的なものでもいいので結びつきを探し出すという練習である。

２つめは、「行き詰まってしまった」マインドマップの一部を取り出し、それを中心に、新しいミニ・マインドマップを作る練習だ。思考がふたたび流れ出すように、連想をすばやく行う。

強化する

1 ● マインドマップを復習する

記憶の忘却曲線は、復習時間によって変化することが研究によってわかっている（トニー・ブザン著『Use Your Memory』参照）。試験などのためにマインドマップを記憶したいときは、時間をおいて、計画的にマインドマップを見直すとよい。マインドマップの一部を修正したり、欠けていた部分を補ったり、重要な連想を強化したりすることもできる。

1時間ほど学習したら、マインドマップを復習するのが理想である。

- 10分から30分後
- 1日後
- 1週間後
- 1か月後
- 3か月後
- 6か月後

復習により、マインドマップを発展させながら、長期記憶に変えていくことができる。

2 • マインドマップをすばやく確認する

マインドマップを復習するときは、思い出せることすべてを速射法でマインドマップにしてみるとよい（数分で作り上げる）。

新しいマインドマップを作ることにより、記憶が再現されるだけでなく、新しいものに変わる。つまり、創造と記憶はコインの両面のようなものなのだ。

マインドマップを見直すだけでは、脳は、すでに終わったことを確認するための外部刺激として、マインドマップに依存するようになる。しかし、新しいマインドマップを作れば、外部刺激なしで、脳が何を思い出せるかを確認できる。マインドマップを作ったら、最初のものと比較して、間違い、矛盾、欠落部分などを訂正しよう。

準備する

脳の能力を最大限に引き出すためには、精神的にも、肉体的にも、マインドマップを作るための、理想的な環境を用意しなければならない。次のアドバイスに従い、マインドマップを作るための気持ち、材料、作業環境を整えよう。

1 ● 心構え

● ポジティブな気持ちを高める

気持ちがポジティブになると、メンタルブロックが取り除かれ、連想が自然と起こり、体の緊張が緩み、認知力が高まり、ポジティブな結果への期待感が高まる。こうした利点はすべて、マインドマップに反映される。だからこそ、マインドマップを作る作業ひとつひとつに、前向きな姿勢で取り組むことが重要である。たとえ、試験のようなネガティブに考えられる状況でマインドマップを作成する場合も、ポジティブな気持ちを忘れてはならない。

● 周囲のイメージ（絵）を模写する

ほかの人のマインドマップや、イラストや、絵画などを模写してみる。脳は真似をすることで学び、真似をしたものから、新しいイメージやコンセプトを作り出すようにできているからだ。脳には「仕分け装置」があるので、マインドマップ作成の技術を向上させるのに必要な情報を自動的に取り入れてくれるはずだ。

● 自分が作ったマインドマップに責任を持つ

マインドマップが思いどおりにできあがらないと、不安になったり、いらいらしたりする人が多い。そのような場合は、できあがったマインドマップを公平な目で分析し、新たな気持ちでマインドマップを作り、改良し続ける。

● ばかげたことを真剣にやる

マインドマップの最初の創造的段階では、思考の放射が始まるように、「ばかげている」と思うアイデアもすべて記録していく。「ばかげた」アイデアは、標準から大きくかけ離れたもので、飛躍的な進歩や新しいパラダイムをもたらすのは、まさにこうしたものから生まれることが多いのである。

● マインドマップをできるだけ美しく作る

脳は美しいものに同調する性質を持っている。美しいマインドマップを見れば、脳は、より多くを創造し、記憶するのである（イメージの力について、

脳の力を解放するアドバイス まとめ

メンタルブロックを打ち破る

1 ● 線を伸ばす

2 ● 質問をする

3 ● イメージ（絵）を描き入れる

4 ● 連想の力には限界がないことを意識する

強化

1 ● マインドマップを見直す

2 ● マインドマップをしばらく確認する

準備

1 ● 心構え

- ポジティブな気持ちを高める
- 周囲のイメージ（絵）を模写する
- マインドマップを作りたいという気持ちを高める
- ばかげたことを真剣にやる
- マインドマップをできるだけ美しく作りたいと考える

2 ● 必要な材料を用意する

3 ● 作業場所・環境を整える

- 室内の温度を適温にする
- 自然光を取り入れる
- 部屋の空気を入れ替える
- 上質の机や椅子を用意する
- 心地よい環境を作り上げる
- 音楽は好みのものを選ぶ

さらに詳しく知りたい場合は7章参照のこと)。

2 • 必要な材料を用意する

脳は感覚的な情報を受け取ると、超意識のレベルで、それが好きか嫌いかをその魅力に応じて決める。したがって、用紙、ペン、マーカー、ファイルなどは、どれも手に入れられる最高のものにすべきである。脳がそうしたものに魅力を感じ、使ってみたくなるからだ。

3 • 作業場所や環境を整える

材料と同様に、作業環境によって、脳はネガティブ、中間的、ポジティブな反応を示す。気持ちを最高に高めるため、環境はできるだけ快適にすることが望ましい。

● 室内の温度を適温にする

室内の温度は、寒すぎても、暑すぎても、作業の妨げになる。衣類で簡単に調節できるくらいの適度な温度にしておこう。

● 自然光を取り入れる

自然光は、目が、一番リラックスできる光だ。脳にも、形、色、線、広がりなどについてより正確な情報を与えてくれる。

● 部屋の空気を入れ替える

脳の主要な養分は酸素である。脳に燃料となる新鮮な空気を補給し、理解力や知的スタミナを増強する。

● 上質の椅子や机を用意する

椅子、机やテーブルは、できるだけ質がよいものを用意する。リラックスでき、姿勢をまっすぐに保てるものを選ぼう。姿勢をよくすれば、脳への血液の供給量が増え、理解力が高まり、精神的にも肉体的にも持続力が増す。部屋にデザインのよい魅力的な家具を置けば、そこで仕事をしたいという気持ちが高まる。

● 心地よい環境を作り上げる

上質の家具と同様に、魅力的な環境を作れば、そこで仕事をしたいという気持ちが起こる。学習は罰というコンセプトと結びつきがちなので、無意識のうちに、勉強部屋や作業場を独房のように考える人は多い。仕事や勉強をする部屋は、やらなければいけないことがなくても、積極的に行きたくなる場所にしよう。お気に入りの絵を壁にかけるとか、すてきなカーペットを敷くとかいった、ちょっとした工夫で、部屋を魅力的な、居心地のよい環境にすることができる。

●音楽は好みのものを選ぶ

音楽に対する反応は、人それぞれである。音楽を聴きながらマインドマップを作りたいという人もいれば、静かなほうがいいという人もいる。音楽があるほうがいいか、ないほうがいいか、そして、クラシック、ジャズ、ポップス、ロックなどのジャンルのどれが最も合うのかを、いろいろ試してみるといい。

4つの落とし穴を避けるために

マインドマップの作成には、これから述べる4つの落とし穴がある。

こうした落とし穴は、次のような原則を覚えておけば、容易に避けることができる。

1 ● マインドマップでないマインドマップを作らない方法

マインドマップのルールを完全に身につけていないとき、あるいは初期の段階では、110ページの図のようなマインドマップを作ってしまうことがよくある。

一見、マインドマップのような形をしているし、基本的な原則にしたがっているようにも見える。しかし、実際は、マインドマップとはまったく違うものである。どれも、発展するに従って、構造がでたらめで、単調なものになっている。さらに、どのコンセプトも同じ階層に位置づけられているうえに、連結が見られない。

明確さ、強調、連想のルールを無視しているために、大きくなるほど秩序と構造ができあがっていくべきものが、逆に無秩序で、単調で、混沌としたものになってしまっている。

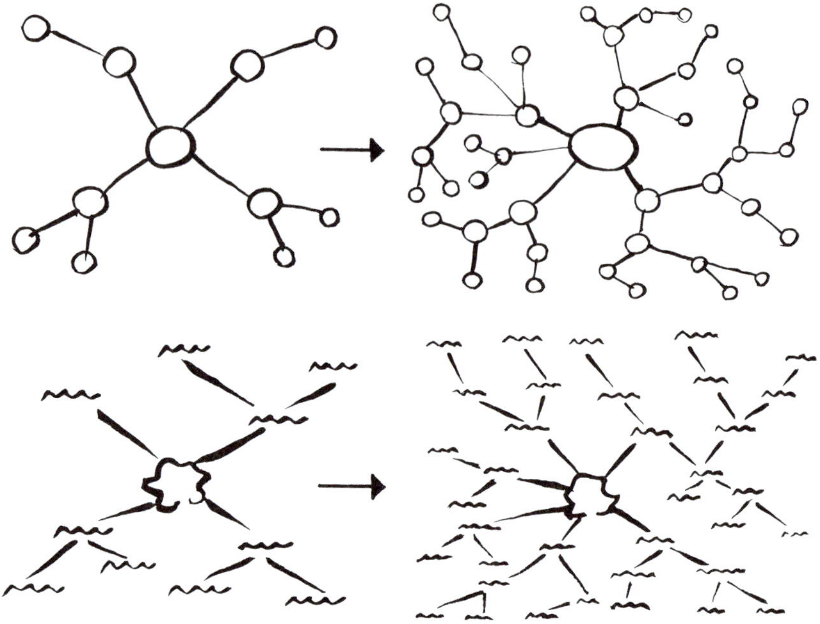

マインドマップでないマインドマップ

2 ● 単語は意味が浅いという誤解

実際の例を使って説明しよう。

「とてもみじめな午後を過ごした」とき、111ページの図1と図2のような、マインドマップ日記をつけることにする。

図1は一見、「とてもみじめ」だった午後の記録として、適切なものに思えるかもしれない。しかし、細かく検証してみると、多くの欠点が明らかになる。まず、これでは、午後のイメージが固定されてしまう。単語を順番通りに並べて句にしてしまうと、連想の可能性が失われるのである。

対照的に、図2は、句を個々の単語に分解したことで、それぞれの単語から放射的に独自の連想を広げることが可能になった。その重要性は、図3ではっきりとわかる。図3では、単語ひとつのルールをきちんと守り、イメージと色が加えられた。これを見れば、「みじめ」というのが、午後のコンセプトのなかに含まれる「幸せ」というコンセプトのうちの、否定的な部分が

図1　通常の文章の書き方。一見不足がないように見えるが、危険な落とし穴がある。

図2　さらに簡潔にした文。それぞれの単語から連想を広げることが可能になった。

図3　マインドマップのガイドラインに沿った方法。事実をよりわかりやすく、正しく、バランスよく描くことができる。

「とてもみじめな午後」という文章を発展させたこの形式は、マインドマップの法則を適用したもので、より事実に近づいた表現ができる。

強調されたものだというのがわかるだろう。病気だったのかもしれないし、大きな失敗をしたのかもしれないし、とんでもなく悪い知らせを受け取ったのかもしれない。どれもがあり得ることとして、コンセプトのなかに含まれているのである。また午後には、ポジティブな要素もある（たとえ短時間でも、太陽が照っていたかもしれないのだ）。だから、それもルールにしたがって、書き加えることができるのだ。単語ひとつのルールにより、自分の内面と外部を、より明らかに、正確に見ることができるようになるので、自分自身に忠実になれるのである。

ネガティブな句は何日、何年、何十年という時間を消してしまうことがある。「去年は人生最悪の年だった」「学生時代は地獄のような日々だった」などと人が言うのを本当によく耳にする。

こうした考え方を繰り返していると、最後にはそれが本当のように思えてくる。しかし、実際は、そうではなかったはずだ。確かに、失望やストレスに苦しむときもあるだろう。それでも、ポジティブな要素は常に内在する。少なくとも生きていて、落胆していることを感じられるのだ。そして、ポジティブな変化や発展を引き起こすことも、当然、可能なのである。

マインドマップを単語で構成することによって、内的あるいは外的環境を、より明確に、写実的に見ることができる。すべての事象の「もうひとつの面」を見ることで、知性の偏りがなくなる。知性にあらゆる選択肢が与えられれば、問題解決や創造的思考の助けにもなる。

3● マインドマップは「ごちゃごちゃ」でも大丈夫

時間が足りなかったり、テーマがわかりにくかったりしたせいで、マインドマップが「ごちゃごちゃ」して見えることがあるかもしれない。これは、そのマインドマップが「悪い」ということを示しているのではない。単に、その時点での脳の状態や、脳が受け取ったものを反映しているにすぎない。「ごちゃごちゃ」のマインドマップには、見やすさと美しさが欠けているかもしれないが、それは、そのマインドマップを作っているあいだの内的なプロセスを正確に記録したものなのだ。

直線形のノートは、見た目はきれいだが、そこから情報を引き出すことはできない。整理されているように見えても、強調や連想の要素がないので、視覚的に何かを読み取るのが不可能なのである。

そうとわかれば、ごちゃごちゃしたマインドマップを作ったことに罪悪感を抱いたり、落胆したりすることもなくなるだろう。ごちゃごちゃしていたのは講義を行った講師や、本の作者のほうなのだ。

4● 前向きに作ろう

ときには、あっという間に最終的なマインドマップができあがることもあるかもしれない。しかし、たいていは、「初めて作った」ときと同程度のものしかできないことが多い。自分が作ったマインドマップを見てがっかりしたり、自信を失ったりするときは、「これは最初の草案で、完成までには修正が必要である」ことを思い出せばよい。

エクササイズ

本書には、ルールや使用法を説明するために、マインドマップの例が収録されている。すべてのマインドマップにざっと目をとおしてほしい。ルールを守っているかを確認し、必要であれば、批判しながら見ていくといいだろう。それが終わったら、一番よかったものを模写してみる。そうすることによって、より美しく、より記憶しやすく、より放射的な広がりの大きい、自分自身のマインドマップを作ることができるようになる。

次の章では…

この章では、放射思考の無限の宇宙へ出発するために
必要な知識をすべて学んだ。
マインドマップのルールとアドバイスを理解したら、
次は、実際にマインドマップを作ってみよう。
次章では、あなた自身の能力や個性を表現することにより、
マインドマップを強化する方法を説明する。

11 個性を磨け

この章では、個性を表現するために、
マインドマップのルールやアドバイスを活用する方法を学ぶ。
さまざまな例を見ながら、
芸術的なマインドマップを作る利点を知ろう。

マインドマップという芸術

マインドマップの作成は、手と目の連携能力を向上させ、視覚スキルを発達させる理想的な機会である。練習を重ねて、イメージを作り上げるスキルをさらに強化すれば、芸術とさえ呼べるようなマインドマップが作れるようになる。マインドマップによって、脳が持つ芸術的・創造的個性が表現されるのだ。独自のマインドマップのスタイルを開発するために、イメージ、色、次元化、スペースの使い方などの原則を学ぼう。

マインドマップ・アートの例

115ページの樹の絵のようなマインドマップは、クラウディス・ボーラーによる組織の構造についてのマインドマップで、ヨーロッパ中に知られている。マインドマップには、基盤となる根、メインブランチ、企業の成長の結実という要素が含まれている。

117ページのマインドマップは、マーケティング・コンサルタントのキャシー・ド・ステファノによって描かれたもので、理想の仕事のコンセプトを

クラウディス・ボーラーのマインドマップ。基本原理（根）がいかにして豊かな実を実らせるのかが一目瞭然である。

表現している。力強く、創造性に満ちたマインドマップであると同時に、芸術作品といえるものになっている。

もうひとつは、国際的に活躍するコンピュータ産業のコンサルタントである、ジョン・ギーシンク博士が作ったマインドマップだ（118ページ）。「愛」という概念（コンセプト）を、芸術的かつユーモラスに、言葉を使わずに表現している。彼のマインドマップを見た人たちは、カラーコピーを欲しがったものである。

芸術的なマインドマップを作る利点

1 ● 芸術的スキルや視覚による理解力を高めることにより、記憶力、創造的思考が強化され、自信が生まれる。

2 ● ストレスの軽減、リラックス、自己分析

3 ● 楽しさ

4 ● マインドマップを作る人たちにとっての「手本」になる

5 ● 偉大な芸術作品がより深く理解できる

6 ● 商業目的（5歳のイギリス人の少年はマインドマップに夢中になり、1日最低2つを作り、1週間分のこづかいの5倍の値段で売っている）

次の章では…

この章を読んで、
驚くほど複雑で美しいおもちゃを与えられながら、
それをどう扱えばよいのかわからない
子どものような気分になっているかもしれない。
ここからは、すでに学んだマインドマップのスキルとテクニックを
さまざまな目的で使う方法を学ぼう。

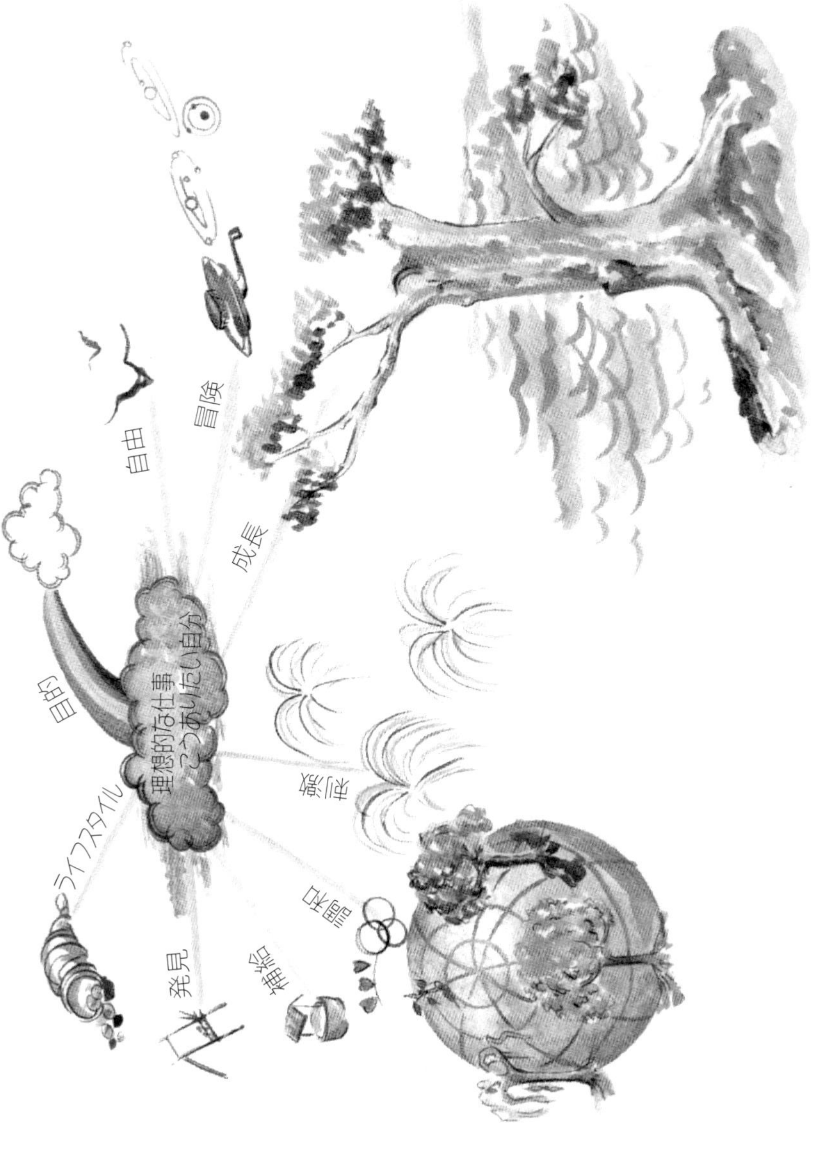

キャシー・ド・ステファノによる「理想的な仕事」に対する考えを示したマインドマップ

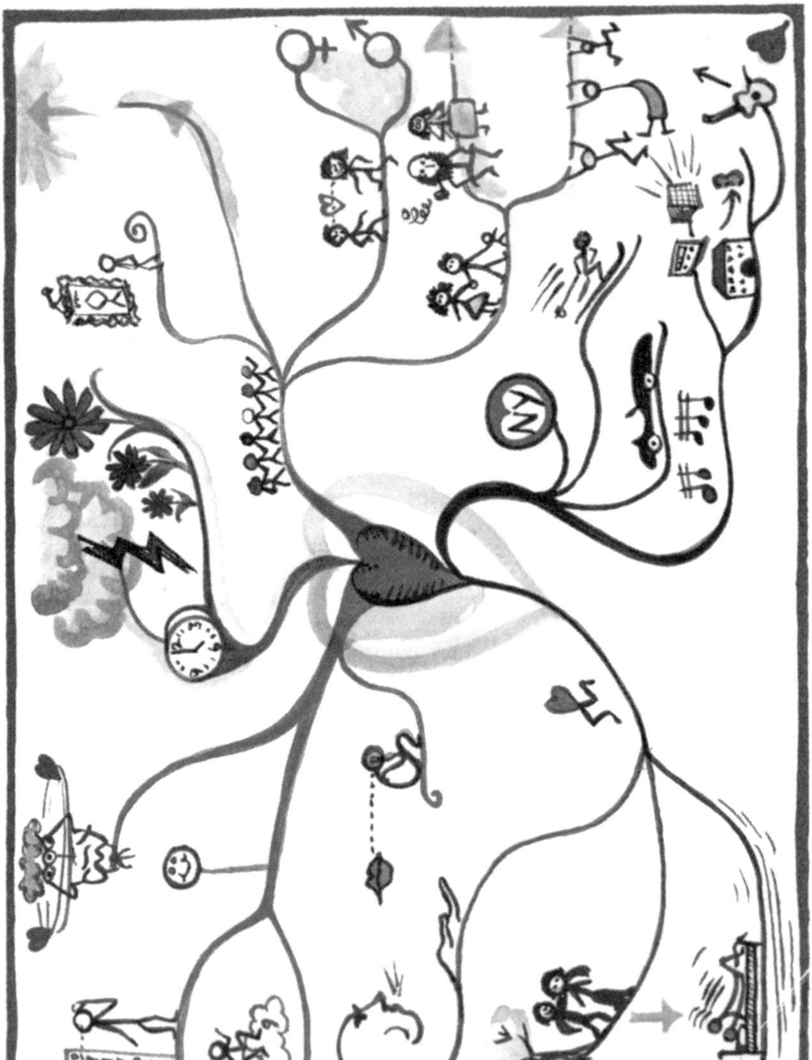

デジタル・コーポレーションのジョン・ギーシング博士が作った
マインドマップ。言葉を使わずに愛の概念を表している。

第４部

マインドマップ活用法

12章から17章では、選択、自分自身や他人の考えを整理すること、
創造的思考とブレインストーミング、
グループ・マインドあるいはメタマインドの創造など、
さまざまな目的にマインドマップを使う方法を学ぶ。

2つから1つを選ぶ意思決定法 12

マインドマップは選択という意思決定を行うのに、
とりわけ有効なツールである。
希望、順位、制約などをマインドマップに書き込むことで、
問題点をより明確に理解し、意思決定を行うことができるようになる。
これまでに学んだマインドマップのスキルを、
意思決定のために生かそう。

マインドマップで損得を明らかにする

意思決定のマインドマップは、相対する要素を比較検討するためのものである。

新車を買うか、買わないか、という問題を例にしよう。ある程度、快適で、品質の高いものを買いたいと思っているが、金があまりない。そこで、中古車を探さなければならない。そうなると、金が節約できることと、信頼性や耐久性が低下することのどちらをとるかという比較検討をすることになる。

マインドマップは選択をするわけではない。しかし、マインドマップを使って、何が得で、何が損になるかを明らかにすることにより、選択の能力が高まるのだ。

二者択一で考えるダイアディック思考法

二者択一とは、2つからひとつを選び出す（ダイアディック）という意思

決定である。二者択一的な決定は、序列を作る第一段階であり、評価決定の一部でもある。また、はい・いいえ、より良い・より悪い、より強い・より弱い、より効果的・より効果的でない、より効率的・より効率的でない、より高価・より高価でないなどといった、単純な選択が含まれている。次の例でやってみよう。

マインドマップを使って脳のなかを探る パート3

これから、家を買うべきか、買わないかという意思決定をするためのマインドマップを作る。

マインドマップのルールどおり、多次元で多色のイメージを中央に配置する。評価決定を行うので、BOI（基本アイデア）は「買う」と「買わない」である。

中心イメージと大きなブランチを決めたら、家を買うことについて、心に浮かぶ考えすべてをミニ・マインドマップにしよう。メインブランチから自然な連想を行い、それぞれのアイデアを、マインドマップ上の適切な場所に書き込む。連想が直線的であることはほとんどないので、通常は、ブランチとブランチを往き来するように、浮かんでくる思考を書き加えていくことになるだろう。「ストレス」という言葉が浮かんだら、次は「夢」という言葉を思いつき、次に反対側のブランチに「環境」と書くというようなことになるかもしれない。つまり、何かを思いつくと、それに対立するコンセプトが思い浮かぶのである。（ブランチを一本、一本、順番に完成していくのは望ましくない。脳の働きが制限され、思考が半時系列的になるからだ。脳を解放し、思考と感情を広く発展させて、連想の網を広げていくのが一番である）。

意思決定のマインドマップでは、イメージと色という視覚的要素がとくに重要になり、コンセプトや感情をとらえる助けとなる。一般的な意見と反するが、感情は、意思決定プロセスにおいては不可欠なものである。したがって、マインドマップにおいても、それにふさわしい重要性を与えなければならない。

二者択一の5つの方法

関連する情報、思考、感情をマインドマップ上に書き加えたら、意思決定を行う。二者択一的な選択をするには、おもに5つの方法がある。

1 ● プロセスから答えが出る

マインドマップ作成のプロセスから、答えが出ることも多い。脳がすべてのデータを見渡すうちに、突然、何かを悟ることにより、意思決定が行われる。

2 ● 点数法

マインドマップが完成しても決断できないときは、点数法を用いる。その場合は、マインドマップの双方のブランチに書き込まれたキーワードに、重要度に従って、1から100の点数をつける（123ページ参照）。

点数をつけ終わったら、それぞれのブランチの合計点を出す。点数の高いほうが「勝ち」である。

国際加速学習協会の元会長で、ブレイン・トラストの共同設立者でもあるヴァンダ・ノースの作ったマインドマップ（123ページ）を見ると、点数法のやり方がよくわかるだろう。彼女は、事業本部を移転するか、しないかを決めるのに、個人的な要素と職業上の要素に点数をつけた。どちらが勝ったか見てほしい。

3 ● 直感・超論理

これまで説明した2つの方法でも結論が出なければ、直感や「第六感」に基づいた選択をする。

直感を軽視する人は多いが、著者や神経心理学者のマイケル・ゲルブは、直感を「超論理」的な知的技能ととらえている。脳は、超論理を用いて、巨大なデータバンク（過去の経験から得た何億ものデータが蓄積されている）と、これから行う決断に関する項目を結びつけるのだ。

脳は、一瞬のうちに、何兆もの可能性や組み合わせを計算し、成功の可能性を算出する。この無意識のプロセスを言葉で表すと、次のようになるだろう。

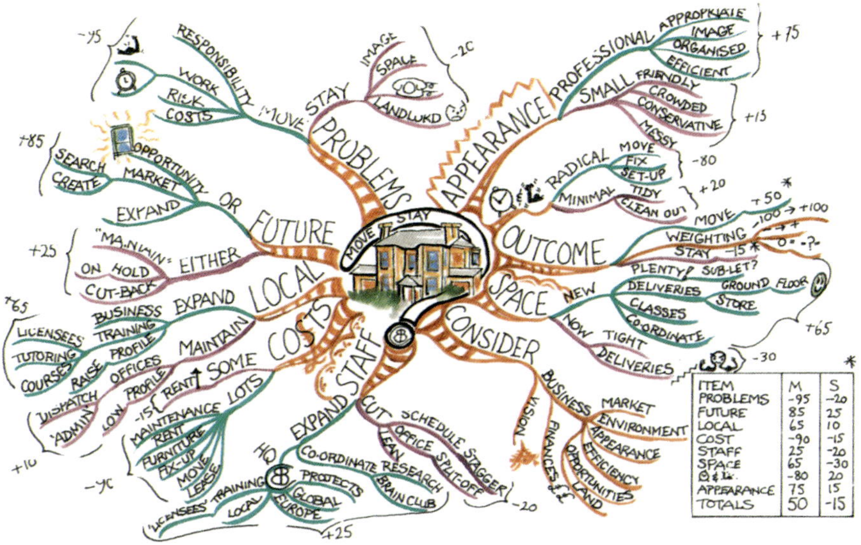

ヴァンダ・ノースが意思決定のために作ったマインドマップ

「これまでの人生で得た無数のデータを検討し、それを意思決定のために引き出した何兆ものデータと統合した結果、成功の確率は83.7862パーセントである」

こうした膨大な量の計算結果が脳に記録され、生物的な反応に形を変えたものが、「第六感」と呼ばれるものである。

ハーバード・ビジネス・スクールの研究によると、企業の管理職や社長は、成功要因の80パーセントを、直感や「第六感」に従って行動したおかげだと考えているそうである。

マインドマップは、こうした超論理的思考にとくに有効である。脳が計算のために必要とする大量のデータを提供できるからだ。

4 ● 考えを熟成させる

もうひとつの方法は、時間をおいて考えを熟成させることだ。つまり、マインドマップが完成したら、脳をリラックスさせ、受け取ったすべてのデータを統合するための、静かな休息の時間を作るのである。重要で正確な決定が行われるのは、実は、そういうときなのだ。リラックスした脳は、超意識という巨大な能力を働かせることができるからである。超意識とは、脳の99パーセントの未使用の領域が持つ知的能力である。

実際の経験から考えてみよう。どこに何があるかを思い出したり、創造的なことを思いついたり、どちらを選択すればいいかがわかったりという経験は、入浴、ひげそり、車の運転、ジョギング、ベッドに横たわる、空想、庭いじり、砂浜に座る、田舎を歩くといったような、心穏やかなひとりの時間に起こることが多い。こうしたテクニックを大いに使うべきだろう。脳が最も意味の深い、正確な決定をくだすのは、脳に調和と統一が起こる、こうしたときだからである。

5 ● コインを投げてみる

これまで説明したどのやり方でも決断することができなければ、どちらの選択肢も同じくらい大切だということである。そのような場合は、どちらを選んでも満足できる結果が得られるはずなので、あとは、コインを投げて決めるしかない。

コインを投げるとき、自分の感情を注意深く観察してみよう。もしかしたら、本当はこちらに決めたい、という気持ちがあるかもしれない。どちらを選択しても同じだと考えているつもりでも、超意識がすでに超論理的決定をくだしているかもしれないのだ。

コインを投げた結果、がっかりするのか、あるいはほっとするのか。それが本当の気持ちであり、正しい選択なのである。

悩むより決める

以上の方法がすべてうまくいかず、気持ちが振り子のように揺れ続けることもあるだろう。

この時点で、脳は二者択一（ダイアディック）の選択から、三者択一（トライアディック）の選択へ移行しつつある。決定は、もはや「はい」か「いいえ」ではなく、次の３つになっている。

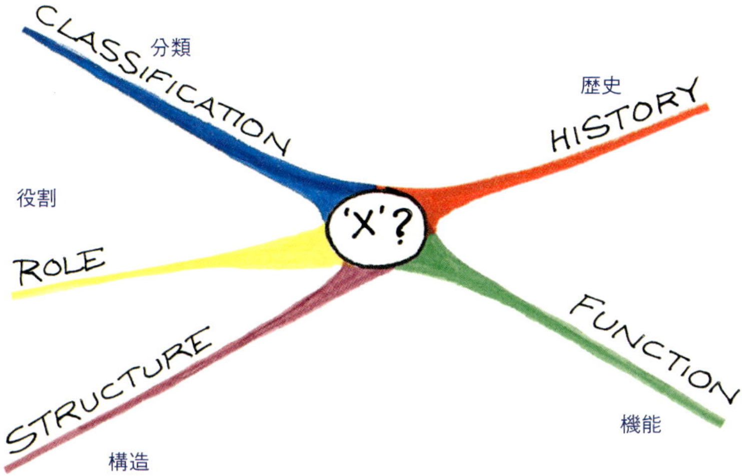

「X」エクササイズ

1 • はい
2 • いいえ
3 • 考え続ける

3つめの選択肢は非生産的であり、決定が遅れるほど悪い影響がでてくる。なぜなら、脳のエネルギーがそこに向けられ、結果的にそれを選択することになってしまうからだ。

この問題を避ける最も簡単な方法は、第3の選択をしないことである。すなわち、脳が思考の悪循環に陥っていることを自覚したら、すぐに「はい」か「いいえ」かの決定をするということである。決断をし、実行することは、停滞状態よりも、より実りがあるというのが大原則である。

「X」エクササイズで意思決定力を上げる

二者択一的な意思決定にも訓練が必要である。次の質問を使って、意思決定のスキルを練習しよう。

- 私はXを買うべきか?

- 私はXを学ぶべきか?
- 私はXという個性を変えるべきか?
- 私はXという組織に入会すべきか?
- 私はXという国・町に行くべきか?

この「X」エクササイズの狙いは、データなしにBOI（基本アイデア）を見つけること、つまり、どんな目的にも使える質問を作り出すことである。マインドマップの土台を作るときの問いとしても役立つし、実際に答えを考え出す前に、質問が適切であるかを分析するのに使うこともできる。このページにあるマインドマップのメインブランチは次のようなものである。

1 • **歴史**――何が起源か。どのように発展したか。
2 • **構造**――どんな形をしているか。どうやって作られたか。分子のような小さいものから、建築物のように大きいものにまで使える。
3 • **機能**――どのように動くか。原動力は何か。
4 • **役割**――何をするのか。 a）自然界で b）人間の世界で
5 • **分類**――ほかのものとどのような関係にあるのか。動物、野菜、鉱物などのような一般的な事物から、生物の種や元素記号表のような専門分野の知識にまで使える。馬、自動車、炭素、スペイン、太陽、神、石、本、テレビなどをXとして練習してみるといい。練習が終わったら、マインドマップの基本コンセプトのさらなる発展に貢献できるかを、確認してほしい（そのような場合は、そのマインドマップを、我々に提供していただきたい）。

二者択一的なマインドマップは、宗教、政治、道徳、職業、教育システムといった分野で公開討論をするときに使うこともできる。

二者択一のマインドマップの利点

1 • 二者択一的なマインドマップを使えば、問題をすべて明らかにすることができるので、脳が、複雑に関連し合うあうさまざまな情報をただちに

理解することができる。また、すべての問題を考慮に入れることができるよう、連想のための枠組みを作ることができる。

2 ● 脳の幅広いスキルが使えるようになり、より広い観点から検討したうえでの決断がくだせる。

3 ● イメージ、色、次元化という要素により、決断のプロセスが創造的なものになる。

4 ● 色やイメージの使用により、意思決定に不可欠な感情的な反応を引き起こし、比較検討すべき項目を明らかにする。

5 ● マインドマップを作成すること自体が決定に結びつくか、あるいは、決定の引き金となる。

6 ● リストを作るよりも多くの検討項目が明らかになるので、点数法によって、より正しい決断がくだせるようになる。

7 ● 通常では使われない脳のスキルを機能させることで、脳の直感的および超論理的能力を解放する。

8 ● 脳が思考を熟成させることができるよう、バランスの取れた環境を作る。

9 ● 脳が意思決定を行うプロセスを外面化することにより、決定に関連するすべての要素に焦点を当て続ける。

次の章では…

二者択一的（ダイアディック）な意思決定に慣れたら、
次は多分類的（ポリカテゴリック）マインドマップについて学ぼう。
次章では、このより複雑な決定をし、
自分の考えを整理するための技術を紹介する。

13 多くの選択肢から意思決定する方法

この章では、いかに自分自身の考えを整理するか（ノートを作るか）を、
多数のブランチを持つ、多分類（ポリカテゴリック）
マインドマップを使って学ぶ。
マインドマップは、二者択一（ダイアディック）のときにくらべ
BOI（基本アイデア）が多く、階層が複雑なものになる。
多分類マインドマップは、
説明、分析、評価などをするときにも使用可能だが、
ここでは基本的な意思決定の例を使って、
ダイアディック・マインドマップから
ポリカテゴリック・マインドマップへの移行を学ぼう。
また、脳のなかを探る旅も続ける。
さらに、楽しい思考構築ゲームや練習も行う。

ノート作りは意思決定に役立つ

ノート作りは、脳のなかの記憶、つまり創造的な貯蔵庫から正しい情報を引き出し、それを外面化して整理することである。思考を二者択一的に、あるいは多分類（より複雑）にまとめるプロセスであり、意思決定にも大いに役立つ。

多分類で考えるポリカテゴリック思考法

二者択一（ダイアディック）マインドマップでは、中央から伸びる大きなブランチが2本であるのに対して、多分類（ポリカテゴリック）マインドマップは、BOI（基本アイデア）を何本でも作ることができる。平均3本から7本くらいと考えるとよいであろう。

これは、10章で説明したように、平均的な脳は、短期記憶として7つ以上の情報を持つことができないからである。よって、BOI（基本アイデア）はできるだけ少なく、本の章題のようにして、情報を扱いやすい塊にしたものをまとめて表すようにするのだ。

多分類のマインドマップを発展させるには次のようなBOI(基本アイデア)が役立つだろう。

- **基本的な質問**——どうやって・いつ・どこで・なぜ・何を・誰が・どちらを
- **区分**——章・レッスン・テーマ
- **特質**——特徴
- **歴史**——時間的順序
- **構造**——形式
- **機能**——何をするか
- **プロセス**——いかに機能するか
- **評価**——いかに良いか・価値があるか・有益か
- **分類**——どのように関連しているか
- **定義**——何を意味しているか
- **個性**——個人の持っている役割・特徴

多分類マインドマップを作り、使いこなすことができるようになれば、脳が情報を記し、分析し、評価し、合成する能力が強化される。興味深いことに、生物学と天文学で使われてきた非常に高度な階層的分類システムが、複雑な多分類マインドマップに似てきたのだ。自然界のシステムがマインドマップに反映され、マインドマップのシステムが自然界に反映されている例である。

マインドマップを使って脳のなかを探る パート4

前章では、完成したダイアディック・マインドマップに基づいて、家を買う決断をした。次はさらに複雑な問題を考えよう。どのような家を買うか、である。

初めのプロセスは同じである。3次元、多色のイメージを中央に配置する。それから、価格、環境、目的、増築、大きさ、様式など選択すべき項目をすべて含むBOI（基本アイデア）を描き込む。

こうした要素を書き入れたら、希望や優先順位をそれぞれ書き込む。これにより、意思決定に何が重要であるか、何が得で、何が損であるかが明らかになるので、選択すべきものがわかるようになる。マインドマップ自体は選択をしない。決定をくだすことができるように、選択肢をバイキング料理のように提供しているのだ。

多分類マインドマップが完成したら、必要とする具体的情報が掲載されている不動産業者のパンフレットを検討する。

思考力を高めるエクササイズ

多分類的マインドマップも、学習し、発展させてゆくことが可能である。ここで、練習を2つやってみよう。

①なぜ楽しいのだろうか

これは速射法でマインドマップを作成し、BOI（基本アイデア）をすばやく選ぶ能力を高める練習である。次の質問に答えながら、マインドマップを作ってみよう。

1 ●・・・と出かけるのはなぜ楽しいのだろう
2 ●・・・を買うのはなぜ楽しいのだろう
3 ●・・・を学ぶのはなぜ楽しいのだろう
4 ●・・・を変えるのはなぜ楽しいのだろう
5 ●・・・を信じることはなぜ楽しいのだろう
6 ●・・・から手を引くことはなぜ楽しいのだろう

7 ● ・・・を始めるのはなぜ楽しいのだろう
8 ● ・・・を作ることはなぜ楽しいのだろう
9 ● ・・・を終わらせることはなぜ楽しいのだろう

それぞれの項目には、何か「ばかげた」ものを選ぼう。それにより想像力、記憶力、創造的思考能力を一度に高めることができるからだ。次に、それぞれの項目に対して7つの理由を選び、速射法でマインドマップを作ろう。(この練習のもうひとつの利点は、なぜ楽しいかをはっきりさせると実際にやってみたくなることである)。

②目的物X

より抽象的で、より難しいBOI（基本アイデア）を選ぶスキルを磨く方法がある。目的物Xを描くマインドマップを作るという課題である。目的物Xが何であるかはわからない。そこで、どんな目的物にも使えるBOI（基本アイデア）を見つけるのである。発展させればどんな目的物でも、じゅうぶんに整理し、説明できる。

●決断をくだす

多分類マインドマップを完成させたあとの意思決定のプロセスは、二者択一的な選択の意思決定とほとんど同じである。よって前章で説明したプロセスに従って、この練習を続けよう。

多分類マインドマップの利点

多分類マインドマップを完成させたら、12章で説明した方法で、意思決定に使ってみよう。

多分類マインドマップの利点は次のようなものだ。

1 ● 脳が分類、カテゴリー化、明確化などを行う能力を強化する。
2 ● 複雑なデータを1枚の紙の上に統合することができる。従って、より多くの情報に基づいた、賢い決定を行う可能性が高まる。

3 ● 何が得で、何が損かという決定に大きく影響する条件を明らかにする。

4 ● 脳のスキルをじゅうぶんに活用し、広範囲にわたる要素を検討したうえで、結論をだすことができる。

5 ● 脳のスキルのすべてが刺激されるので、脳が自身と対話をするようになる。つまり、脳は自身の活動を外面化したものを観察できるので、それによって、自身の理解を深めることができるのである。その結果、脳が持つ視野が広がり、テーマについてさらに高度な思考ができるようになる。

6 ● 決断をくだした理由を思い出し、似たような決定を行わなければならないときに参考にするための記録として、保存しておくことができる。

次の章では…

この章では、多分類マインドマップを使ってノートを作ることにより、思考を整理する方法を学んだ。
今後は、他の人の考えを整理したり、ノートをとったりすることが簡単に思えるだろう。
次章は、これまで多くの人が苦しめられてきたノートをとる作業を楽しいものに変える技術である。

マインドマップノート術 14

この章では、多分類的マインドマップを使って、
他人の考えを整理する（ノートをとる）方法を学ぶ。
ノートのおもな役割を考え、出席した授業などから
最大の利益を得ることができるようなノートをとるために、
どのような準備をすればよいかを学ぶ。
また、多分類ノートの実用例や、その利点もまとめる。

「ノートをとる」ということ

ノートをとることは、演説、本、他のメディアを通じて受け取った他人の考えを整理しながら記録し、必要に応じて組み立て直すことができるようにすることである。ノートをとる人の考えを書き加えることも必要だ。

ノートのおもな4つの機能

●記憶を助ける

残念なことに、世界中の生徒や学生のほとんどは、ノートを記憶の補助としか考えていないようである。ノートの内容も、試験に合格するまで覚えているだけで、試験が終わればすっかり忘れてしまう。ノートの記憶の補助としての機能は確かに重要であるが、分析をしたり、創造したりするときにもノートは威力を発揮するのだ。

記憶用のツールとしては、マインドマップがとくに有効である。理由は次

章で説明するが、マインドマップで作るノートには、3章で説明したような、一般的な直線形ノートに見られる欠点がない。それればかりでなく、脳と協調し、脳の広範な能力を解放し、活用するという利点がある。

●分析する

講義や本などからノートをとるときは、まずその構造を理解することが重要である。マインドマップを使えば、直線的な情報からBOI（基本アイデア）や階層を特定する助けになる。

●創造する

情報を記憶し、分析する助けとなるだけでなく、創造的な思考のたたき台にもなるのが理想的なノートである。

マインドマップは外部環境（講義、本、新聞、メディア）からとったノートを、内部環境から作ったノート（意思決定、分析、創造的思考）と合体させる。

●対話を促す

講義や読書の記録をマインドマップ形式のノートにするときは、その情報から得たすべての関連情報を記録する。講義を聴いたり、本を読んだりしているときに、心に自然と浮かんだ考えも書き加えるのが理想である。つまり、マインドマップに、あなたの知性と、講師や作者の知性との会話を書き入れるのである。色や記号を使えば、あなた自身の考えを区別して示すことができる。

脳の豆知識

講義や本が、うまく整理されていなかったり、表現形式が未熟だったりする場合は、マインドマップもわかりにくいものになってしまうだろう。その場合、マインドマップが、ごちゃごちゃした見にくいものになったとしても、それは情報のほうが悪いのである。直線形のノートでは、見た目が整然としていたり、機能しない線やリストを使ったりするせいで、そうした状況がわからなくなってしまうのである。

このように、マインドマップは他人からの情報を収集したり、他人の考えを評価し、作成者の個人的な必要性や目的を関連づけたりするのに、とても有効なツールである。

マインドマップ・ノートの8つの基本ステップ

ノートをとる機会を最大限に活用するために、構造のしっかりとしたマインドマップを作るための方法を整理しておこう。

本からのノートをとるときの心の準備をするためには、マインドマップ有機的学習法（MMOST）を使うとよい。この手法の詳細は、トニー・ブザン著『Use Your Head』（邦訳『頭がよくなる本』）9章（原書での章）に説明されている。

基本ステップは8つである。

1 • 本・記事などの全体にざっと目をとおし、構造をつかむ。

2 • 学習の時間と量を決める。

3 • 連想の「ひっかかり」を作るために、学習する主題について知っていることをマインドマップにする。

4 • 学習の狙いや目的を定め、知りたいことを質問するためのマインドマップをもうひとつ作る。

5 • 目次、主要な見出し、結果、結論、まとめ、主要な図やグラフ、その他、重要なものに目をとおし、テキストの概略をつかむ。このプロセスにより、多分類マインドマップを作るときの中心イメージと、メインブランチ（またはBOI）を選ぶことができる。この段階を終えるまでに、学習の目的の90パーセントが達成できたという報告が多くの学生から寄せられた。全体的な構造や、テキストの主要素に注目することで、作者の意図が明確になり、簡単にマインドマップにすることができる。

6 ● 下読みする。この段階までに目をとおさなかったすべての資料に目をとおす。重要な情報が集中することが多い、最初と最後の段落、セクション、章はとくに注意を払う。マインドマップに書き加える。

7 ● 本読みする。これによりパズルの大半を埋めることになる。難しい部分は飛ばしてよい。テキストに慣れたせいで、文章を容易に理解できるようになり、マインドマップを大きくできる。

8 ● 仕上げ読みをする。前の段階で飛ばした難しい部分を読み、未解答の質問があればテキストを見直して答えを見つけ、達成していない目的があれば、それを行う。この時点で、マインドマップ・ノートが完成するはずだ。24章参照。

これはジグソーパズルを組み立てる過程によく似ている。まず完成図を見て、関心のあるところや、外側の縁を埋め、少しずつ内側を埋めながら、パズルを完成させるのだ。

講義の場合にも、同じような方法が使える。ノートをとる作業を軽減するために、事前に、主要な話題、テーマ、分類などの要約をもらえるかを講演者に訊いてみるといいだろう。

要約が入手できないのであれば、講義の進行とともにBOI（基本アイデア）を探し、マインドマップを組み立てればよい。講義のあとで、マインドマップを編集し、並べ替え、修正する。講義をマインドマップにすることについてもっと知りたければ、26章を参照のこと。

多分類マインドマップの実用例

139ページの多分類マインドマップは、ある父親が、大学入学試験で英文学の試験を受ける娘を手伝うために作ったものである。

小説のような複雑なものを扱うときには、このように小説の文学的要素を整理したマインドマップを用意すると便利である。

こうしたマインドマップにより、作品の本質をより正確に、より広くつかめるようになる。また、口頭や文章という形式に変換して、口頭試問や論文に対応するのも容易である。

138ページのマインドマップは、アイルランドの有力テレビ番組「レイト・レイト・ショー」のプロデューサーであるパン・コリンズが、4か月間かけて作ったものだ。番組のテーマ、司会者、進行などについてのスタッフ全員の意見をまとめたものである。大きな矢印は、その週の聴取ランキングを示した記録である。

多分類マインドマップでノートをとる利点

1 ● 9章で説明したマインドマップの利点と同じ利点がある。
2 ● 脳が持つ、強力な検索と発見による連結能力をじゅうぶん活用できる。
3 ● 学習目的を、短時間で達成することができる。
4 ● マインドマップによるノートは、論文、発表などの創造的な意思伝達形式に、すばやく、簡単に変換することができる。
5 ● 分析的思考能力を強化する。
6 ● 知識を蓄積する喜びを感じることができる。
7 ● 重要な学習経験のすべてを利用しやすい形で記録する。

次の章では…

本章では、マインドマップを自分自身や他人の考えを
整理するために使う方法を学んだ。
次の章ではマインドマップを使って
記憶力を高める方法を説明しよう。

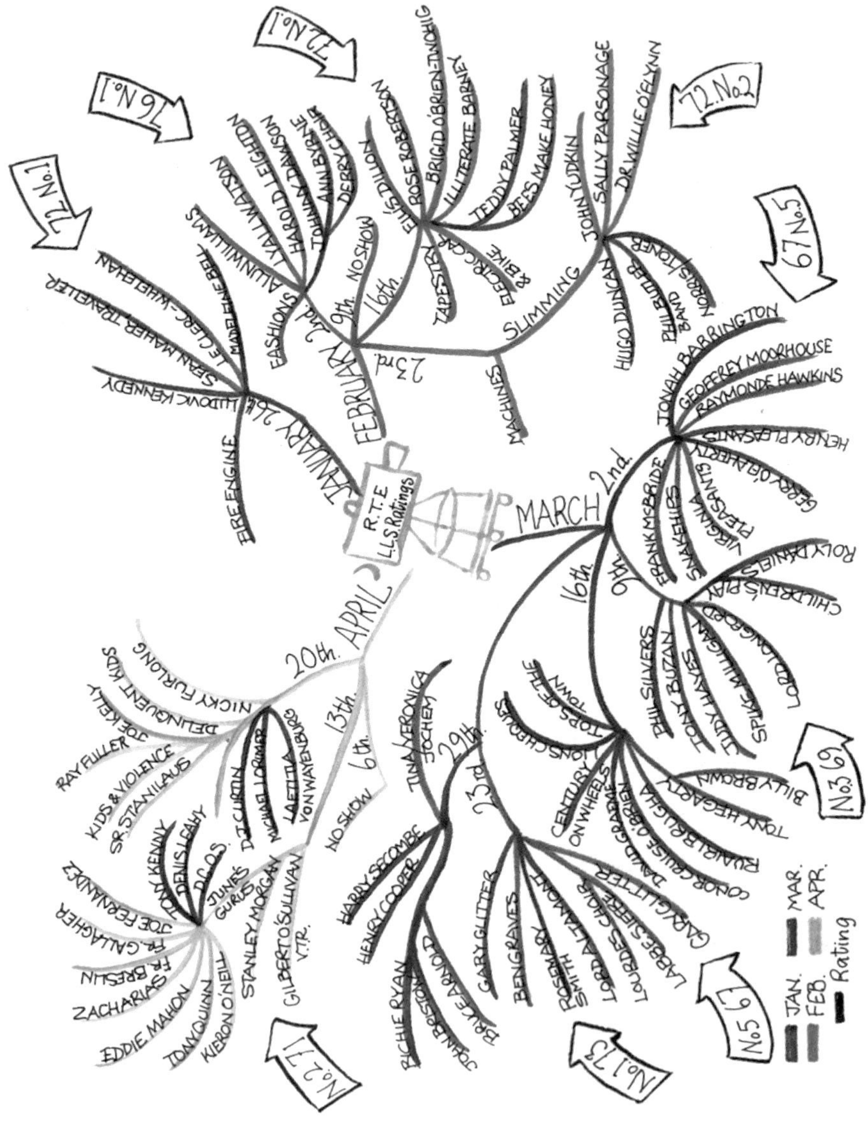

アイルランドのラジオ局、R.T.E（ラジオ・テレフィス・アイレン）のベテラン・プロデューサー、パン・コリンズが「L.L.S.（レイト・レイト・ショー）」の番組案と録音のために作成したマインドマップ。

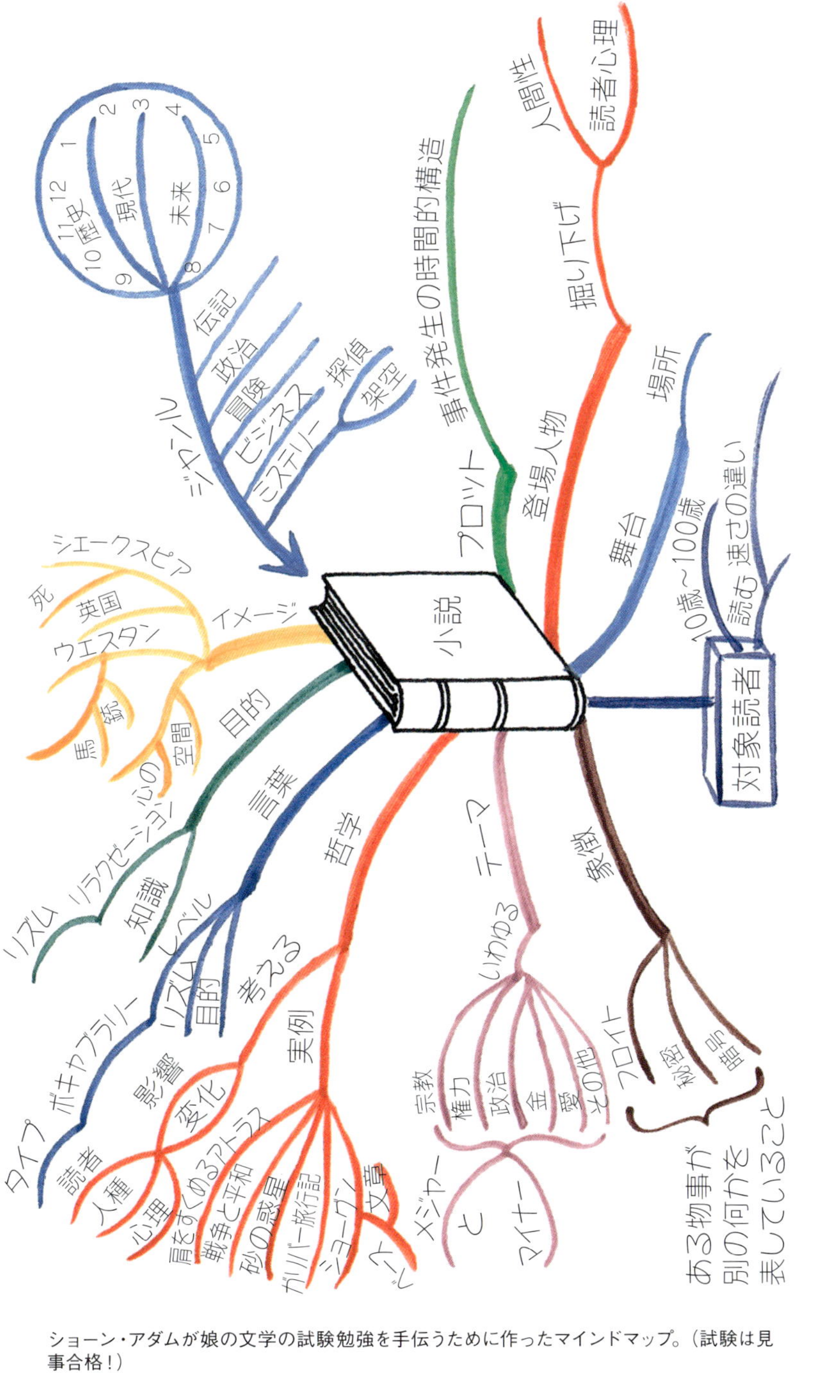

ショーン・アダムが娘の文学の試験勉強を手伝うために作ったマインドマップ。（試験は見事合格！）

15 マインドマップ記憶術

まず、ギリシャ神話をひとつ紹介しよう。
記憶力、活力、創造力が深く結びついているのがわかるだろう。
さらに、マインドマップが記憶力と創造的思考を高める
ツールとなることを学び、
最後に、マインドマップによる記憶法を簡単に説明する。

ギリシャ神話とマインドマップ

神々の王ゼウスは「女たらし」として知られていた。暇さえあれば、あらゆる手練手管を用いて、天地の美しい女性を誘惑したそうである。

しかし、世で語られるほど、どの女性にも等しく愛情をばらまいていたのではなく、他の誰よりもずっと多くの時間をともに過ごした相手がいた。記憶の女神ムネモシュネである。ゼウスが、9日9晩をムネモシュネのもとで過ごして激しい愛を交すと、やがて9人の女神が生まれた。

この9人の女神たちが創造のシンボル、つまり芸術の女神たちである。

- エラト（恋愛詩）
- ウラニア（天文、占星）
- タレイア（喜劇）
- カリオペ（叙事詩）
- ポリュヒュムニア（音楽と幾何学）
- メルポネペ（悲劇）
- エウテルペ（抒情詩）
- クレイオ（歴史）
- テルプシコラ（舞踏）

脳の豆知識

ゼウスは、活力と能力のシンボル。神話によれば、活力と能力を記憶に結びつければ、創造力が生まれるということになる。つまり、これがマインドマップの理論だ。著者は学習中の記憶再生法と記憶術を研究し、それをもとにマインドマップを考案した。その後、スペリーの脳科学研究とトランスらの創造性の研究を参考にして、創造性を高め、多目的思考を行うためのツールとして、マインドマップを発展させたのである。

創造的思考とマインドマップ

記憶術とは、連想と関連づけにより新たなイメージを作り、記憶する技術である。マインドマップは、大変に優れた多次元記憶ツールで、連想と関連づけを行うだけでなく、大脳皮質のあらゆる働きを結合させる。

ここでいう多次元とは、単次元(線)や2次元(平面)ではないということだ。情報間のつながりや、色や、時間を利用したマインドマップは、放射状に広がる立体的なイメージを脳のなかに作り出す。

一方、創造的思考は、現在を未来につなげるために、2つの要素を組み合わせて第3のイメージを生み出すことである。つまり、未来を変える、あるいは作り出すのが創造的思考、過去を現在へ再構築するのが記憶術なのだ。

マインドマップは、機能的に、そして構造的に、多次元的な記憶術としても、創造のツールとしても使うことができる。記憶術として使えば記憶力を飛躍的に高め、創造のツールとして使えば、単次元的な思考パターンを全方向へ無限に拡大するのである。

記憶術が創造的思考を呼び起こす

記憶には連想力と関連づけが必要だが、創造的思考もまた、連想力と関連づけを必要とする。「創造的」とは、AとBを結びつけ、既成概念を超えた斬新で非凡なアイデアを生み出すことである。つまり、記憶のプロセスと創

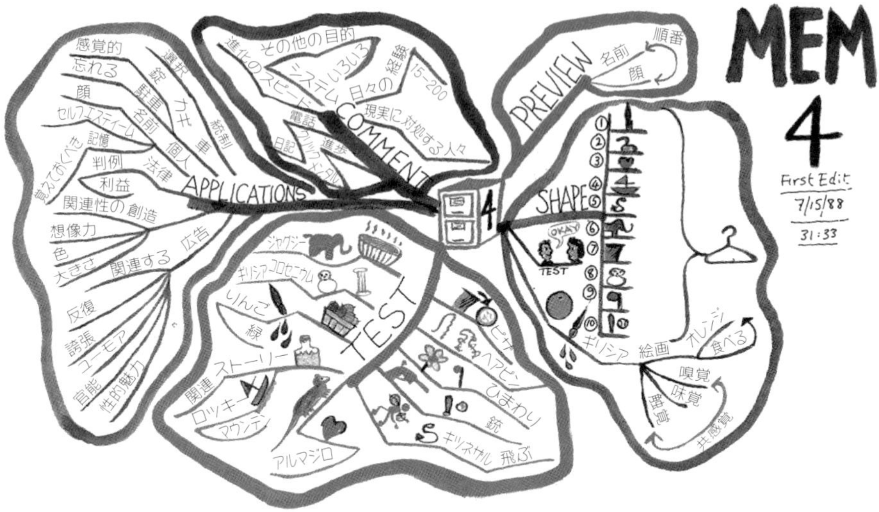

米国の有名ビデオプロデューサーのデニー・ハリスが作品内容の全体像を記憶するために作成したマインドマップ

造的思考のプロセスは、目的は異なっていても、構造は同じなのだ。

記憶術は、脳が、あとから第3のイメージを呼び起こす（再生）ことができるよう、2つの事柄を結びつける。

創造力も、2つの事柄を結びつけて、未来のための第3のイメージを作り出す。ただし、創造が何らかの形で未来を変える、あるいは、未来に影響を与えるのを目的とするのに対して、記憶術は純粋に「思い出す」ことが目的だ。

よって、記憶術としてマインドマップを使えば、創造的思考能力も同時に鍛えられるし、創造的思考能力が高まれば、記憶力も強化される。2つの能力を相互に高めることで、上昇スパイラルが生まれるのである。

上の図は、記憶と創造的思考の両方のツールとなるマインドマップの例である。米国屈指のビデオプロデューサーであるデニー・ハリスが、記憶をテーマにした作品で取り上げる題材を確認するために作成した。ビデオの内容の要旨とともに、予告編、数字または形状を記憶する技術についての詳細な説明、簡単な記憶術の使い方、作品で取り上げる記憶術の実践と理論に関する意見などが書き込まれている。マインドマップを記憶のために作る作業が、そのまま創造のプロセスとなり、作品の構成と内容についての新しいアイデアを生み出しているのである。記憶が創造の糧となり、創造が記憶の糧となる例だ。

忘れたことを思い出す方法

記憶のためのマインドマップの代表的な例は、第5部で「個人」「家族」「教育」「ビジネス」の項目別に紹介する。マインドマップは、また、ラジオおよびテレビ番組の内容や、夢や、楽しい家族行事の思い出の記録、「することリスト」などにも応用できる。

とくに便利なのが「失った」記憶を探し出すことだ。人の名前、物のありかなどを思い出すときに使うとよいだろう。

その場合、探しているものに焦点を当てるのは逆効果である。どこかへいってしまってないもの、つまり空白や無に焦点を当てることになってしまうからだ。

そこで、連想の力を働かせるために、マインドマップの中央を空白にしておく。それから、関連する言葉やイメージでまわりを囲んでいくといいだろう。

人の名前を思い出す場合は、性別、年齢、外見、家族構成、声、趣味、職業、最初と最後に会った場所などのブランチを空白のまわりに書き込む。それにより、脳が記憶の貯蔵庫から、中心になる部分を思い出す可能性が大変高くなるのだ。

実際にマインドマップを作るのが難しい場合は、頭のなかのスクリーンにマインドマップを描いてみるとよい。

マインドマップ記憶術の有効性

1 • 大脳皮質の働きを結合させ、記憶力を飛躍的に向上させる。

2 • 脳の働きをあらゆるレベルで活性化させ、より意識的に、より上手に記憶することができるようになる。

3 • 楽しくて何度も見ているうちに、瞬時にそれを再現できるようになる。

4● 記憶を助ける構造になっている。

5● 脳を活性化させ、記憶への意識を高めるので、使うたびに記憶力の基本となる水準が上がる。

6● 創造的思考のプロセスを外面化させることにより、創造的思考のスキルを向上させる。

7● 学習中、もしくは何かの話を聞いているあいだも、高レベルの記憶力を保ち続けることができる。

8● 関連づけ能力を働かせるので、脳の物理的記憶力とネットワーク構築力が強化され、記憶力が向上する。

9● 記憶力が確実に向上するので、自分自身に自信がつき、やる気や知的機能が高まる。

次の章では…

記憶力と創造力はコインの表と裏であることがわかった。
マインドマップは記憶法として大変優れたツールである。
さて、次章では、マインドマップを
創造的思考やブレインストーミングの
手段として使う方法を学ぼう。

16 創造的思考の鍛え方

ここでは、マインドマップを用いて、いかに創造的に考えるかを説明する。マインドマップがなぜ創造的思考に大きな効果を発揮するのか、また、マインドマップを使っていかに創造的思考とブレインストーミングの能力を伸ばし、新たな見識を得ることができるかがわかるだろう。

マインドマップで創造的思考が強化される

創造的思考またはブレインストーミングのためのマインドマップには多くの目的がある。

1 ● 検討すべきテーマが有するあらゆる創造の可能性を追求する。
2 ● 既成概念を取り払い、新たな創造的発想ができるようにする。
3 ● 具体的な行動や、ある状況を変化させたり、作り出すことにつながるアイデアを生み出す。
4 ● 創造的思考を持続させる。
5 ● 新たな発想の枠組みを作り、既成概念を別のものに構築し直す。
6 ● 「ひらめき」をとらえ、発展させる。
7 ● 創意工夫に満ちた計画立案を行う。

マインドマップは、創造的に考えるための理想的なツールだ。創造性に関連するとされるスキル、とくに想像力や、アイデアを関連づける能力や、柔軟性を利用するからである。

E・ポール・トランスによる創造的思考の測定マニュアルなどの心理学の分野における著作では、柔軟性は、創造的思考において欠かすことのできない要素とされている。その他、創造的思考に必要な能力は次のようなものがある。

- 既存のアイデアに、新しいアイデアまたはユニークなアイデアを結合させる。
- さまざまな色を使う。
- さまざまな形を使う。
- 通常と違った要素を取り入れる。
- 空間的広がりを拡大し、利用する。
- 視点を変える。
- 既成概念の再構成と関連づけをする。
- 既成概念を覆す。
- 美しいものを感じとる。
- 感動する。
- 視覚、触覚、聴覚、嗅覚、味覚に訴えるものに反応する。
- 互換性がある形や記号を使う。

マインドマップは、法則的にも理論的にも、こうした能力すべてを高度に的確に映し出したものである。つまり、マインドマップは、創造的思考のプロセスを、実際に目に見える形に変換したものなのだ。

(創造的思考と記憶法の技術の発達過程がきわめて似ていることを、わたしは過去の研究によって発見している。本書15章参照)

創造的思考と記憶法の原理がほぼ同じであるということからも、マインドマップが思考の本質を自然な形を映し出したものであり、思考を発展させるための最適なツールであることがわかるだろう。

また、この2つのプロセスがまったく別のものであるとする多くの論文や研究者に対して、実際には同じプロセスの鏡像だということを主張する基盤にもなる。

創造の天才といわれる人たちはぼんやりしていて忘れっぽいと、もはや一種の神話のように語られているが、それは、彼らが、覚えているべき大切なことと心理学者が考えることを覚えていないだけの話である。天才たちは、創造的思考力を発揮すべき分野に関しては、記憶の天才といわれる人たちに負けないほど優れた記憶力を持っている。

創造的思考を作るプロセス

大人数のグループでブレインストーミングを行う場合、マインドマップを正しく用いて創造的思考を行えば、従来の方法とくらべて、参加者が同じ時間で引き出せる創造的アイデアが倍増する。

創造的思考のためのマインドマップは、次の5つのステップで作成する。

1 • 速射法でマインドマップを作る

まず思考を刺激するための中心イメージを描く。たとえば新たな飛行技術の可能性について考える場合には、コンコルド機の翼などを描くとよい。連想したアイデアを、そこから放射状に書き入れていく。

考える時間は短ければ短いほどよく、長くても20分以内とする。時間に制約があれば、習慣となっている思考パターンの枷がはずれ、ふだんはくだらないものと無視してしまう斬新なアイデアが浮かんでくるものだ。この「くだらない」アイデアには、凝り固まった古いパターンを打ち破るキーが含まれているので、除外せずに必ず書き入れること。

ここで、哲学者ルドルフ・フレシュの言葉を引用してみよう。

「創造的思考というのは、必ずこのように行われなければならないという道徳観念など存在しないのだと気づくだけのことかもしれない」

また、エズラ・パウンドの有名な言葉も心に留めておこう。

「天才とは、普通の人間がひとつ、才能のある人間が2つか3つ気づくときに、10のものに気づき、さらに、それを自らの芸術作品に記す能力を持つ者だ」

マインドマップはスペースが広いほど大きく発展するので、紙はなるべく大きなものを使う。スペースが広ければ、脳は創造的アイデアを出しやすくなるのである。

2 ● 再構築、見直し（1回目）

短い休憩を取って脳を休ませたら、これまでに出てきたアイデアをまとめて、新たなマインドマップを作る。まず、BOI（基本アイデア）を決め、個々のアイデアの関連づけや分類や階層の設定を行う。このときに、新たに生まれた連想を加え、最初のステップで「くだらない」と思ったアイデアを、もう一度、マインドマップ全体を見ながら改めて考える。すでに述べたように、突飛なアイデアほど、よい結果を生み出すことが多い。

この段階では、ブランチの先のほうに、よく似ている、あるいはまったく同じコンセプトが繰り返し現れることがあるが、不要な重複として削除する必要はない。そうしたアイデアは、別々のブランチを経由して中心イメージから広がってきたのだから、同じように見えても、根本的に全く異なるものなのだ。繰り返し表れるということは、蓄積された知識の奥底に存在するアイデアだということである。つまり、考え方すべてに影響を及ぼしている重要なものなのだ。

そうしたアイデアは、意識的にも視覚的にも強調する必要があるので、2度めに出たときは下線を引き、3度めは丸や四角で囲み、4度めのときは、立体的な箱型で囲む。

マインドマップ上の立体模様を線でつなぎ、さらに立体模様を作ると、文字どおり新しい知的枠組みができる。こうして古い物事を新しい視点で見ることにより、ひらめきが生まれるのだ。

マインドマップをこのように変化させれば、思考全体の構造を大きく、瞬時に変えることができる。

このようなマインドマップの作り方は「ルール違反」で、中心イメージと大きなブランチを中心に置く意味がない、と思われるかもしれない。

しかし、これは、決してルール違反などでなく、強調と想像力というマインドマップのルールを最大限に活用しているのである。思考のなかで繰り返し現れる新しいアイデアが、新しい中心になることもある。マインドマップは、脳の検索と発見という働きに従って、古いものに変わる新しい中心を探すからである。この新しい中心も、いずれは次に現れたアイデアに置き換えられ、思考はさらに進化するのだ。

マインドマップは、知的探索と成長を助け、刺激するものである。

3 • マインドマップを熟成させる

12章でも触れたように、創造的アイデアが生まれるのは、散歩をしているとき、ランニングの途中、睡眠中、空想中など、脳がリラックスし、静かに、誰にも邪魔されずにいるときである。こうした状態の脳は放射思考を行いやすいので、超意識の最も遠いところまで思考が広がり、画期的なアイデアが生まれる可能性が高くなるのだ。

歴史上、天才と呼ばれる人たちも、この手法を使っている。アインシュタインは学生たちに、考察は途中で必ずゆっくりと熟成させるように言い、ベンゼン環を発見したケクレは、日々の研究に「休憩と空想」の時間を取り入れたほどだ。

4 • 再構築・見直し（2回目）

脳をリラックスさせ、アイデアを熟成させると、ステップ1と2で作ったマインドマップを新鮮な目で見られるようになる。この段階で、ふたたび速射法によるマインドマップを作り、ここまでのアイデアをまとめるとよい。

すべてのアイデアを統合するために、ステップ1から3で集められた情報を検討し、仕上げのマインドマップを作るのである。

153ページの図は、アイデアをじゅうぶんに熟成させ、数度にわたる見直しと再構築を行って作られた、非常に優れたマインドマップの例で、ノーマ・スウィーニーがブレイン・クラブを世界に向けて紹介するためのアイデアをまとめたものである。

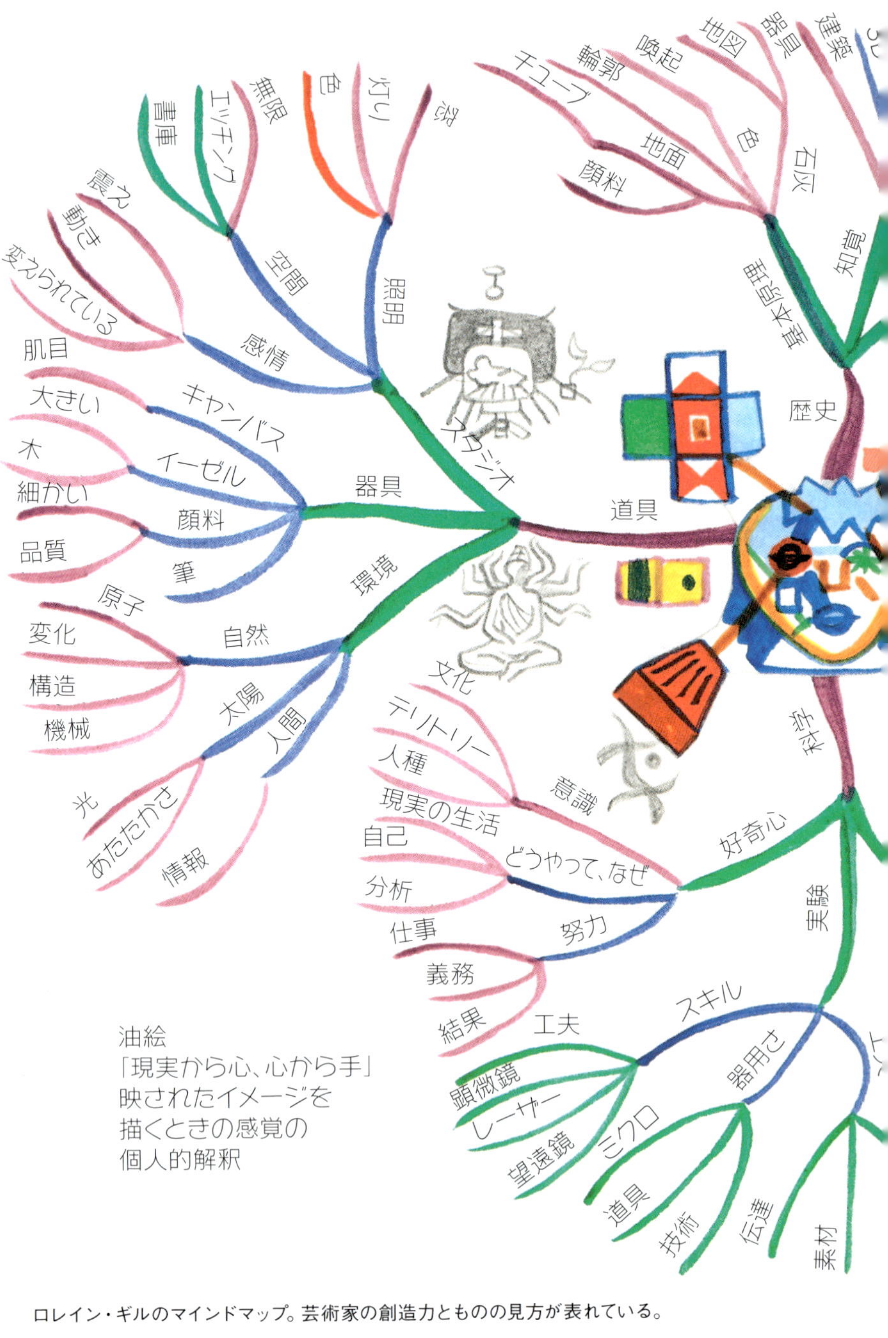

ロレイン・ギルのマインドマップ。芸術家の創造力とものの見方が表れている。

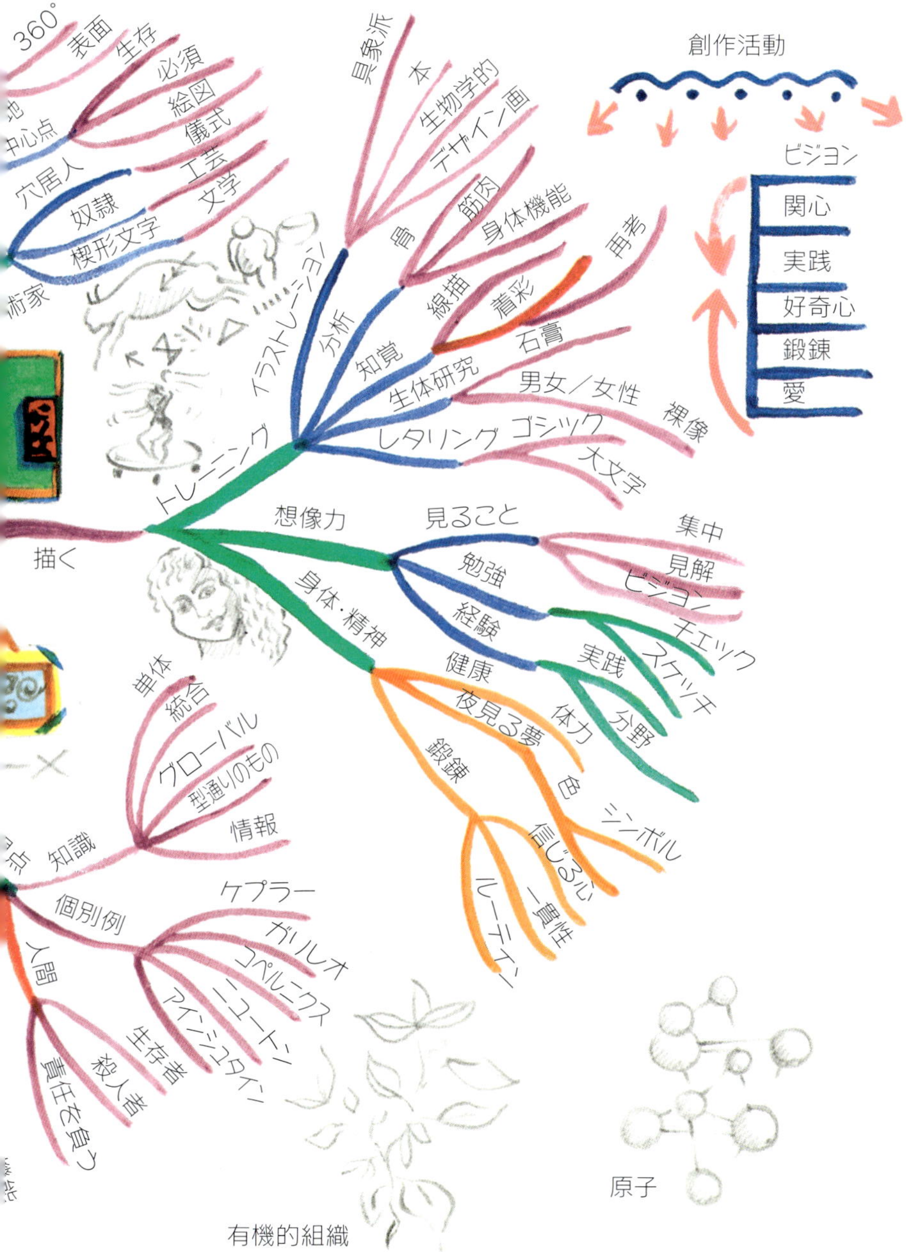
360°
表面
生存
必須
絵図
儀式
工芸
文字
中心点
穴居人
奴隷
楔形文字
具象派
本
生物学的
デザイン画
筋肉
身体機能
骨
再考
線描
着彩
石膏
分析
知覚
生体研究
男女／女性
裸像
イラストレーション
レタリング
ゴシック
大文字
トレーニング
想像力
見ること
集中
見解
ビジョン
描く
勉強
経験
チェック
身体・精神
実践
スケッチ
健康
体力
分野
夜見る夢
鍛錬
色
シンボル
信じる心
一貫性
ルーティン
単体
統合
グローバル
型通りのもの
情報
知識
個別例
ケプラー
ガリレオ
コペルニクス
ニュートン
アインシュタイン
人間
生存者
殺人者
責任を負う
有機的組織
原子
創作活動
ビジョン
関心
実践
好奇心
鍛錬
愛

5 ● 最終仕上げ

最後に、結論を出したり、決断をくだしたり、事実確認をしたりして、マインドマップを作成した目的を達成する。このとき、まったく関連性のないように思える要素がマインドマップ上で結びつき、新たな洞察が生まれ、問題が解決することもよくある。

パラダイムシフトを起こせ

長い時間をかけて深遠な創造的思考を行い、最初の再構築と見直しの段階で新しい見識が得られたとき、それを時間をかけて熟成させると、「パラダイムシフト」と呼ばれる現象が起こり、物の見方や考え方が根本的に変わることがある。150 ～ 151 ページは、ロレイン・ギルという美術科の学生が描いたマインドマップで、創造的プロセスに関する講義を、画家としての視点からまとめたものである。美術史、「視覚の文法」の習得、さらに創造的活動を行うためのツールが盛り込まれている。最近の脳研究の流れと同じように、美術は科学であり（そして科学は美術である）、創作のプロセスにおいては、想像力のみならず体力も鍛えるべきだということが強調されている。

155 ページのマインドマップは、ボストン交響楽団の指揮者ベンジャミン・ザンダーによるものである。ベートーベン作曲「交響曲第九番」に対する驚くべき斬新な解釈が示されている。長年の研究と内的マインドマップをじゅうぶんに熟成させた結果である。

パラダイムシフトは、世界的に確立された前提が、全世界的規模でくつがえることである。ダーウィンの進化論やアインシュタインの相対性理論などがその例だ。マインドマップは、古い理論体系をそっくり入れ替えるというパラダイムシフトのプロセスを記録することができる。

創造的思考マインドマップを作成すると、熟成時に超意識内に生じた新たな認識が、そのまま新たな思考の枠組みとなる。マインドマップによって、新たな次元でものを考えることができるようになるうえ、パラダイムシフトの段階を、記憶しやすく、巨視的な観点

ノーマ・スウィーニーによるマインドマップ。
クラブの世界（とくにアラブ諸国）向け・プレゼンテーション用。

から記録することができるので、新たな創造的アイデアを作り出すだけでなく、英知を築くことにもなるのだ。

創造的思考の有効性

1 ● あらゆる創造的思考のスキルが活用できるようになる。

2 ● 目的に近づくほど知的エネルギーが増幅される。

3 ● ひと目で膨大な量の要素を見ることができるので、創造的な関連づけと統合の能力を高める。

4 ● 頭の片隅で形にならずに眠っていたアイデアを掘り起こす。

5 ● 新しい内的洞察を得る能力が高まる。

6 ● 熟成のプロセスを強化し、新たなアイデアを生み出す力を増大させる。

7 ● 遊び心やユーモアを盛り込むことで、ありきたりな思考パターンに陥ることなく、真に創造的なアイデアを生み出す能力を増大させる。

次の章では…

マインドマップを使って、
創造性の可能性を大きく広げることができたら、
他の人と共同でグループ・マインドマップを作り、
さらに大きな刺激を得るのもよい。
次章では、グループ・マインドマップについて学ぶ。

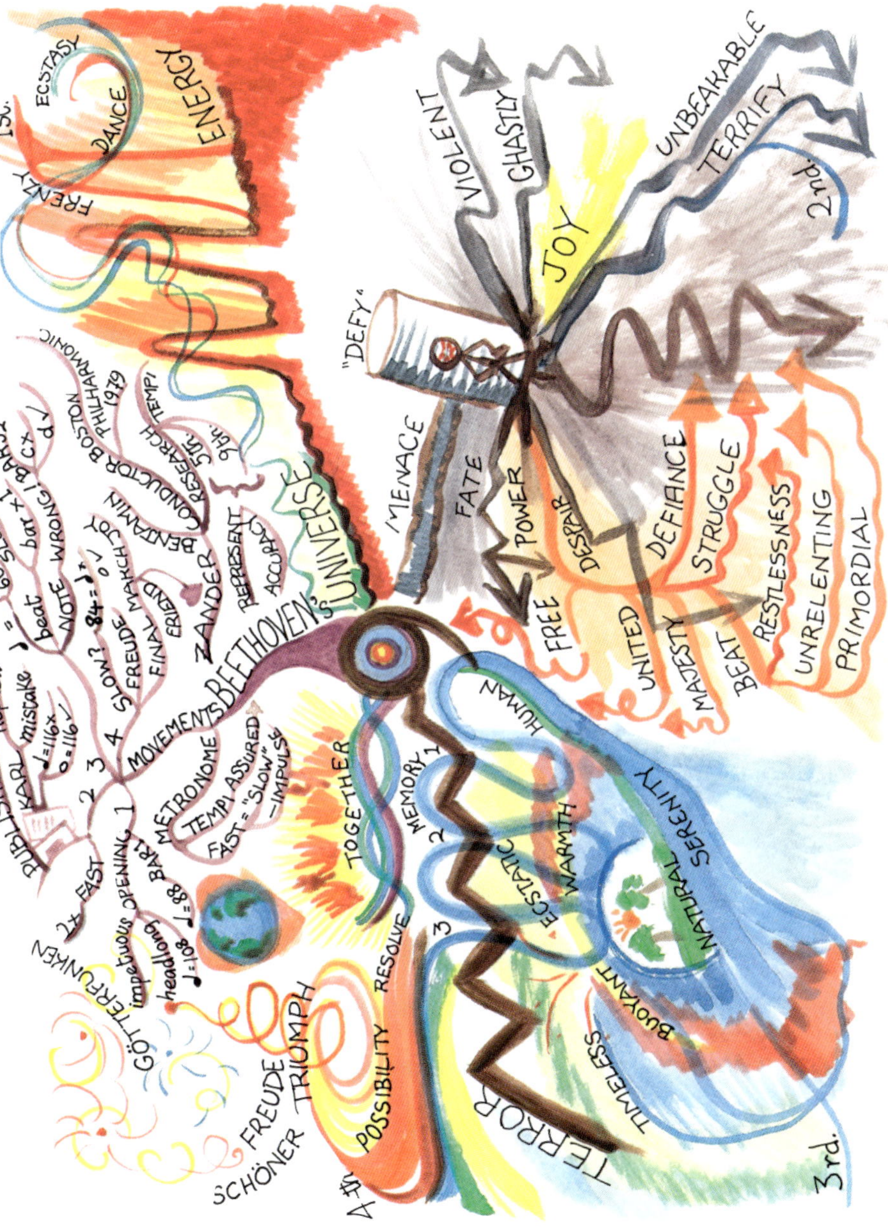

ベンジャミン・ザンダー（ボストン・フィルハーモニック・オーケストラの指揮者）による究極の創造的マインドマップ。ベートーベン交響曲第九番がテーマ

17 マインドマップでグループの力を上げる

この章では、個人の集まりであるグループでマインドマップを作成し、ひとりひとりの創作能力を統合し、倍増させる方法を学ぶ。

マインドマップでグループごと進化する

マインドマップをグループで作る利点については、スペリー研究所のマイケル・ブロックが発表した論文にわかりやすくまとめられている。
「わたしたちは日常生活において、ひとりひとり異なる情報を無数に学んでいる。学ぶ情報が異なるために、それぞれが特有の知識や知覚を持つようになる。問題解決という課題を他者と共同で行う意義は、まさにそこにある。他者のマインドマップを結合させることで、連想を他者の範囲にまで広げられるからだ」

マインドマップをグループによるブレインストーミングに使えば、総意ができあがるまでを写しとった「ハードコピー」になり、結果的には、グループの記録、もしくは記憶となる。ブレインストーミングによって、個人の脳が「グループ脳」を作り上げるためにエネルギーを結集するのだ。マインドマップは、こうしたグループの進化を反映し、行われた対話を記録するものになる。

グループで作成したマインドマップが、優れた思想家がひとりで作成したマインドマップとほとんど変わらないようなものになれば理想的である。

グループ・マインドマップの作り方

†知識を確認し、適切な質問を行うことがプラスの効果を生み出すのは、多くの研究で明らかになっている。そうした効果はマインドマップを利用することでさらに拡大するだろう。フレーズとシュバルツが1975年にある実験を行った（*）。参加者を２人一組の３つのグループに分け、グループ１では、ひとりが文章を読み、その文章についてパートナーに質問する。グループ２では、ひとりが文章を読み、パートナーからその文章について質問を受ける。グループ３では、双方が文章を黙読し、パートナー間でのやりとりはなしとする。グループ１と２は、続いて行われた記憶テストで高い成績を示したのに対し、グループ３の成績は非常に低いものだった。

この結果を見ると、自分が知っていることと知りたいことをマインドマップに書き込むことで、読解力が向上する理由がわかるだろう。また、学習はひとりで行うよりも、２人、あるいはグループで行うほうがはるかに効果が大きいこと、黙読にくらべて学習対象について話し合うことが有益であるのもわかる。学習対象を積極的に言葉にすることが、情報処理と記憶再生の効率を高めるのだ。また、ほかの人との共同作業は、ユニークな視点を作り出し、参加者ひとりひとりを結びつけるので、より広範なマインドマップが出来上がり、高度で統合的な学習が可能になるのである。

グループ・マインドマップを作成する手順は、創造的マインドマップをひとりで作るときとほとんど同じである。違うのは、ひとりでマインドマップを作るときは脳内で静かに行われる作業が、グループではメンバーが体を動かして行うという点だ。

さて、ここで、グループ・マインドマップの作り方を７段階に分けて説明しよう。

1 • テーマを決める

テーマを明確にし、目的を設定する。グループのメンバーに、討論に必要な情報をすべて与える。

2 ● 個人でのブレインストーミング

まずは各自が、最低1時間かけて速射法によるマインドマップを作り、BOI（基本アイデア）を明確にしながら、マインドマップを再構築し改良する（ここまでは、ひとりで行う創造的思考のためのプロセスの1と2にあたる）。

これは、メンバーのひとりが主導権を持ち、参加者から出たキーワードやアイデアをフリップやスクリーンに書きとめながら進める従来のブレインストーミングとはきわめて対照的な方法である。従来のブレインストーミングは、反生産的といわざるを得ない。発表された言葉や考え方が参加者の頭のなかに動きや流れを作り、グループ全体をある方向へと誘導することになるからである。非直線的な連想力が働かなくなるので、参加者がそれぞれ与えられたテーマについて自由に思考をめぐらすことにより得られるはずの多大な益を失うことになるのである。

3 ● 小グループでのディスカッション

次にグループを3つから5つに分ける。メンバーはグループ内でそれぞれの考えを発表し、他のメンバーから出た意見を自分のマインドマップに加えていく。1時間ほどかけて行う。

ここで重要なのは、各メンバーが前向きに他のメンバーの意見を聞くことだ。出てきたアイデアは支持し、受け入れる。そうすることによって、アイデアを出す脳が、関連づけの鎖を伸ばし続けようとする。鎖をつないでいけば、あまり重要ではなく、ばかげているとか、的外れとかに思えた考えから有意義なものが生まれることもある。

4 ● 複合マインドマップのたたき台を作成する

小グループでのディスカッションを終えた後、最初の複合マインドマップの作成にとりかかる。

大きめのスクリーンか、大きな紙を壁に貼ったものを使って、基本的な構造を記録していく。これはグループ全員で行ってもいいし、各グループからひとりずつ、マインドマップを書くのがうまい人を選んでもいいし、書記役をひとり決め、全部のグループのマインドマップを書いてもいい。

考えや要点がはっきりわかるように、色や記号の使い方については、全員の同意を得る。

BOI（基本アイデア）を選び、出た意見はすべてマインドマップで関連づける。この段階でも他のメンバーの意見は素直に聞く。グループ・マインドとしてここで作成されたマインドマップは、ひとりでブレインストーミングのためにマインドマップを作る際のステップ2と同じである。

5 ● 熟成させる

個人でマインドマップを作るときと同じように、グループ・マインドマップにとっても「熟成」は大切である。

これは従来のブレインストーミングと大きく違う点だ。結果が得られるまで次々とアイデアを出し、分析し、追求していくという従来のやり方では、脳の能力の一部しか使えず、得られる結果は、その部分の働きよりも小さいものになってしまう。脳が本来持っている思考能力を排除してしまうので、排除した能力を「使わない」だけではなく、使っている能力の共同作業も行われなくなる。

6 ● 再構築と見直し

少し時間をおいたら、再度ステップ2、3、4を繰り返す。これは新たに考え出され、統合された思考を取り入れていくためである。すなわち、各自が速射法でマインドマップを作成し、それを再構築・改良してメインブランチを明確にしたら、小グループで意見交換し、マインドマップを改良して、2つめのグループ全体のマインドマップを作るのである。

すると、最後のステップの前に、2つの大きなグループ・マインドマップの比較ができる。

161ページ下のマインドマップは、デジタル機器会社の取締役8人によるグループ・マインドマップである。8人のメンバーは、マシュー・パク（マイクロシステム部長）、トーマス・スピノーラ（セカンドシフト部長）、トーマス・サリバン（財務部長）、クリス・スラバッハ（フィールドサービス部長）、ロリータ・ウィリアムズ（部長）、リチャード・コフラー（専門技術部長）、トニー・ビゴニア（フィールドサービス部長）、ジョン・ラグズデール（フィールドサービスマネージャー）である。彼らはチームワークの強化のために5日間にわたって作業を行い、非常に前向きな結論に到達した。

7 ● 分析と決断

この段階では、12章で概要を述べた方法を用いて、批判的な視点から決断、目的の設定、プランの構築と校訂を行う。

グループ・マインドマップはこんな場面で使う

グループ・マインドマップは、次のようなとき使用できる。

- 共同作業による創作
- 共同作業による記憶再生
- グループによる問題解決と分析
- グループによる意思決定
- グループによる企画運営
- グループによる研修もしくは教育

グループ・マインドマップの実用例

近年、家庭や学校、大学、企業などでグループ・マインドマップを用いて、大きな成果をあげている例が数多くある。

ボーイング社では、技術マニュアルを長さ約8メートルのマインドマップにまとめている。その結果、従来は上級航空技師チーム100人の研修を行うのに数年かかったが、それをわずか数週間に短縮することに成功し、約1100万ドルのコストが削減された（161ページ上の写真）。

エレクトロニカル・データ・システム（EDS）社、デジタル・エクイッ

約8メートルにおよぶグループ・マインドマップを前にするスタンリー博士。

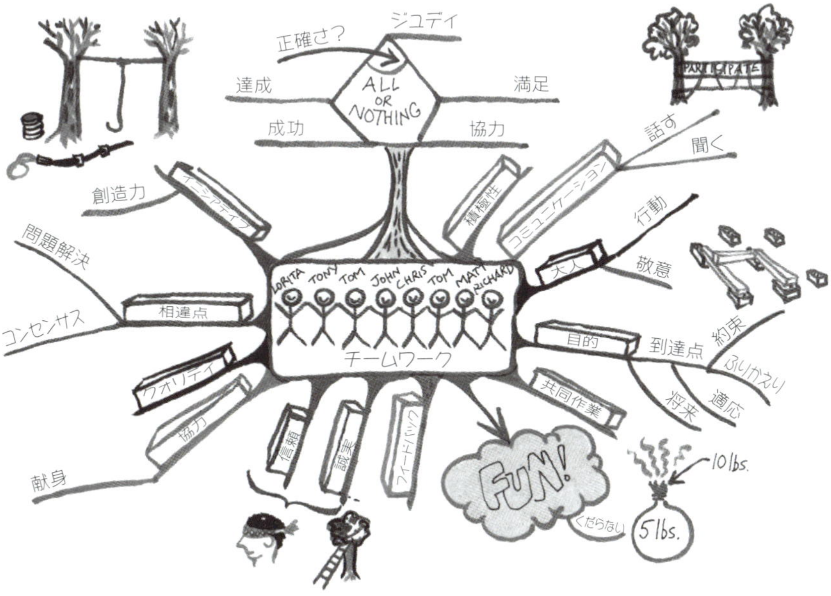

デジタル機器会社の取締役8人によるチームワーク向上のためのグループ・マインドマップ。

プメント・コーポレーション、ナビスコでは、最大120名にもなる上級職の特別研修を、グループ・マインドマップおよびマインド・マッピング・オーガニック・スタディ・テクニック（MMOST）を用いて行っている。書籍4冊から6冊分の情報量に相当する内容の研修に要する時間はわずか1日で、受講者は情報をマインドマップ化することによって、理解し、統合し、総括した上で、各々の職務場面へ関連づけている。

また、オックスフォード大学、ケンブリッジ大学では、エドワード・ヒュー（『Use Your Head』参照）らの学生が、グループ・マインドマップを利用して、学習時間を最小限に抑えながらも、試験ではほぼ最高レベルの結果を得ている。

世界を見渡すと、「天才ファミリー」といわれる人々が出現している。そのような場合は、家族がグループ・マインドマップを形成し、両親や、子どもたちそれぞれが、追求する知的（しばしば身体的）分野で活躍している。「天才ファミリー」の日々の学習の詳細については、本書21章と24章で説明する。

2人で作るマインドマップ

グループ・マインドマップの基本は、2人の人間がパートナーとして共同作業による創作活動を行うペア・グループ・マインドマップだ。2人でマインドマップを作る手順は、21章で説明する大人数のグループ・マインドマップとほぼ同じである。

1 • 課題を決める。
2 • 各々が速射法マインドマップとたたき台のマインドマップを作成する。
3 • 2人で話し合い、アイデアを交換する。
4 • 最初の共同マインドマップを作成する。
5 • 新たに統合されたアイデアについて、個々に熟考する。
6 • 共同マインドマップの再構築、改良を行う。
7 • 分析と意思決定を行う。

共同のマインドマップはプロジェクトが長期にわたる場合（著者が本書を共同で執筆するのがその例である）に、いくつか利点がある。まず長期間にわたって何度も行われるミーティングでの対話を刺激し、整理し、記録する。また、さまざまな共同作業を継続性や勢いを失わずに行う助けとなる。

グループ・マインドマップの利点

1 ● 人間の脳にとって自然な思考法であり、学習法なので楽しんで取り組める。

2 ● グループ・マインドマップ作成中においては、個人もグループもどちらも常に同じように重要である。個人の貢献が無駄にされることはなく、個人が各々の知的宇宙を探索する時間が増えれば増えるほど、グループに提供し、貢献するものが多くなる。

3 ● グループ・マインドは個々のメンバーの貢献によって形成されると同時に、個々のメンバーに知識をフィードバックする。それにより、メンバーがグループ・マインドに貢献できる能力がさらに高まる。

4 ● 従来のブレインストーミングに比べて、早い段階から、より実用的で創造的なアイデアを引き出すことができる。

5 ● グループ内で自然発生的にコンセンサスが形成されるため、団結力を強化し、目標達成に向けて一丸となって取り組むことができる。

6 ● メンバーから出される意見はすべて、有効なものとして受け入れる。よって、メンバーひとりひとりが、自分自身の考えがグループのコンセンサスになりつつあると思えるようになる。

7 ● グループ・マインドマップにより、グループの記憶のハードコピーが作られる。また、ミーティング終了時点で、グループの各メンバーが、活動成果について共通の理解を持つことができるようになる（従来の方法では、参加者が得る理解は仮定的なものに過ぎず、あとになって個々のメンバーの意見が異なることも多い。この点もまた、大きな違いである）。

8 ● グループ・マインドマップは、メンバー個人にとっても自己啓発の強力なツールとなるうえ、個人が関連するアイデアを試したり探したりするときは、目標として参考になる。

本章およびここまでの章で、個人の独自性が強ければ強いほど、自己とグループへの貢献が大きくなることがわかったと思う。この独自性を高めるために、自分独自のマインドマップのスタイルを作り上げていくのが効果的で楽しいだろう。

次の章では…

個人およびグループで使用する、
シンプルでなおかつより発展的な
マインドマップ作成の
基本的なトレーニングはこの章で終わりである。
第５部では、新しく学んだスキルを活用するための、
刺激的な実例を詳細に検証する。
最後に、マインドマップとコンピュータを用いる新たな方法、
および放射思考と知的革命の未来に関する
著者の見解を紹介する。

第5部

マインドマップを使いこなす方法

18章から29章では、これまでに習得した
マインドマップのスキルの実践的な利用方法を紹介する。
まず個人で使う方法（自己分析、問題解決、スケジュール表など）、
それから、家族で使う方法、学校などで使う方法
（考え方、教え方、本や講義やビデオをマインドマップで記録する）、
そして最後にビジネスの場面で使う方法について説明する。
新たに開発された、コンピュータを用いたマインドマップ作りや
放射思考の将来についても考えてみたい。
第５部は順を追って読んでもいいし、
必要だと思う章だけに目をとおしてもいいだろう。

● 個人編

自己分析

コミュニケーションの問題解決

マインドマップ・スケジュール術

● ファミリー編

知育と家庭学習

● 教育編

知的生産の技術
楽しく刺激的に教える技術
大量の知識を獲得する技術

● ビジネス編
マインドマップ会議術
プレゼンテーション
マインドマップ経営術
PCで作るマインドマップ

● 未来編
知的革命の時代

個人編

18 自己分析

この章では、マインドマップを用いて、
自分が何を必要としているか、何を求めているか、
長期的な目標はどこにあるかなど、
自己の内面をより深く見つめる方法を学ぶ。
さらに、他人の自己分析を助ける方法も説明する。
自己分析に用いたマインドマップのサンプルもいくつか紹介しよう。

マインドマップを使って自分を知る

転職すべきか否か迷っているとき、また、長期的な観点から何を優先すべきかがわからなくなったときなどは、マインドマップを使って、自分の考えや気持ちをはっきりさせることができる（12章参照）。

マインドマップは、大脳皮質が司る技術すべてを活用するので、自分自身をすっかり映し出すことになる。自分自身を外面化できれば、自分らしさや、心から求めたり必要としたりするものに逆らうような決断をして、不本意な結果を招くこともなくなる。

まず、自分自身の特徴や性格上の特性を最大限に表現した、自己分析のためのマインドマップを作ってみよう。次にその4つのステップを紹介する。

1 ● 環境を整える

まず、10章の説明にしたがって、環境を整えよう。自己分析というデリケー

トな場面では、利用する道具類は最高のものを使い、環境が魅力的で快適になるように整えて、知的活動を刺激するのが重要だ。自分自身を大切に扱うことで、より如実に、完全に、深く有益な自己分析ができるようになる。

2 ● 速射法でマインドマップを作る

複数の色を使い、立体的な中心イメージを描く。自分自身の身体的、あるいは内面的イメージを表すものがよい。次に、速射法でマインドマップを作る。頭に浮かんだ事実や考えや感情はすべて自由に書き込むこと。きれいに注意深く作ろうとすると本当のことを書く勢いがそがれてしまうが、急いで作業をすることで、心のなかにある考えを表現しやすくなる。自己分析は本当のことを書くのが大切だ。

3 ● 再構築と見直し

BOI（基本アイデア）を選ぶ。次のようなものがよいだろう。

- 自分の歴史——過去、現在、そして未来
- 長所
- 短所
- 好きなもの
- 嫌いなもの
- 長期的な目標
- 家族
- 友達
- 得意なこと
- 趣味
- 仕事
- 家庭
- 責任
- 感情

最後にあげた「感情」は、とくに重要な要素であるにもかかわらず、欠けていることが多い。感情は個性の一部なので、色、図形、シンボル、絵を利用して表現するとよい。

そのほかに、人生が現在向かっている方向、あるいは将来的に向かいたいと願う方向などをBOI（基本アイデア）にするのもよいだろう。次のようなものは、マインドマップの主要な流れを作るものになる。

- 勉強、習いごと
- 知識
- ビジネス
- 健康
- 旅行
- レジャー
- 文化
- 野望
- 悩み

速射法のマインドマップを完成させ、主要なブランチを選んだら、見直しと検討を重ねて、さらに大きく、見た目にも楽しい、新しいマインドマップを作ってみる。最終的にできあがったマインドマップが、自分の内面を映し出したものになる。

4 ● 決断

完成したマインドマップを見ながら、12章の方法を参照して決断し、これからするべきことや将来的な行動を計画する。

過去を振り返り、未来を設計する

1年に1度、自分を見つめ直し、何を達成し、何をこれからの目標にするかを考えてみることは、将来の計画を立てるうえで非常に有益だ。マインドマップは、そのための理想的なツールとなる。

過去1年のあいだに成果をあげたことをマインドマップにすれば、それは、そのまま翌年の目標を立てるマインドマップの土台となる。そうすれば、自分の得意分野や優先事項をもとに翌年の行動計画を作れるし、生産性が低く、満足を得られなかったものについては、あまり時間をかけないという選択もできる。

毎年これを続ければ、マインドマップが現在進行形の記録となり、これまでの人生の流れやパターンや自分自身の姿や将来向かう方向などを示してくれる。

さらに、人生の重要な局面では、その始めと終わりに自己分析のためのマインドマップを作るといいだろう。転職や引越し、または、人間関係や学校の勉強などについて、その始まりと終わりにマインドマップを作るのである。

他人の自己分析を助ける

友人や同僚が自己分析をする手助けをしたい。しかし、その友人は、マインドマップを作ったことがない――そんなときにも、先に説明した4つのステップを使えばよい。自分を分析するのではなく、友人や同僚のかわりにマインドマップを作るのである。

まず、友人や同僚に自分をどんな人間だと思うかを説明してもらい、そこからできあがるイメージを描く。次に彼らが何を考え、何を感じ、何を思いついたかを話すのを聞きながら、速射法のマインドマップを作る。さらに、BOI（基本アイデア）を選ぶのを手伝う。そして、彼らの言うことをすべて書き入れて、マインドマップを完成させる。その後の自己分析は、彼ら自身にまかせてもいいし、必要であれば手伝ってもよい。

自己分析のためのマインドマップの例

174ページに示されたマインドマップは、ある多国籍企業のCEOがビジネスマンとしての自分を分析する目的で作ったものである。実際には、マインドマップによって感情が明らかになるにつれ、人生のすべての要素を映し出すものに変わっていった。

最終的には、家族、仕事、スポーツ、習い事、一般的な自己啓発、そして東洋の哲学や習慣への関心までをも含むマインドマップとなった。

その CEO は、マインドマップを作るまでは、仕事が何よりも最優先だと思っていたそうだ。しかし、マインドマップを作る過程で、家族こそが、自分の人生の真の基盤であることに気がついた。それからは、妻や子どもたち、他の親類たちとの関係を築き直し、日々のスケジュールも家族を優先するようになったのである。

その後は予想どおり、健康状態も精神状態も格段に良くなり、家族はより親密に、よりいたわりあうようになり、ビジネス面でも、新しいポジティブな気持ちを反映してか、劇的な進展があった。

173 ページの例は、ある企業の管理職の女性が、仕事におけるキャリアと私生活の方向転換を考えて作ったマインドマップだ。自分は何者なのか、自分の信念はどこにあるのかを見きわめるために、マインドマップを利用したのである。初めは自尊心の低さに苦しんでいた彼女だが、自己分析を終える頃には、自分自身を全方向に向けて解放することに成功した。

自己分析のためのマインドマップの有効性

1 ● 自分を客観的に見ることができる。

2 ● 大脳皮質の技術を活用し、あらゆる面から見た現実的な個人像を描ける。

3 ● 大きな傾向も小さな傾向もすべて明らかになるので、マクロ的にも、ミクロ的にも自分を見ることができる。

4 ● 現状を考慮した将来的な計画を、より簡単に、的確に立てられる。

5 ● 半永久的に記録として保存できる。長期にわたって、自分をより正確に見ることができる。

6 ● 他人の自己分析を助けるときにも使える。

7 ● 色、イメージ、記号などで感情を容易に表し、自己分析に結びつけることができる。

次の章では…

この章では、一般的な自己分析に
マインドマップを活用する例を紹介した。
次の章では、
コミュニケーションなど個人的な問題を
解決する方法について説明しよう。

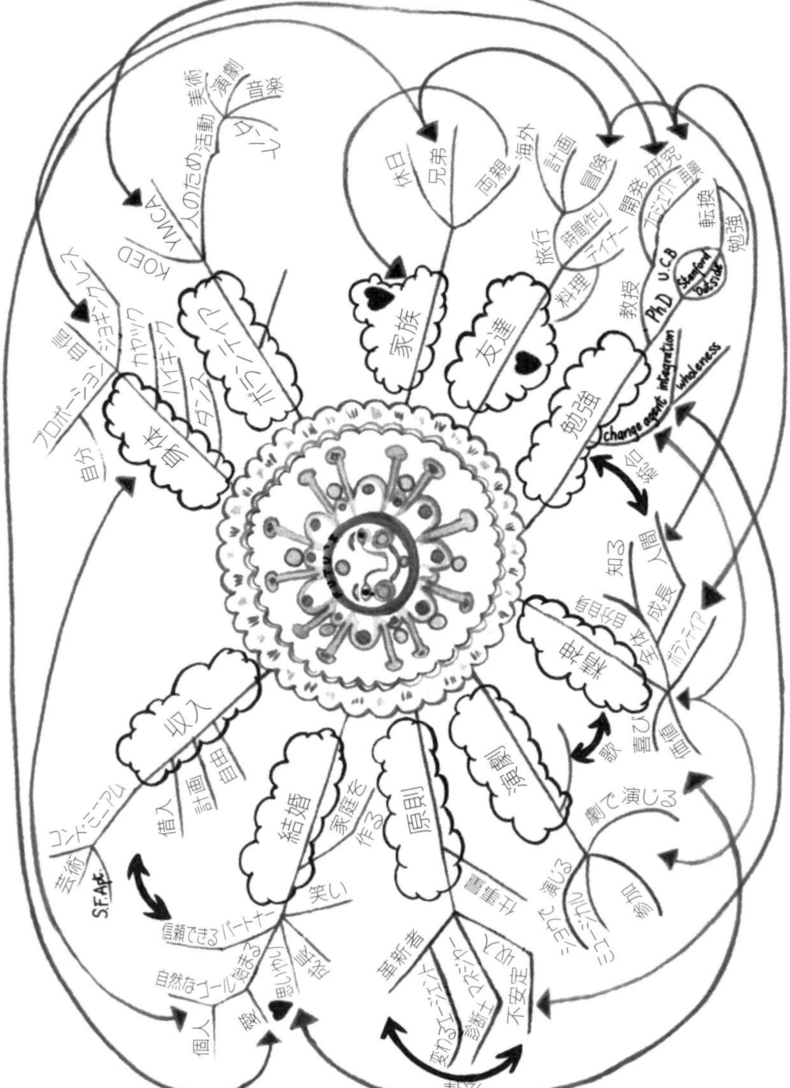

ある女性管理職によるマインドマップ。自分の信念、自分自身、
そして未来の方向性を探るために作られた。

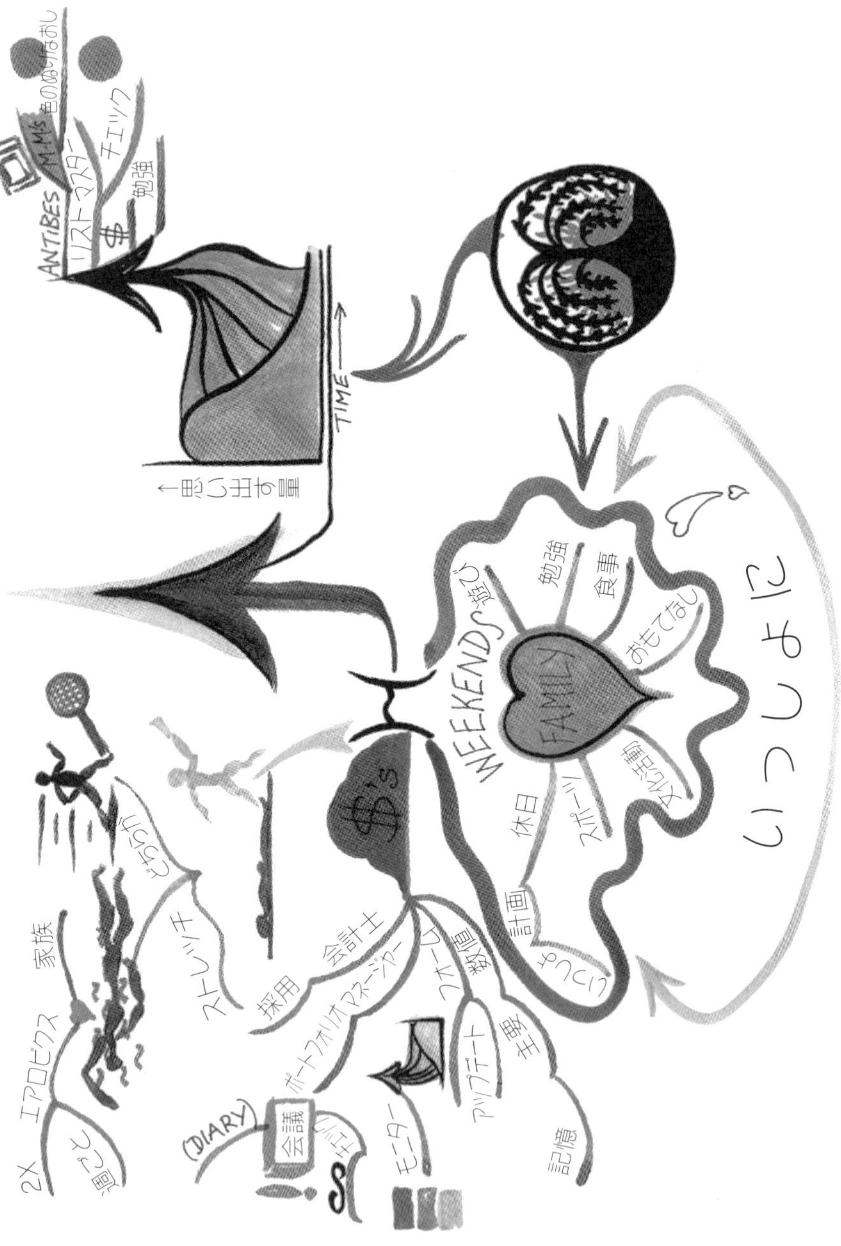

ある多国籍企業の社長によるマインドマップ。自分の人生を考え直し、家族との生活に光を当て直すことにつながった。

コミュニケーションの問題解決 19

この章では、マインドマップを、個人的な問題と、
他者との関係で生じる問題の解決に利用する方法を紹介する。
自己分析や意思決定など、
すでに獲得したスキルが問題解決にも活用される。

マインドマップで個人的な問題を解決する

個人的な問題の解決は、自己分析とほぼ同じプロセスで行うが、焦点になるのは、問題の原因となる個人の性格や性質である。

たとえば、極端に内気な人の例を考えてみよう。まず、中心イメージ（両手で顔をかくす人の絵などがいいかもしれない）から始め、速射法でマインドマップを作成し、「内気」という言葉から連想される考えや感情をすべて書いていく。

最初の再構築と見直しを行う。BOI（基本アイデア）にするのは、消極的になる状況、身体的な反応、言葉や仕草への影響、内気になってしまう原因（いつ始まったか、どんなふうにひどくなっていったか）などの項目がよいだろう。そこから、可能な限りブランチを伸ばす。

全体をまとめて仕上げたあとは、問題の分析と熟成を行い、そのあとで、再構築と見直しを行う。この段階で２つめのマインドマップを作り、書いたことすべてをよく検討し、解決策を考える。それを実行すれば、問題を根本的に解決していけるはずだ。

真の問題を誤解をしていたことに気づく場合もある。もし、異なるブランチに同じ言葉やコンセプトが繰り返し出てくる場合、根本的な問題はその言葉やコンセプトが表すものであり、中央に置いたものではないことがわかる。そのときは、そのコンセプトや言葉を、新たな中心イメージとしてマインドマップを作り、同様のプロセスを行う。

マインドマップでコミュニケーションの問題を解決する

緊密な人間関係も、相手の価値観を理解し、尊重することを忘れると、悲劇的な終わりを迎える。感情に身を任せ、きちんとしたコミュニケーションができなくなれば、人は破滅的な負のスパイラルにはまりこんでしまう。

たとえば、AさんがBさんに傷つけられたと感じると、AさんはBさんに対して否定的な感情を持つ。Aさんの傷つけられたという思いが強いほど負の思考の度合いが増し、Bさんに対する否定的な感情は、さらに強くなる。すると、破滅的な負のスパイラルはひたすら加速し、いわゆる「常軌を逸した」状態になる。

最後は、過去の幸せな出来事さえ破滅の渦に飲み込まれ、否定的な観点でしかとらえられなくなるのだ。たとえば、誕生日にもらったプレゼントはもはや愛のしるしではなく、ただのワイロやうしろめたさを隠すための方便にしか思えなくなってしまう。

マインドマップは、個人間のコミュニケーションの障害を取り除く媒介となり、負の連想によるスパイラルを避ける助けとなる。さらに、マインドマップを使って放射思考を行い、関連するすべての要素を書き出せば、問題をより広く、前向きにとらえることが可能になる。マインドマップが、実際に、多くの夫婦や友人関係を崩壊から救ってきたことからも、効果は明らかである。

たとえば、次ページに示したテッサ・トック＝ハートの例を見てみよう。テッサのマインドマップは、コミュニケーションに関して、個人的に経験した問題と、他者に見られる問題を表したものである。一本の太い線で結ばれた2つの顔の中心イメージは、基本的な人的要因を示していて、右側にコミュニケーションを妨害するもの、左側に促進するものが書かれている。

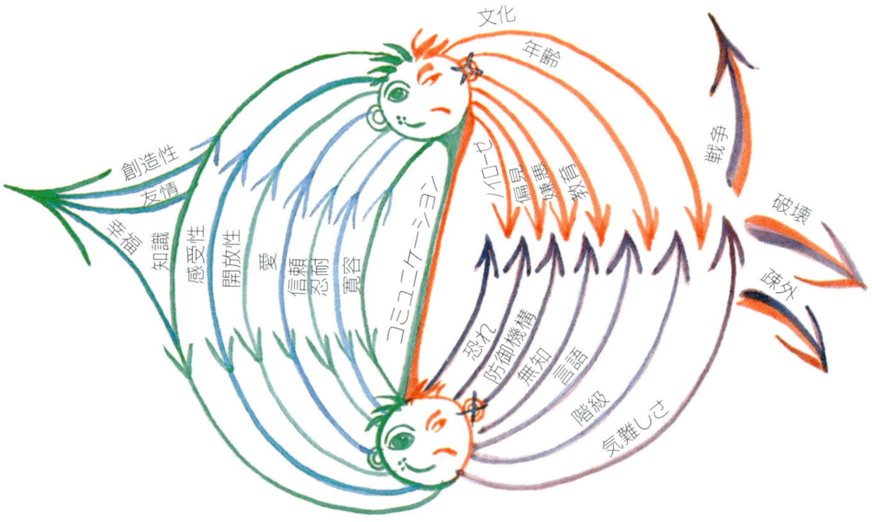

テッサ・トック=ハートによるマインドマップ。コミュニケーションにおける問題の解決法について。

右側の弧は、対立を引き起こす要因を示し、左の弧は、対立を克服する助けとなる特性である。左側に描かれた耳は開かれ、聞く意思を示しているが、右側の耳は入ってくる情報を拒んでいる。右の中央に並ぶ矢印は、コミュニケーションが妨害されている状態を示し、外側の大きな矢印は戦争、破壊、疎外、といった言葉が書かれている。反対側の大きな矢印には、創造性、友情、幸福という言葉がある。

コミュニケーションの問題を解決するステップ

個人間の問題を解決するには、双方がマインドマップの理論と使用法についてじゅうぶんに理解していなければならない。それを前提として、次に説明する３つのステップで人間関係のトラブルを解決しよう。

1 ● 環境を整える

自己分析を行うときと同様、用具類はできるだけ質の高いものを使い、全過程を通じて快適に作業ができるよう、環境を可能な限り整える。すべて終わるまでに数時間かかることもあるため、とくに大きな問題のときは、作業と休憩の時間を決めた予定表を作り、軽い食事なども用意しておくとよい。そうすることによって、分析をしただけで解決に至らなかったという事態を避けることができる。

2 • マインドマップを作る

最初のステップでは、双方が3つの大きなマインドマップを作る。テーマは「嫌なこと」「気に入っていること」「解決方法」である。

マインドマップはいずれも、通常のようにまず速射法で作り、その後、BOI（基本アイデア）を選んで、じっくりと再構築する。

● 「嫌なこと」

1時間ほどかけて（必要であれば延長する）、これまでの関係における負の要素をすべて書く。たとえ良い要素があったとしても、ここではとにかく悪い部分のみに集中する。

マインドマップを作っているあいだは、完全にひとりで作業をし、意見を交換してはいけない。

負のマインドマップを作り終えたら、しばらく休憩する。このときマインドマップのことは話題にしてはいけない。

● 「気に入っていること」

次に、まったく同じプロセスで「気に入っていること」のマインドマップを作る。過去から現在までの関係で、満足していることをすべて書く。ここでも会話は厳禁である。話し合いは、3つのマインドマップをすべて作り終えたあとに行う。

● 「解決方法」

それぞれが、解決方法を考えるためのマインドマップを作成する。問題のひとつひとつに対して、解決に結びつく対策を書く。

3 • 話し合い

双方が､3つマインドマップを発表する(26章参照)。負のマインドマップ、正のマインドマップ、解決方法のマインドマップの順で行う。

発表のあいだ、聞いている方は新しい白い紙を手元に置き、自分自身について言われたことを、すべて正確に記したマインドマップを作成する。聞き手は、沈黙を完全に守るのが重要である。発言が許されるのは、話し手の意図を理解しているかどうかを確認するときと、相手の視点を理解しているかどうかを確認するときだけとする｡負のマインドマップの発表を聞くときは、相手の意見に驚いたり、ショックを受けたり、ひどく傷ついたりすることがあるので、このルールは大切である。

ここで聞き手が覚えておかなければいけないのは、もののとらえ方はそれぞれ異なり、話し手が言うことは、その人にとってはすべて真実だということだ。聞き手が問題の原因と解決法を知りたいと思うのであれば、そのことを受け入れ、理解しなければならない。

参加者には、自分にとって「真実であることはすべて言い、真実ではないことは一切言わない」という姿勢が求められる。言い残したことがあると、完全な解決にはならない。

マインドマップの発表は次の順序で行う。

1 • Xが「嫌なこと」について発表し、Yがマインドマップを作る。
2 • 休憩
3 • Yが「嫌なこと」について発表し、Xがマインドマップを作る。
4 • 休憩
5 • Xが「気に入っていること」について発表し、Yがマインドマップを作る。
6 • 休憩
7 • Yが「気に入っていること」について発表し、Xがマインドマップを作る。
8 • 休憩
9 • Yが「解決法」について発表し、Xがマインドマップを作る。

10 ● 休憩
11 ● Xが「解決法」について発表し、Yがマインドマップを作る。
12 ● 話し合い。解決方法について合意する。めでたし、めでたし。

「嫌なこと」が問題の根源であることは明らかなので、まず、それから発表し合うのがいいだろう。ここでの目的は、相手をやりこめたり、傷つけたりすることではなく、相手が何を苦しんでいるのかを理解し、双方の傷を癒すことである。実際、相手のものの見方に対する誤解が原因となっている場合は、客観性と互いの人格が尊重される場で負の要素について話すだけで、問題が解決することも多い。

「負」の要素の後に「正」の要素を出し合うと、前段階でマイナス面の衝撃を受けたのと同じように、嬉しい驚きがあるだろう。それにより、解決方法を求める双方の気持ちに弾みがつき、ミニ・グループマインドを作るのにエネルギーが向けられ、自然と意見が一致するようになる。解決方法について意見交換をしたすぐあとに、合意点が確認され、解決策が見つけられるはずだ。

マインドマップでコミュニケーションを解決する有効性

1 ● 参加者が本音をさらすことができる仕組みになっている。
2 ● 相手のものの見方を理解できるようになる。
3 ● 相手に対して、素直になれる。
4 ● 問題をより広い観点から見ることができ、原因をより深く理解し、解決しようという気持ちが強くなる。
5 ● 参加者の関係の現状を記録し、「気に入っていること」と「問題解決」のマインドマップは、関係を進展させていくための強力な助けとなる。
6 ● 相手に対する理解が深まるだけではなく、自分自身を見つめ直し、成長する機会になる。
7 ● 参加者同士の理解が深まるだけでなく、絆も強くなり、ストレスがより少ない関係を作ることができる。また、相手の独自の視点に敬意を払うことができるようになる。

マインドマップで自己分析した経験があれば、本章で述べたプロセスを行うのはさらに容易だろう。個人的および個人間の問題を解決する方法が、より簡単に、より効率的に見つかるので、個人的にも、人間関係においても喜びが大きくなるのだ。

次の章では…

自己を分析し、問題を解決する目的以外にも、
マインドマップはさまざまな形で
日常生活に利用できる。
次章では、マインドマップを
スケジュール帳として使う方法を学ぼう。

マインドマップ スケジュール術 20

従来のスケジュール手帳は直線的なツールであり、
我々を、長いあいだ、時間という暴君の支配下に置いてきた。
この章では、新しい革命的なマインドマップ・スケジュール表を
紹介する。これを利用すれば、時間に振り回されることなく、
自分の必要と希望に合わせて時間を使いこなせるようになる。
マインドマップ・スケジュールは、計画表としても、
出来事、考え、感情などの記録としても使える。
つまり、従来のスケジュールと日記の両方の機能を併せ持つ
働きをするのである。

マインドマップ・スケジュールの原理

マインドマップ・ノートが従来の直線型ノートからの大きな飛躍であるのと同様、マインドマップ・スケジュールは、従来のスケジュール帳とくらべてはるかに効率的で、効果的である。

マインドマップ・スケジュールは、従来のスケジュールで使われる大脳皮質のスキル（言葉、数字、リスト、順序、順番）だけではなく、色、イメージ、シンボル、記号、ユーモア、空想、ゲシュタルト（全体性）、次元性、連想、視覚的リズムなどの機能を生かすことになる。

脳の働きを完全に、忠実に反映するマインドマップ・スケジュールを使えば、色と時間に加えて、3次元空間を活用できるようになり、時間の管理に

とどまらず、自己管理、さらには人生設計のシステムをも手に入れることになるのだ。

年間計画の作り方

年間計画は、1年のおもな行事を把握するためのものだ。長期的なフィードバックとしても使えるので、できるだけ前向きな目標を設定する。詳細は月別や日別の計画に書き込めばいいので、ここでは不要である。

色、記号、イメージを大いに活用する。他の人にわからないようにする場合には、色使いのルール（カラーコード）を決めるとよい。カラーコードを、月別、日別の計画でも統一して使うと、一貫性が生まれ、相互に参照したり、計画したり、記憶したりするのに便利である。

月別計画の作り方

月別計画のマインドマップは、年間計画を1か月ごとに区切ったものをさらに充実させればよい。日付と曜日を左上から下に向かって並べ、1日の時間帯を左上から右上に並べる。

混乱を避けるために、1日に書き込む予定（会議、行事、作業など）は5件までと決め、色を使ったイメージやカラーコード、キーワードとして書き入れよう。それ以外の項目は、日別計画に取り入れればよいだろう。

カラーコードを統一すれば、1年間の予定がひと目でわかるようになる。また、前年の年間計画を月別計画と並べれば、どの時期のことも、すぐにはっきりと思い出せるだろう。

さらに、年間、月別計画をもとに、過去1年を振り返り、未来に向けて目標設定（18章参照）をすることができる。1年間に起きたことがひと目でわかるので、全体的な傾向を比較したり、予測したり、観察したりすることも容易になるだろう。

日別計画の作り方

脳のメカニズムは、本来、視覚的で目標志向である。そこで、日別のマインドマップ・スケジュールは、脳のそうしたメカニズムを生かし、24時間時計の形式で作成し、計画、記憶用のツールとして利用する。

年間や月別の計画と同じように、通常のマインドマップのルールをできるだけ適用する。1日につき2つのマインドマップを作るのが理想だ。ひとつは、これから先の計画を書き込んだもの、もうひとつは、進行状況をモニターしながら書き込んでいくものだ。1日が終わったときに見直し、その日を振り返ることができる。

187ページの例は、わたし自身の月別計画の、8月2日の分である。左上隅の24時間時計で表したのは日別計画で、その日、実際にどれくらいの時間があるかがわかるようになっている。中心イメージは、本書である。アラジンの魔法のランプのような形をした、にっこり笑っている口は、本書を口述していることと、想像力の「精霊」がインスピレーションを与えてくれることを願っているという意味だ。

1日は5つの大きなブランチで区切られている。最も重要なのは本書の執筆だ。散歩、ランニング、マッサージ、ジムでのトレーニングは、翌日からの執筆の仕事に備えて、頭と体の調子を整えるためである。夜は友人とのお祝いのパーティだ。

年間、月別の計画と同様、日別計画も、人生の節々で、過去を包括的または詳細に振り返るのに役立つ。ざっと目をとおすだけで、1週間、1か月、または1年を、鮮明に思い出せるのである。

人生設計のためのBOI項目

他の自己管理ツール同様、マインドマップ・スケジュールは人生のさまざまな面を記録する助けになる。ここでも、整理しやすいよう、BOI（基本アイデア）は数項目に絞るとよい。最も効果的な例は次の4つだろう。

- 心身の健康
- 家族、友人
- 創造活動
- 仕事と収入

各項目について、電話、会議、休日などをマインドマップで計画し、創造的アイデアや覚えておくべきことを書き留めていく。

マインドマップ・スケジュールの有効性

1 ● 人生をマクロ的、ミクロ的視点の両方から見ることができ、長く作り続けることによって、総合的な人生設計のツールとなる。未来と過去を、計画と記録という形で同時に見渡せる。

2 ● 見た目が楽しく、使い手のスキルが向上すればさらに楽しさが増す。芸術作品を創作しているような気分になる。

3 ● 年間、月別、日別の計画を相互に参照し、長期の流れを見ることで、手軽に1年を振り返ることができる。

4 ● すべての出来事を人生の流れのなかでとらえることができる。

5 ● 本質的に多次元記憶に最適なシステムである。よって人生の「メモリー・コア」を外面化したものである。

6 ● 人生の最も重要な部分を管理できる。

7 ● 自己啓発を促す構造になっている。つまり、最近発見された「TEFCAS」という学習モデルを、脳が実行する助けとなるのだ。「TEFCAS」とは、「試行（Trial）」「実行（Event）」「フィードバック（Feedback）」「チェック（Check）」「調整（Adjust）」の段階を進み、いつも最終的なゴールである「成功（Success）」へ向かうという考え方である。

8 ● イメージ、カラーコードなどのルールによって、情報を瞬時に取り出せる。

9 ● 視覚的に、刺激的で魅力的なため、使いたいという気持ちになる。「うっかり」記入するのを忘れる、どこかにしまい忘れる、まったく使わないことに罪悪感を覚えるなどということがなく、無意識に避けてきた従来のスケジュール表とは大きく違うものだ。

10 ● スケジュールのを確認すると、まるで「自分の人生を題材にした映画」を見ているような気分になれる。

次の章では…

マインドマップは、自己分析や問題解決、自己管理など、個人的に役に立つばかりではなく、家庭生活を豊かにしてくれるものでもある。次章では、家庭学習や家族の楽しみのために活用できる、楽しいマインドマップの利用法について学んでいく。

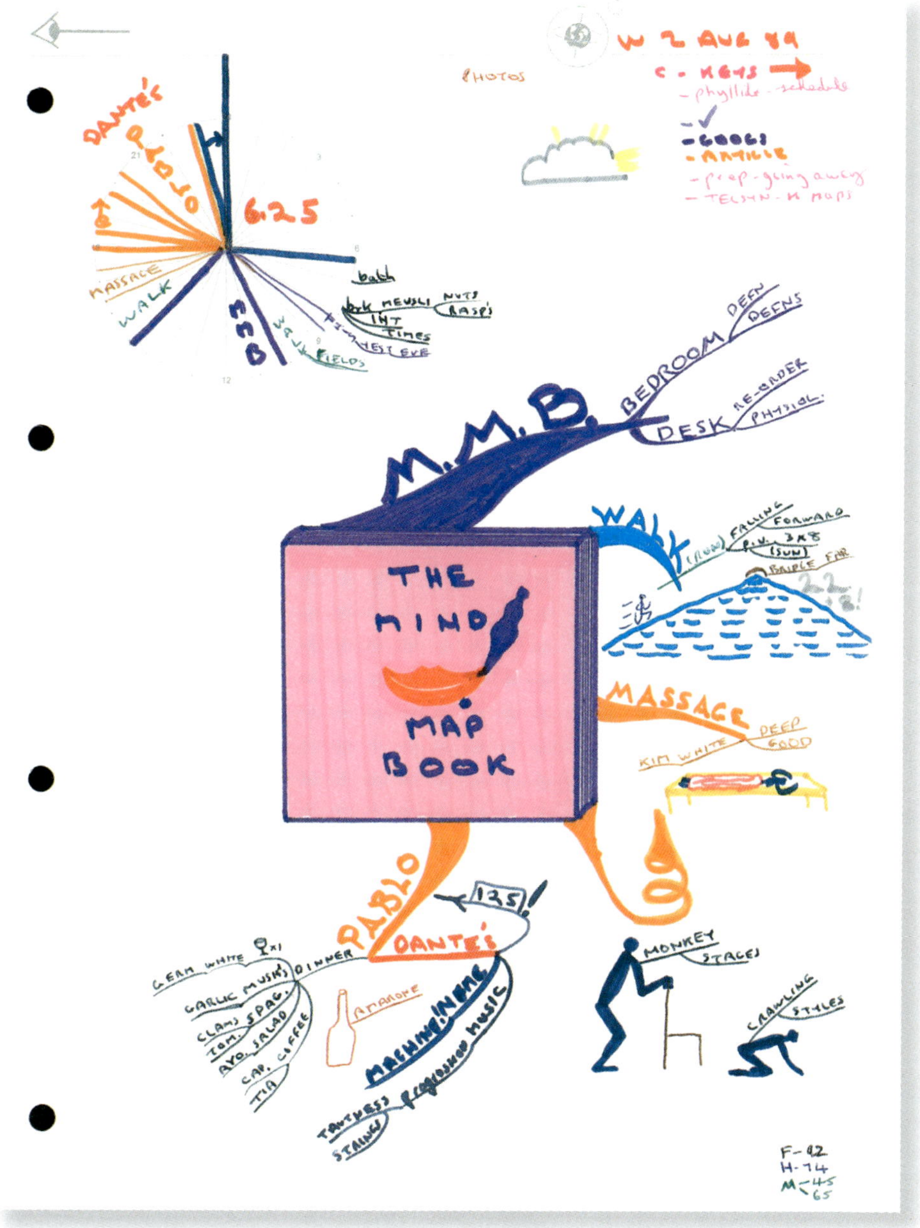

トニー・ブザンの個人スケジュール帳に描かれたマインドマップ。本書を正式に書き始めたその日のスケジュールを示している。中心イメージは、口述筆記をするというアイデアから生まれた。

ファミリー編

21 知育と家庭学習

本章では、17章で説明したテクニックを、家族で活用する方法を学ぶ。
家族でのマインドマップ作りは、遊びや勉強に、
刺激とやりがいを与えてくれる楽しい作業である。
また、家族の絆を強め、愛情を豊かにしてくれる。

マインドマップでお話づくり

まず、環境と道具を整える。マインドマップを描く紙を床かテーブルに広げ、上質なカラーペンをたくさん用意しよう。ストーリーテリング（お話づくり）用のマインドマップは、次の７つのステップで作成する。

1 ● アイデアを練る

家族が、それぞれひとりでブレインストーミングを行い、「空想物語」の独創的なアイデアを練る。物語のタイトル（空想的要素の強いものがよい）や主人公も決める（動物、野菜、宇宙人、人間でもよい）。

家族全員がそれぞれのアイデアを発表する。そのあと、投票で、その日の物語の題材をどの人のものにするかを決める。選ぶのは難しいだろうが、使わなかったアイデアは別の日のためにとっておけばよい。

2 ● 個人のブレインストーミング

新しい紙を用意する。家族ひとりひとりが、自分の紙に、中心イメージか

主人公の絵を描き、20分ほどかけて速射法でマインドマップを作る。独創性に富んだ楽しい物語になるよう頭に最初に浮かんだアイデアを書いていく。

3 • 再構築と見直し

BOI（基本アイデア）を選ぶ。次のようなものにするとよい（一部、あるいは全部でもよい）。

- 筋
- 登場人物
- テーマ
- 舞台
- 言語水準
- 色
- 絵
- 教訓
- 感情
- 結末

BOI（基本アイデア）を選んだら、マインドマップを再構築し、見直す。小さな子どもには、大人が手を貸してやるとよい。「登場人物」は「お話に出てくる人」、「筋」は「どんなことが起こるか」などと説明してやるだけでもじゅうぶんである。色やイラストをふんだんに使う。所要時間は30分から40分とする。

4 • 熟成

そろそろ休憩が必要な頃だろう。ゲームをしたり、休んだり、飲み物や軽食を取ったりして、のんびり過ごすとよい。休憩のあと、30分ほどかけて、それぞれのマインドマップを見ながら話し合いをする。自分の家族が思っていた以上に想像力豊かなことがわかる、楽しい、驚きに満ちた時間となるはずだ。ここで重要なのは、全員のアイデアを前向きに受け入れることである。

この段階で批判や反対があると、アイデアを出した人は自信を失い、楽しめなくなるからだ。

5 • 最初のグループ・マインドマップを作る

書記を決めてもいいし、全員で順番に大きなマインドマップに記録してもいい。初めに、カラフルで立体的な中心イメージを置いたら、物語の筋に最も適したBOI（基本アイデア）を選んで書き込む。あとは思いつく限り、それぞれのブランチに放射状にアイデアをつなげていく。

6 • 物語を語る

マインドマップが完成したら、それを全員で取り囲むように座り、それぞれ順番に物語を語ろう。次の人に交替するタイミングは自由だが、話が「宙ぶらりん」のところで交替すると、次の人は、より独創性に満ちた、楽しいものを考え出すことができるだろう。

物語が、奇想天外な、空想を刺激するようなストーリーになるよう、ひとりひとりが工夫を凝らす。そうすることにより、家族全員のグループマインドが、マインドマップを基盤とした、ひとつの大きなファンタジーの塔を築き上げるのである。

語られた物語を、テープに録音しておくのもよい。

7 • 2つめのマインドマップを作る

ふたたび短い休憩を取り、先ほどの物語を思い出しながら、最終的なマインドマップを仕上げる。マインドマップは、それぞれが作っても、全員で作ってもかまわない。物語がよくできたときは、文章にして残しておくのもいいだろう。文字はできるだけ大きくして、1ページにつき10行程度とする。文字を書き込んだページの反対側は白紙にしておき、文章に合った絵を順番に描いていくのも楽しい。この方法により、家族でファンタジーの本を作ることができるうえに、物語を作る過程で、学校生活にも役立つスキルを多く学ぶことができる。できあがったマインドマップは、子ども部屋の壁に飾っておくといい(そのうち、家中の壁にマインドマップが貼られることになる)。

ドナ・キムと子どもたちによるおとぎ話のマインドマップ

グループ学習の方法

マインドマップによる有機的学習法（MMOST）は、本書14章と、トニー・ブザン著『頭がよくなる本』（東京図書）でも説明しているように、スピード、理解、効果、効率を、5倍から10倍にも増大させる学習法である。家庭学習やグループ学習に用いれば、参加者が多い分、効果はさらに大きくなる。

MMOSTには、大きく分けて「準備」と「実践」の2つのステップがある。グループ学習では、次のように行う。

1 • 準備

- この学習で読むテキストの量を決め、内容をざっと見て難易度を把握する。時間があまりないときは1章だけ、時間がじゅうぶんにあればもう少し長く、家庭学習日なら本1冊分としてもよい。時間がじゅうぶんあるときは、全員が同じものを読んでも、それぞれ別のものを読んでもどちらでもよい。

- 学習時間全体の長さを決める。テキストを適当な分量で区切り、時間を割りあてる。
- 参加者それぞれが、テキストのテーマについて、現在持っている知識を、速射法でマインドマップにする。新しい情報をすぐ取り込めるよう、頭のなかには「連想のひっかかり」を意識的に作っておくこと。このプロセスにより、「知らない」分野をはっきりさせ、それに注意を払うことができる。
- それぞれのマインドマップを見ながら意見を交換し、現在知っていることをグループでひとつ、または複数のマインドマップにする。
- 参加者それぞれが、学習の目標と目的をマインドマップにする。BOI（基本アイデア）を「誰が」「いつ」「どこで」「なぜ」「何を」「どうやって」「どれを」などにすると便利である。
- 再度、それぞれのマインドマップを見ながら意見を交換し、この学習におけるグループとしての目標と目的を設定するマインドマップを作る。
- 現在の知識と目的をマインドマップにすることで、グループ全体の意識を高め、ひとりひとりのやる気と集中力を高める。
- まずは個人で、次にグループで、この学習で答えを知りたい疑問をすべてマインドマップにする。

2 • 実践

- 各自でテキストの概要をつかむ。目次、大きな見出し、結果、結論、重要なグラフや図、その他目にとまったものを確認する。
- ざっと目をとおしたら、他のメンバーと感じたことを話し合う。さらに、テキストの基本的な構造を示した予備的なグループ・マインドマップを作成する。
- 下読みをする。前の段階で目をとおさなかったところ、とくに段落や章の最初と最後に注目する。大切な情報は、こうしたところにあることが多いからである。
- ふたたび、全員がそれぞれの印象を発表し、詳細をグループ・マインドマップに書き込む。

- 本読みをする。この段階は、いわば脳のなかでジグソーパズルを組み立てる作業である。ふたたびテキストに戻り、下読みまでの段階で読まなかった内容を拾い、隙間を埋める。理解が難しいと感じた部分は、印をつけ、先を読み進む。印をつけた部分については、この後のステップで解決する。
- 仕上げ読みをする。前の段階で難しく感じて印をつけた部分を読み返す。また、未解決の問題の答えを見つけ、残っている目的を達成するため、テキストにもう一度目をとおし、マインドマップをそれぞれ完成させる。
- 最後にグループでの意見交換を行い、「わからない部分」を解決し、難しい問題の答えを出し、未達の目標を達成する。この後、個人とグループのマインドマップを最終的に仕上げる。
- グループ学習のプロセスを終えたときには、家族のひとりひとりが、学習内容をマクロ的（全体的）にも、ミクロ的（より詳細な知識）にも理解していることになる。マクロ的な理解は大きなグループ・マインドマップとBOI（基本アイデア）に、ミクロ的な理解は個人のマインドマップとグループ・マインドマップのブランチの先のほうに記されている。

マインドマップで家庭学習する日を決める

マインドマップによる家庭学習は、学校の試験や成績のためにも、一般的な興味からでも、家族のなかの誰かが知識を増やしたいと思っている場合でも行える。マインドマップを使えば、効率的に、楽しく、勉強できる。

マインドマップを上手に活用すれば、本1冊分の内容を、参加している家族に30分から1時間で伝えることができる。ひとりにつき1冊、約2時間を割り当てると、家族が4人ならば、1日で4冊の本についてのマインドマップを作り、理解を深め、意見を交換しあうことが可能だ。

この学習法については、トニー・ブザン著『Harnessing the ParaBrain』10章で詳しく説明しているが、基本的なステップは次のようになる。227ページのマインドマップも参照してほしい。

1 ● 午前10時頃、30分程度の準備体操を行う。ウォーミングアップなので、ゲームのようなものか、ストレッチやエアロビクスなどの軽い体操がよい。激しい運動をする必要はない。

2 ● 学習する本にざっと目をとおす（15分）。

3 ● 休憩をとる。休んだり、ゲームをしたりして、リラックスする（5分から10分）。

4 ● 学習と休憩時間の長さを決める。さらにそれを、本の各セクションに見合った長さに配分する（10分）。

5 ● 学習する内容についてその時点で知っていること、目標、目的、疑問点などを記したマインドマップを作成する（20分）。

6 ● 休憩（5分から10分）。

7 ● 目次、おもな見出しなどからテキストの概要をつかむ。グループ・マインドマップのBOI（基本アイデア）を選ぶ（15分）。

8 ● テキストをさらに注意深く読み、個人のマインドマップを発展させる（15分）。

9 ● 昼食および休憩（1時間）。

10 ● テキストのわかりにくい部分を家族と話し合い、解決する（30分）。

11 ● 休憩（5分から10分）。

12 ● テキストを再読し、未解決の問題点や疑問点を解決して、マインドマップを完成させる（30分）。

13 ● 休憩（5分から10分）。

14 ● 家族の前で、それぞれが読んだ本の内容をまとめたマインドマップを発表する（プレゼンテーションの仕方については、本書26章を参照）。

プレゼンテーションの時間は、各自約25分とする。最初の2人が終わったら、5分から10分の休憩をとる。ひとりがプレゼンテーションをしているあいだ、他の人たちは書記としてマインドマップを作り、発表者と同等の理解を得られるようにする。この過程になって気づいたことや、発表の仕方やレイアウトで学ぶことがあれば、マインドマップにさらに手を加える。

197ページのマインドマップは、英国のサマセットで、ある春の日に庭で行われた家庭学習の成果である。エアー家とコリンズ家の2家族が、天才家族の作り方についての本を読んだ。つまり、天才家族の作り方を学びながら、その方法を実践したのである。最終的なマインドマップは、両家の母親2人、リン・コリンズとキャロ・エアーが作った。

中心イメージは、その日に学んだ4つの題材を表している。ブランチにはそれぞれ番号がふられ、内容に沿ったイラストが加えられている。たとえば、3番めのブランチには、脳を半分に切ったイラストがあり、大脳皮質の右半分、左半分の各機能（1章参照）がまとめられている。また6番めのブランチに描かれたユニコーン（unicorn）の絵は「ユニークなホーン（角）」を表していて、このブランチは「ユニークさ」についてのまとめである。他にも、さまざまなユーモアに満ちた絵が描かれている。

15 ● 学習をやり遂げたことを祝う時間を作ろう。映画や劇やスポーツの試合を見に出かける、夕食を豪華にする、互いに「賞」を与える、「一家全員」へのプレゼントを買うなど、何でもいい。

学習日の翌日には、記憶がさらに強化され、勉強したテキストがしっかり理解できるようになったと感じるかもしれない。これは「一晩寝て考える」ことで、学習した内容が脳のなかで統合され、再編成されたためである。

その後は、10章で推奨した方法で定期的に復習をすれば、学んだテキストをいつまでも覚えていられる。

家族でマインドマップを作る有効性

1 • 17章で説明したグループ・マインドマップと同じような利点がある。

2 • マインドマップを用いてストーリーテリングを行うことで、家族の創造力が高まる。

3 • 個人で行う学習のスピードと効果が、家族の人数分だけ増加する。

4 • ひとりで黙々と勉強するのではなく、学習内容を家族と話し合い、積極的に言語化することで、情報が効率的に処理され、再生が容易になる。

5 • 直線形ノートに比べて、知識が連係によって強化されるので忘れにくくなる。

6 • 家族全員が、新しい分野の知識を得ることができる。

7 • 試験勉強のテクニックが向上し、試験にうまく対処できるようになる。試験の準備と受験に対する能力が向上する。

8 • さらに重要なこととして、学習や試験に対する態度全般が変化する。家族でマインドマップを作る作業をとおして、勉強を楽しいと思えるようになるからである。

9 • マインドマップを家族を手伝うため、あるいはコミュニケーションのために使えば、ひとりひとりが思考力を高め、ノートをとったり作ったりする能力を向上させたいという気持ちが強まる。

10 • 家族ひとりひとりがそれぞれの知識を広げるのに貢献し、強い動機と達成感を共有することで家族の絆が強まる。家族でありながら、友達同士にもなることができる。

家族で作るマインドマップの実用例

定期的に家庭学習の日を持つようになった家庭の多くで、それまではクラ

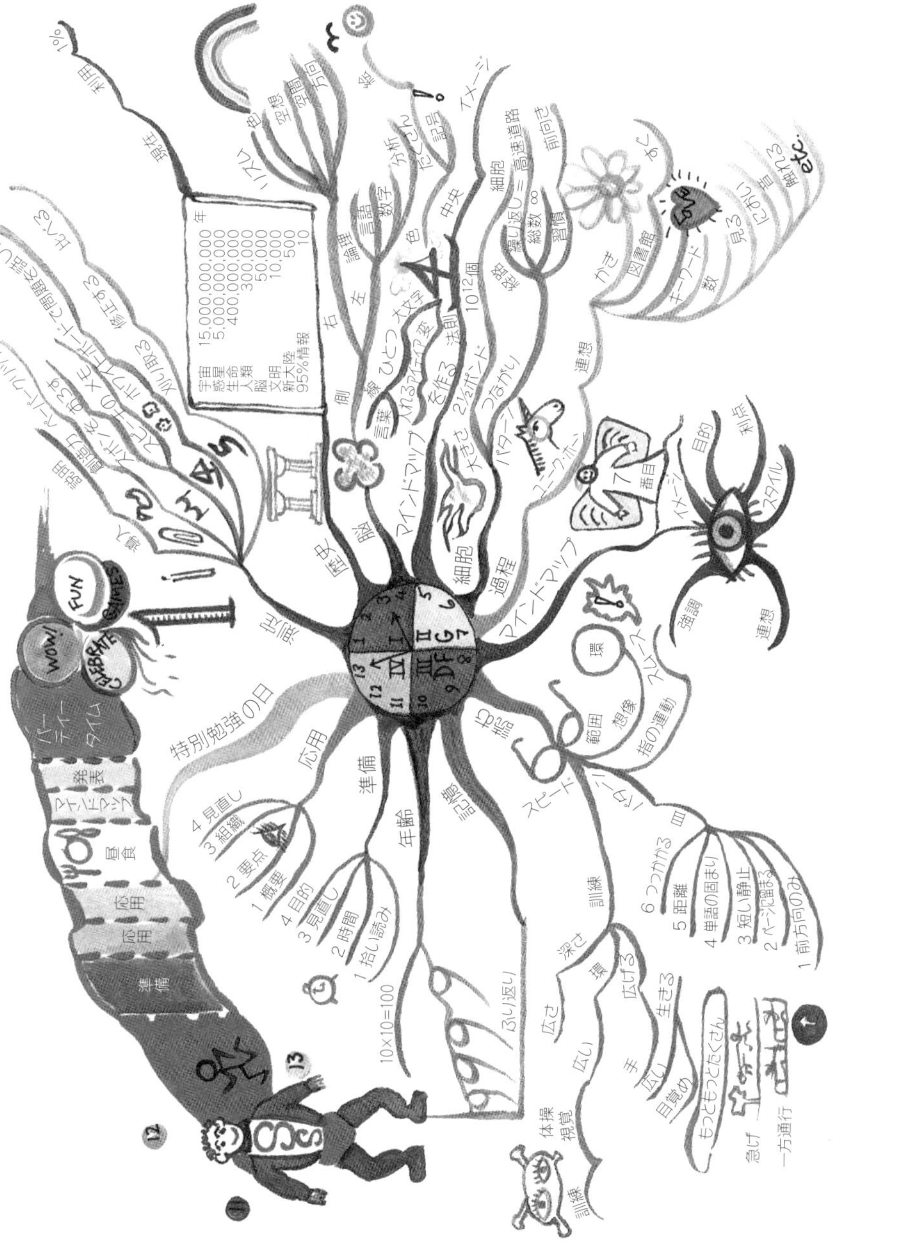

2人の母親、リン・コリンズとキャロ・エアーが、
家庭学習を終えてつくったマインドマップ

スでの成績が最下位に近かった子どもたちが、すべての科目において、トップや2番、3番という成績をおさめるようになった。両親もまた、仕事や専門的な学習で優れた成果を示した。

スウェーデンのある家庭では、マインドマップを使っての学習が家族の楽しみになり、6か月間、週末ごとに家庭学習を行った。それにより、子どもたちの学校での成績もぐんぐん伸びた。あるとき、友だちに、毎週末マインドマップを使って楽しく勉強していることを話したら、噂がどんどん広まり、近所の子どもたちが「一緒にやらせてほしい」と言って、家に来るほどだった。

次の章では…

この章では、家庭でマインドマップを使うさまざまな例を紹介し、
それを学習の分野に応用する方法を説明した。
次章では、
マインドマップの教育的な利点について、さらに説明する。
論文の執筆、試験勉強、
教授法、本、講義、
ビデオからノートをとる方法などの
具体的な技術を学ぼう。

教育編

22 知的生産の技術

本章では、マインドマップを論文の準備と執筆、試験、プロジェクトまたはレポートのために使用する方法を学ぶ。

論文を書くためのマインドマップ

本や講義のノートを作るときは、直線的なものから重要な要素を抜き出してマインドマップにする作業を行うことになる。一方、マインドマップを使って論文の準備をするときは、最初に重要な要素を特定してマインドマップを作り、そこから直線的な構造に作り直す作業をすることになる。

- 論文のテーマを表す中心イメージを置く。
- 9章と13章で説明したように、BOI（基本アイデア）を選ぶ。この段階で、論文に求められる題材や問題を意識しておくとよい。論点となる言葉は、多くの場合、大きなブランチを決定する際の重要なヒントになることが多いからである。
- 発想を自由に広げ、情報や主張したい点をマインドマップの関連するブランチに加えていく。ブランチはBOI（基本アイデア）から放射状に好きなだけ伸ばしていい。さまざまなコード（色やシンボル）を用いて、他のマインドマップとの相互参照や、他の領域との関連性を示せるようにするとよいだろう。
- マインドマップを手直しし、よりまとまりのある形にする。

- マインドマップを参照しながら第一稿を書き始める。優れたマインドマップには論文の主要な章立てや各章で触れるべきキーワード、関連性が示されている。この段階ではあまり時間をかけず、難しく感じるところ、とくに単語や文法などに手間取らないようにする。そのほうが流れを作りやすいし、「難しい場所」は、あとでいつでも見直せる。
- 執筆中に行き詰まったときは、マインドマップをもうひとつ作ることでうまくいくことがある。中心イメージを描くだけで、頭が動き出し、議論が自由に展開し始めることも多い。さらに行き詰まったら、それまでに書き出したキーワードやイメージから新しいブランチを伸ばしてみるとよい。すると脳の自然なゲシュタルト、すなわち「全体を完成させる」性質が、空白の場所に新しい言葉やイメージを埋め込もうとする。脳が持つ想像力の無限の可能性を思い出し、思考を自由に発達させよう。とくに、除外していた考えが大切である。こうした「行き詰まり」は、脳の能力が足りないから起こるのではなく、失敗に対する潜在的な恐怖や誤解のせいだと気づいた瞬間に、解消するはずだ。
- 最後にマインドマップを見直し、論文を仕上げる。必要に応じて参考資料を追加する、例証や引用を加えて論旨をより確実にする、結論を修正あるいは発展させるなどを行う。

ここで強調したいのは、論文の準備段階として多くの学生が作る膨大な量の直線的ノートの代わりに、マインドマップを使うということだ。標準的なノート約20ページ分のメモを作ったうえに下書きを2、3回するかわりに、マインドマップをひとつ作り、下書きを1回ですませるのである。マインドマップに加えて、ワードプロセッサーがあれば、下書きの作成もやりやすいだろう。同様に、コンピュータソフトの「Mind Genuis」(28章参照)も、論文執筆の力強い助けとなる。

定期的に試験がある学生にとっては、限られた時間内で論文を書き上げることができれば非常に有益である。とくに、競争の厳しい環境にいる学生にとっては、厳しいプレッシャーのもとで試験を受けるトレーニングにもなるので、この方法から得るものが大きいだろう(トニー・ブザン著『頭がよく

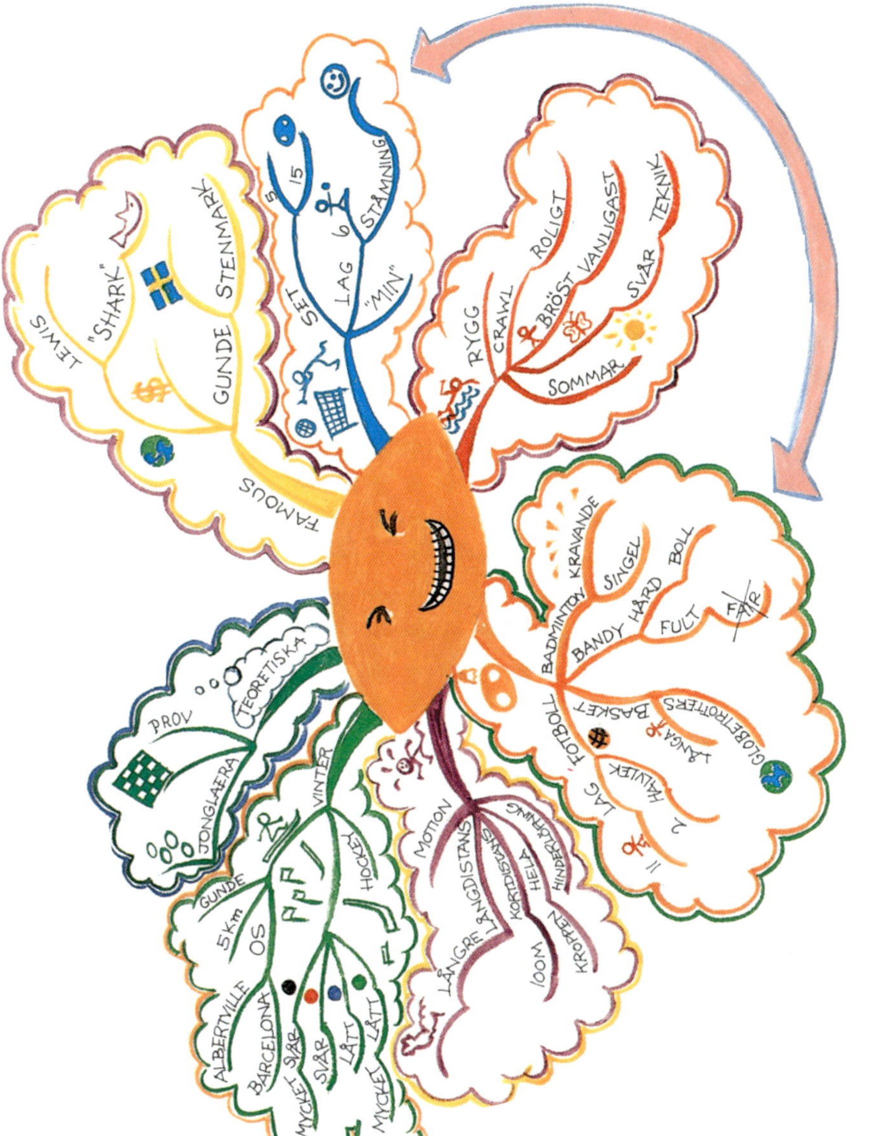

カレン・シュミットが体育祭準備のために作成したマインドマップ

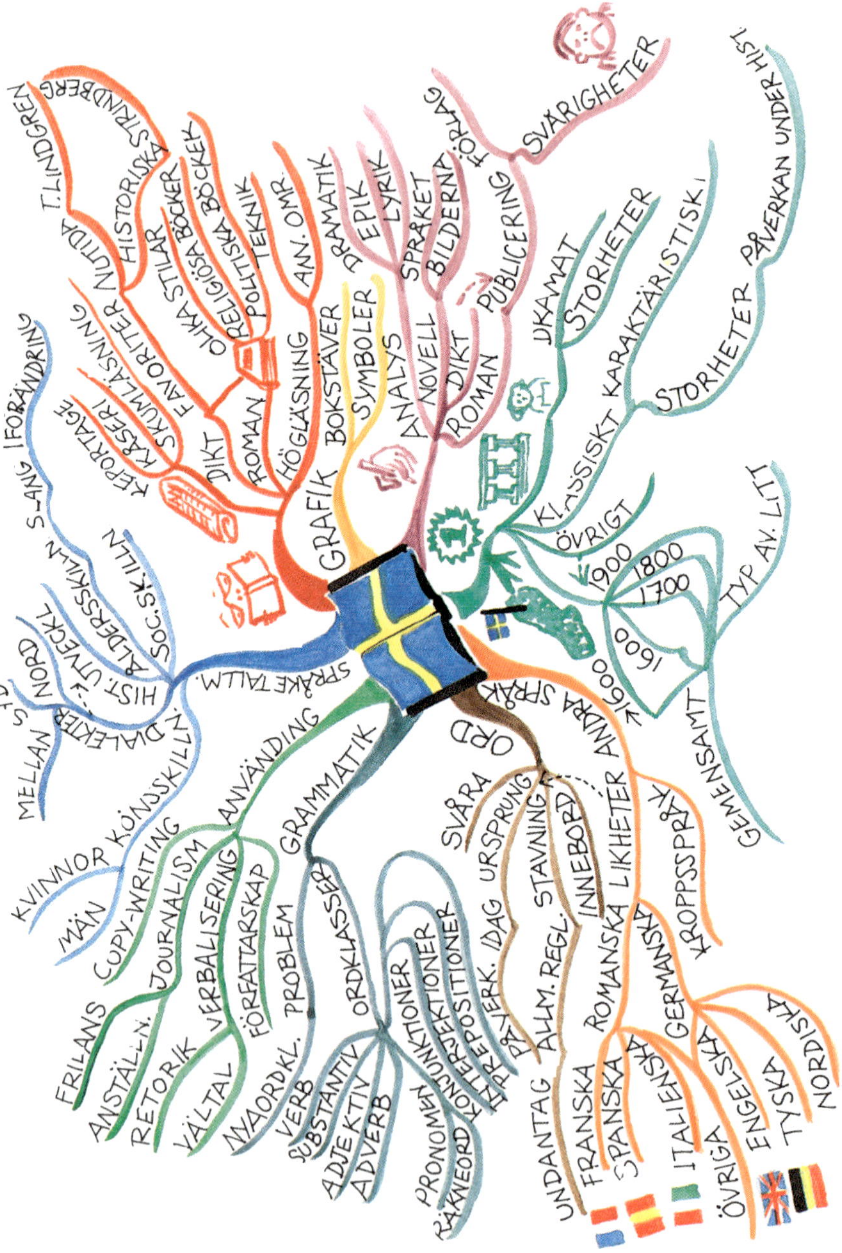

スウェーデンのカタリーナ・ナイマンが学校の自由研究用につくったマインドマップ

トーマス・エンスコフが学校の課題として作成したマインドマップ

なる本』1章のエドワード・ヒューの逸話を参照のこと)。

201から203ページのマインドマップは、スウェーデンの生徒、カレン・シュミット、カタリーナ・ナイマン、トーマス・エンスコフが、それぞれスポーツ、スウェーデン、コンピュータをテーマとした作文用に作ったものである。

カタリーナはマインドマップを作成しながらこう語っている。

「絵を描いたり文字を書き込んだりするうちに、次々と考えが浮かんできました。そして、どんどん大胆に、独創的になっていきました。マインドマップには終わりがないのです。

マインドマップを作り始めたら、やめることができません。心から尊敬している人に声をかけられたとか、空腹でおなかが痛いとか、喉がどうしようもなく渇いたとかいったことがない限りは無理でしょう」

スウェーデン語で書かれたこの2つのマインドマップは、マインドマップに言語の壁がないことを示しているといえるだろう。

マインドマップで試験をクリアー

学校の授業をマインドマップノートにまとめ、推奨されたとおり時間をおいて見直しをしたら、試験の準備は万端である。あとは、正しい方法で、知識を結果に結びつけよう。

- まず試験問題を全部読む。解答する問題を選び、問題文を読んで頭に浮かんだ考えをミニ・マインドマップにまとめる。
- 解答する順番を決め、各問題にかける時間を計算する。
- すぐに最初の問題の詳しい答えを書きたいという誘惑を抑え、すべての問題について速射法でマインドマップを作る。それにより、どの問題に取り組んでいるときでも、脳が試験問題全体から派生するヒントを得ようと働く。
- 最初の問題に取りかかる。答えを組み立てるためにマインドマップを作成する。解答の導入部分を中心イメージとし、小見出しなどを大きなブランチにする。大きなブランチから伸ばしたブランチをもとに、1、2段落ほどの文章を書けるはずだ。

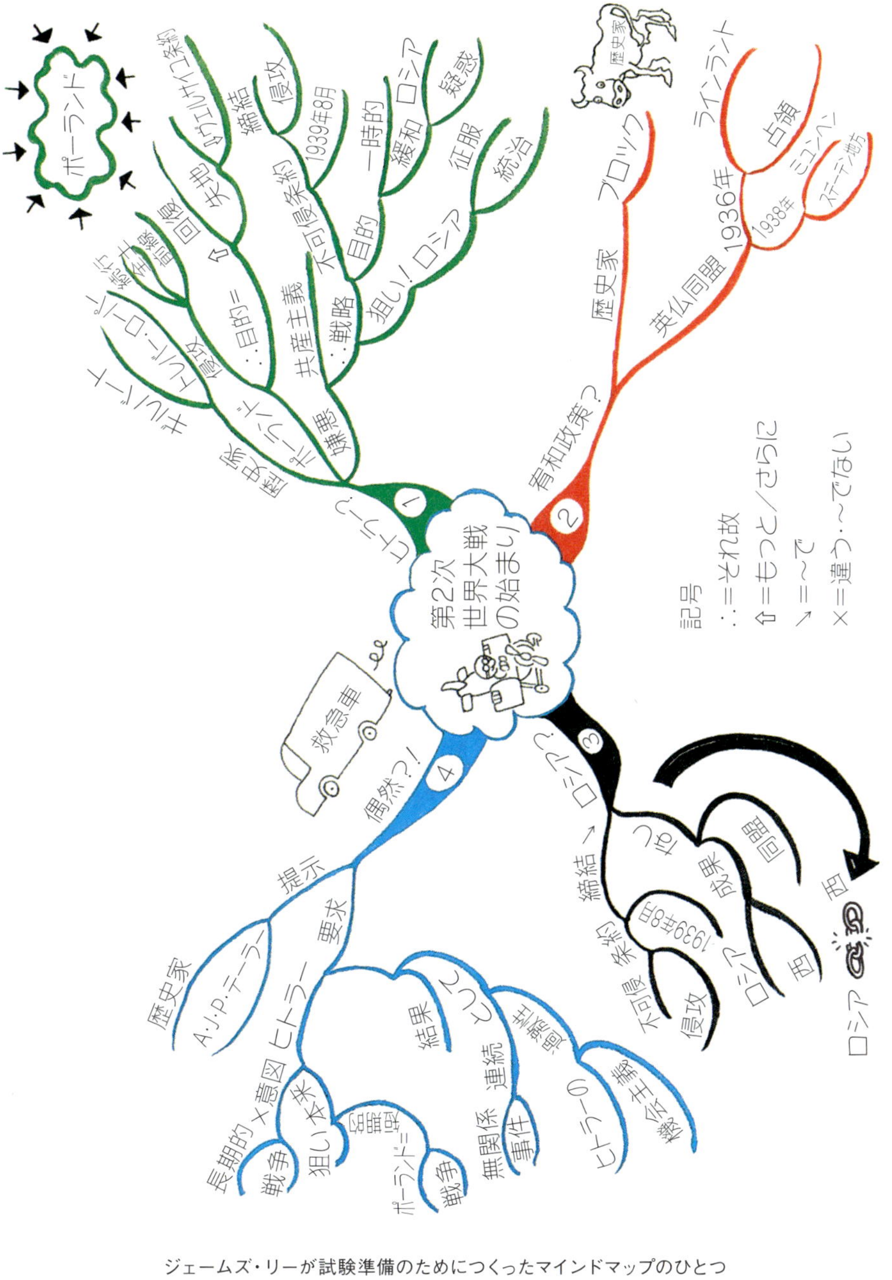

ジェームズ・リーが試験準備のためにつくったマインドマップのひとつ

● 頭のなかにある知識をすみずみまで探り出すことができたら、自分の考えや連想や、解釈を加えて結論とすればよい。こうしてできあがった解答により、広範な知識や分析力、構成力、統合力、参照力、そして、とくに問題について創造的かつ独創的な考え方ができるという能力を担当教官に示すことができる。つまり、高得点がとれるということだ。

205ページは、ジェームズ・リーという学生が、高校の卒業試験と大学入試に備えて作った何百枚ものマインドマップのなかの1枚である。彼は15歳のとき、病気で半年間休学し、O-レベル（義務教育の終了）の試験勉強が間に合わないから、1年留年したほうがいいと勧められた。しかし「試験を受ける」と教師を説得し、目に見えるものをすべてマインドマップにし始めた。その後、わずか3か月で1年分の学習をこなし、10科目中、7つの試験でAを、3つでBを取得した。図は彼が歴史の勉強に使ったマインドマップで、第2次世界大戦の始まりについての主要な説をまとめたものである。

プロジェクトやレポートのためのマインドマップ

数ページのレポートから長い博士論文まで、各種の自主研究や課題をまとめるときにも、マインドマップを利用すると、作業はずっと簡単になる。

広範囲にわたる調査をしなければならなかったり、原稿を書いたり、図表を作ったり、口頭発表をしたりなど最終的な形式は異なるが、基本的な方法は論文や試験勉強のときと同じである。

まず、与えられた時間でどこまでの範囲を対象にできるかを決める。長期的なものでも、短期的なものでも、時間と量を決めることはとても重要である。

調査の段階になったら、マインドマップを使って資料をまとめたり、調査結果を記録したり、頭に浮かんだアイデアを整理統合したり、最終的な原稿や口頭発表のメモを整えたりする（プレゼンテーションについては26章を参照）。

論文や試験のときと同じような方法でマインドマップを使えば、従来のように苦労して直線的ノートを作り、草稿や改稿のプロセスを繰り返すことなく、構成と焦点がはっきりした、創造的かつ独創的な自主研究レポートや論文を作成することができるだろう。

マインドマップを用いたプロジェクトの例

209ページは、IBM社と英国政府青少年教育企画部（YTS）による共同プロジェクトをまとめたマインドマップである。プロジェクトの目的は青少年を教えるための効果的な方法を指導することだった。これがとても使いやすいことがわかり、他のマインドマップとともにIBM・YTSの教育企画マニュアルに、組み入れられることになった。

また、トニー・ブザンと共同で『ブレインパワー for kids 簡単に天才になる方法』（未訳）というタイトルの本を出版し、大変な成功を収めた、ラナ・イズラエルという16歳（当時）のアメリカ人学生がいる。

ラナが有名になったのは、フロリダ州デイド郡のハイランド・オークス中学校の生徒として、科学研究コンテストに参加したときだ。

マインドマップを知り、それにすっかり魅了されたラナは、学習におけるマインドマップの効果を検証することをプロジェクトの題材に選び、クラスメイトを被験者として、記憶と創造性に関する実験をいくつか行った。優れた研究者がやるように、ラナも、被験者を実験グループと比較グループに分け、2つのグループの実験結果を注意深く検討した。

マインドマップを用いたグループが大きな成果をあげたことを示したラナのプロジェクトは、緻密さと独創性を評価されて、郡の科学コンテストで最優秀賞を受賞した。さらに全国大会では、42人の参加者のうち第2位という成績をおさめた。

ラナを教えたことがあるアマンダ・モーガン＝ハガン教諭が、ラナをオーストラリアのシドニーで開催された「才能ある生徒を教える教師の世界会議」の第8回大会に招待した。アマンダ・モーガン＝ハガンは言った。「ラナからプロジェクトを見せてもらったとき、すばらしいと思いました。ぜひ会議に参加し、世界中の教育者たちの前で発表してほしいと考えたのです」

マインドマップをもとにプレゼンテーションをしたラナは、にわかに有名人になった。全国放送のテレビ番組に出演し、いくつものラジオ番組で話をし、大手の新聞社の取材も受けた。ラナの著書『ブレインパワー for Kids』はあちこちで紹介され、ラナは、さらに多くを知りたいという読者からたくさんの手紙を受け取った。229ページにあるのがラナのマインドマップのひとつである。

学校の科学研究で始めたことが、ラナのライフワークに発展した。「マインドマップは私を大いに助けてくれました。マインドマップを他の人たちにも知ってほしいのです。世界中の教育というものを、変えていければいいと思っています」と、ラナは言う。事実、アップル・コンピュータ社元社長のジョン・スカリーは、「ラナはマインドマップを通じて世界を変えるだろう」と語っている。

プレゼンテーションと執筆作業のマインドマップの有効性

1 • 整理不足、失敗を恐れる気持ち、「執筆の行き詰まり」によるストレスや不安を取り除く。

2 • 新しい情報やアイデアを取り入れることで、連想のための「ひっかかり」を作り、創造性や独創性を高める。

3 • プレゼンテーションや執筆の作業における、準備、構成、完成までにかかる時間を大幅に短縮する。

4 • 分析と創造のプロセスを常に管理できる。

5 • プレゼンテーション、論文、研究発表、レポートなどの焦点が明確になり、高度に整理・統合されたものを作ることができる。

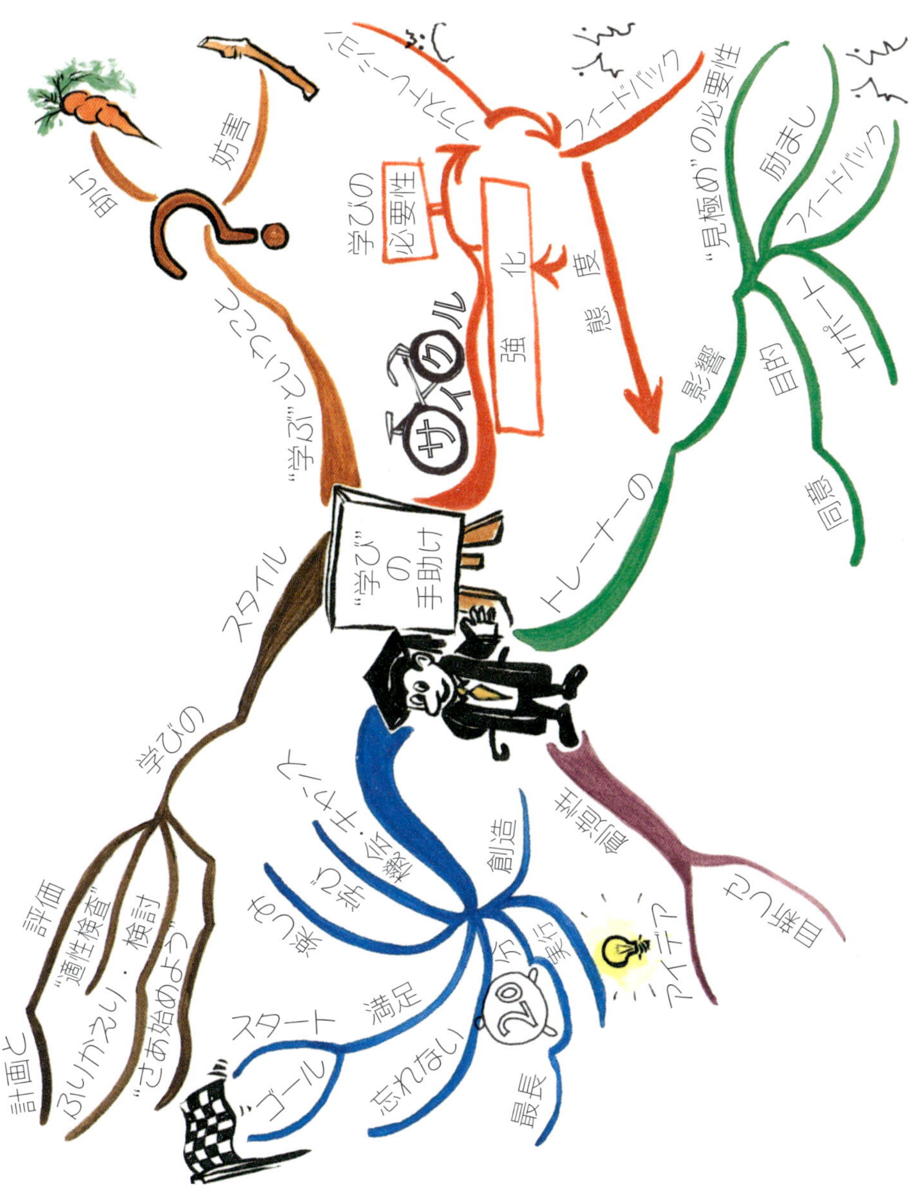

IBM社・人材開発部による「学びの助け」マインドマップ。
英国政府との共同で行われた。

次の章では…

ラナ・イズラエルが示すように、
適切な学び方をした生徒は良い教師になる。
次章では、マインドマップを使って、
他人を教える方法を学ぼう。

23 楽しく刺激的に教える技術

この章では、教師の新しい役割を新たな観点から見直し、
マインドマップを使った、より刺激的で、楽しく、
効果の高い授業の方法や学習法について解説する。

教師の役割

「教えること」は、我々の社会において最も重要な仕事であるといえるだろう。教師は、何よりも大切な資源である。「人間の知力」を育てる責任があるからだ。脳はすでに持っている知識をもとに巨大な知識構造を相乗的に組み立てることを考えると、教師の役割は、さらに大きなものになる。基礎となる知識が間違っていたり、あやふやなものだったりしたら、その上に積み上げたものは、結局は崩れ落ちてしまうからである。その場合、努力すればするほど結果は満足のいかないものになる。

よって、教師は、「読み、書き、算術」だけでなく、まず最初に「メンタルリテラシー（精神的知的能力）」、つまりいかに学ぶかを学ぶことを教えるべきなのだ。

この目的を達成するために、脳には正しいツールを与えなければならない。そのツールがマインドマップである。

子どもの脳の力を伸ばす

さて、ここで質問である。人間がマインドマップを最初に作るのはいつだろうか。

「教えられたとき」という答えが多いかもしれない。

しかし、正しくは「生まれたとき（あるいはその前から）」である。

赤ん坊の脳の発達過程、とくに言語の習得の過程を考えてみるとよくわかる。赤ん坊が最初に口にする言葉のひとつが「ママ」である。なぜ「ママ」なのか。それは「ママ」がマインドマップ（心の地図）の中心だからである。そして、そこから愛、食事、温かさ、保護、移動、教育といったブランチが放射状に伸びているのだ。

このように、赤ん坊は生まれた瞬間から脳内にマインドマップを作り、その後、中央から放射状にブランチを伸ばし、関係性のネットワークを広げ、やがて、大人としての知識体系を発展させていくのだ。

教師は、こうした脳の複雑なネットワークを、子どもの生活をとおして育てていくだけではなく、外面化して使うことを教えるべきなのである。

授業でマインドマップを使う方法

子どもたちにマインドマップの理論を教え、使用させるだけではなく、授業や学習がより簡単に楽しくなる方法として、さまざまな形でマインドマップを用いるとよい。

1 ● 授業の準備をする

マインドマップが最も効力を発揮するのが、授業の準備としてノートを作るときである。マインドマップを使うと、短時間で授業の準備ができ、実際に授業を行うときにも、生徒と教師の双方が常に授業の全体像を見渡せるという大きな利点がある。年ごとに手直しするのも簡単で、ざっと見直すだけで内容を正確に思い出せるという記憶術としての面も優れている。教師の知識が増えれば、毎年同じマインドマップを使っても、授業の内容はまったく違ったものとなる。つまり、新たに手を加えなくても、使い古した退屈な授業ノートになってしまうことがないのだ。こうした利点のおかげで、教師にとっても生徒にとっても、授業がより楽しく興味深いものとなる。

マインドマップによって授業を組み立てることにより、教師は明快で構成がしっかりとした授業を行うことができるだけでなく、その場で思いついたことやおもしろい話などをバランスよく混ぜることができる。時間配分を正確に行えるうえ、何かの理由で変更があった場合も、必要に応じて授業を長くも短くもできる。よって、授業の直前に新しい情報（ニュースや、前の人の講義内容など）を得たときも、それをうまく活用できるのだ。

215ページのマインドマップは、著者（バリー・ブザン）が大学関係者や外交官の集まりで行った、広範囲にわたる内容の講演をまとめたマインドマップである。

中心となるトピックは会議の主催者によって定められ、単語ひとつ、イメージひとつ削ることはできなかった。マインドマップには、著者の造詣が深い分野や他の著者のアイデアを示す記号がたくさんある。ブランチが長くなっているのに注目してほしい。大きなブランチとその次のブランチをこういう形で配置することも可能である。正規の講師なら、こうしたマインドマップがあれば10分でも10時間でも話ができることだろう。メインブランチのそれぞれを講義のテーマにすれば、コース全体の概要にもなる。大学の講義にも利用できる（実際に利用されていた）し、論文の草稿としてもよいだろう（実際には使われなかった）。

219ページ上は、英国のハーシェル・グラマースクールの化学学部の部長教師である、グレアム・ウィーラーが化学速度論に関してまとめたマインドマップである。大学進学コースの高校3年生が学ぶべき内容を網羅しており、教師が授業を進める手引きとしても、生徒が授業の内容を復習するときの補助としても活用された。

ウィーラーは、5年間、Aレベル試験のための科学の授業を行い、98パーセント以上の生徒を合格へ導いた。

2 • 年間計画をたてる

1年間の授業を構成するときも、マインドマップを用いて、学期ごとに教える範囲や授業の形式を示すとよい（たとえば、地理の場合は、通常の授業に関連する野外研究やスライドの上映をどのくらいの頻度で行うかなどをマインドマップを用いて考えることができる)。

3 • 学期計画をたてる

年間計画の下位部分として作成する。年間計画のブランチ（ひとつでも複数でも）を発展させた、小さいマインドマップの形にして、カリキュラムの各分野からとりあげたい内容や、授業の順番を大まかに示すものにするとよい。

4 • 日々の計画をたてる

20章で説明した日々のマインドマップ・スケジュールに似た形式となる。開始と終了の時間、教室、とりあげる内容など、授業の詳細を記録する。

5 • 授業とプレゼンテーション

大きな黒板、ホワイトボード、フリップ、オーバーヘッド・プロジェクターなどを使い、授業の進行に従ってマインドマップの対応する部分を描く。思考のプロセスを外面化しながら、いま何を学んでいるかを明らかにする。また生徒の興味を引くことで、記憶を強化し、理解を助けることにもなる。マインドマップの骨組みだけを描いたものを配って生徒に記入させたり、白黒のコピーを渡して色づけさせたりするのもいいだろう。

6 • 試験

試験の目的が、生徒の文章力を測るのではなく、知識と理解を確かめるものであれば、マインドマップを使うのが最適だろう。課題の要点を理解をしているかがひと目でわかるだけではなく、よくわかっているところ、あるいはわかっていないところを示してくれるからだ。また、なんらかの理由で生徒が間違って理解している部分も明らかになる。マインドマップを使えば、解答に文法的な間違いがあるとか、綴りが不正確だとか、字が汚いなどといったことに気をとられることなく、生徒の理解度を明確に客観的に把握できるのである。通常の試験では、答案用紙の山を読んで採点するのに膨大な時間

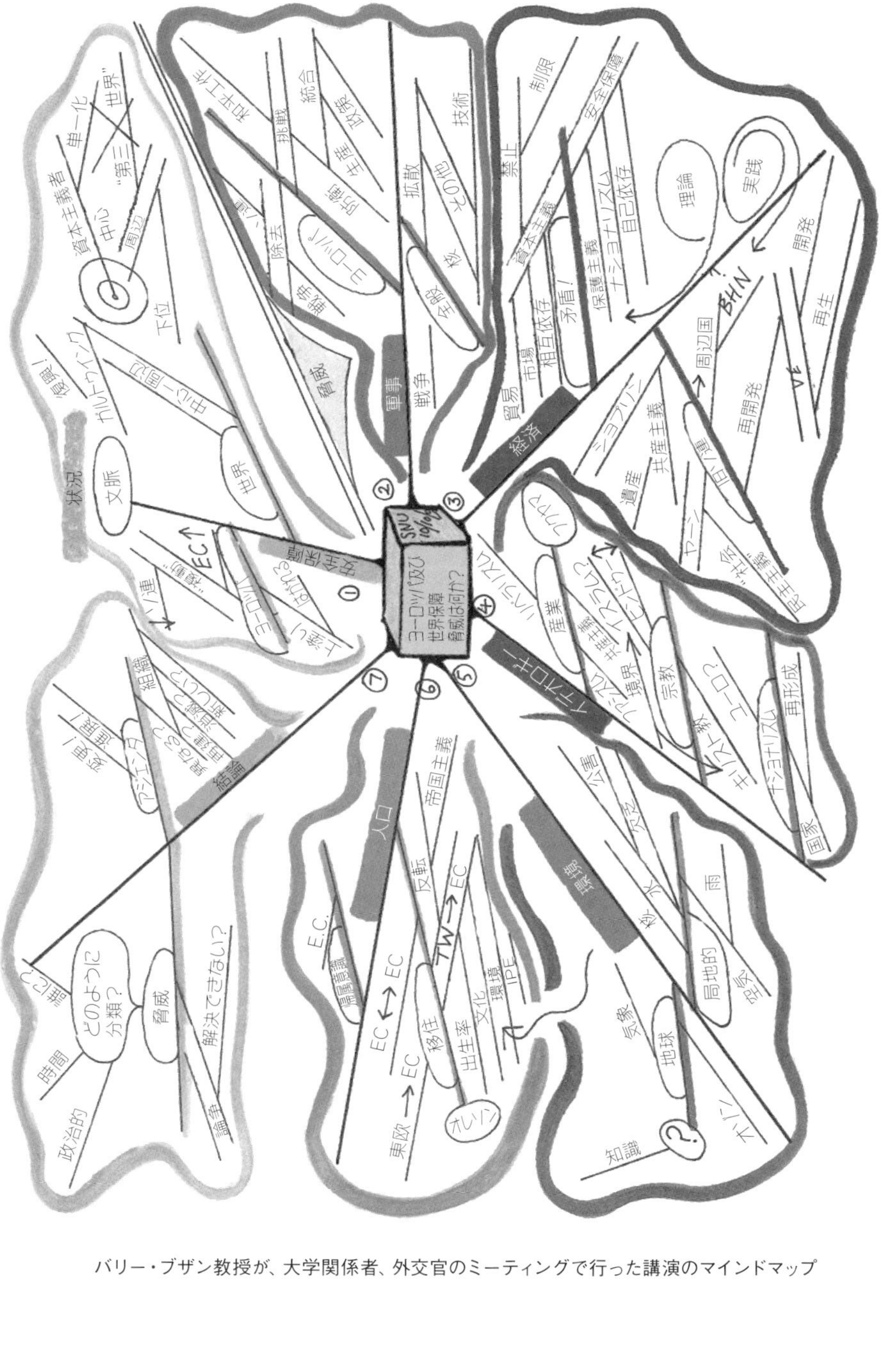

バリー・ブザン教授が、大学関係者、外交官のミーティングで行った講演のマインドマップ

が必要だが、それを短縮できるという利点もある。

オーストラリアのパースにあるカーティン技術大学経営学科長のクリスティン・ホーガンは、このコンセプトを発展させ、学部生向けの組織行動論のカリキュラムの取りまとめ役として、全職員と学生にマインドマップを次のように紹介したのである。

“今後、試験形式としてマインドマップを導入する。学生には学期の始めに、講義の指針とともに週ごとの目標を渡すので、反対側のページにはまとめのマインドマップを書き込んでいくこと。試験は、週ごとの課題から問題を選び、マインドマップを使って行う。

試験は次のようなものになる。

「自発性」あるいは「リーダーシップ」のどちらかを選び、マインドマップを書きなさい。マインドマップは、基本的な理論、コンセプト、モデル、さらにあなた自身の考えがわかるものにすること。解答は用紙の見開き1ページを使う。なお、評価の基準を次のように設けた。”

評価基準

a）内容	
広さ（取り上げた理論、コンセプトの範囲）	5
深さ（細部の理解）	5
b）独自の考え	4
c）マインドマップの使い方	
色	2
シンボル	2
矢印	2
合計	20

マインドマップを採用するのは、「表面的」ではなく、「より深く」学んでほしいからである。ビッグズとテルファー（1987年）、マートンとスレージョ

(1976年) は、表面的学習を行った学生と、より深く学んだ学生を比較している。より深く学んだ学生は、自発性が刺激され、学習の意義やアイデアやコンセプトを知ろうと努力するようになる。一方、表面的な学習をした生徒は、動機を見出せないことが多く、丸暗記に走りやすい傾向がある。

ワトキンスとハティ (1985年) は、初等、中等教育の場では多くの生徒が表面的な学習法を最も成功するやり方として使っていて、多くの場合、大学生になってもそれを修正できずにいると指摘する。本科の学生の多くも勉強法を切り替えることが求められるだろう。マインドマップを利用することで全体像を理解し、理論、コンセプトに自らの考えを結びつける深い学習を行ってほしい。

7 ● プロジェクト

マインドマップは、プロジェクトの立案やモニタリング、プレゼンテーションに理想的なツールである。初期の段階で全容を把握しつつ、焦点を明らかにし、教師と学生が進行状況を確認したり、関連情報が発展していくのを観察したりできる。また最終的には、記述や口述発表の構成にも使える。

専門的教育に使用する場合は、とくに、有効性が高い。ロンドン警視庁 (総人員4万4000人) では、職員の研修が年々大きな問題となりつつある。研修全体の見直しが行われたあと、ダグラス・ブランド警視は、さらに残った問題を検討するためにマインドマップを作成した (219ページ下)。このマインドマップには、全体的な方針と複雑な細部をいかに1枚のマインドマップ上に合成するかを非常にわかりやすく示している。また研修が参加者にとってどのように役立つかも記されている。

現在、教育の分野で最も成長が著しい語学学習の授業計画にマインドマップを用いる例を紹介しよう。221ページのマインドマップは、国際的な語学学校を経営するチャールズ・ラ・フォンドによる、英語を母国語としない生徒のためのグループレッスンの案である。マインドマップに描かれたイラストは、生徒が授業中に質問をしたり、ディスカッションをしたりするように促すこと、アクティビティを行うことなどが示されている。この1枚で、半日分の学習内容を示すだけでなく、復習に用いることもできる。

もうひとつの図は、マインドマップを用いて文法を教える例である。このマインドマップは言語学の大家であり、教師でもある、スウェーデン人のラーズ・ソダーバーグによるもので、フランス語の文法の基本をまとめている。多くの人が「理解できないわけではないが難しい」と考える文法が、「ひと目で」簡単に理解できるようになっている。

学習障害児をマインドマップで伸ばす

マインドマップは、学習障害のある生徒にも有効である。220ページのマインドマップは、著者がティミー（仮名）という9歳の少年といっしょに作ったものである。ティミーにはかなり重い脳性麻痺の症状があり、体をうまく動かすことができなかった。多くの人が、彼は教育不可能で知的障害があると考えていた。

ある日の午後、色とりどりのクレヨンと白紙のノートを周りに置いて、著者はティミーに家族の名前を質問した。ティミーは、著者がノートを作るのを真剣に見つめ、妹の難しい名前を著者が綴り間違えたときも、正しく修正してみせた。

次に、何に最も興味を持っているかを尋ねると、ティミーはすかさず「宇宙と恐竜」と答えた。そこで、著者は、この2つを大きなブランチとした。さらに宇宙で何が一番好きかと訊くと、ティミーは「惑星」と答え、惑星の名前をはっきりと、正しい順番で言った。つまり、ティミーは太陽系については、たいていの人よりも正確な知識を、はっきりとしたイメージとして持っていたのだ。土星の名を言ったとき、ティミーは一呼吸おき、著者の目をまっすぐにのぞきこんで、「き、れ、い」と言ったのである。

恐竜について話し始めると、ティミーは鉛筆を欲しがり、すばやく何かいたずら書きのようなものを描いた。こうした絵には必ず何か意味があるので、著者はティミーに、それは何か、と尋ねた。ティミーは、もちろん、ディプロドクスとティラノサウルス・レックスで、お父さんとお母さんと赤ちゃんの絵だ、と言った。ティミーは優秀な大学生と同じように明晰な思考力を持っているのだ。ただ脳の命令を体にうまく伝えることができないだけなのである。

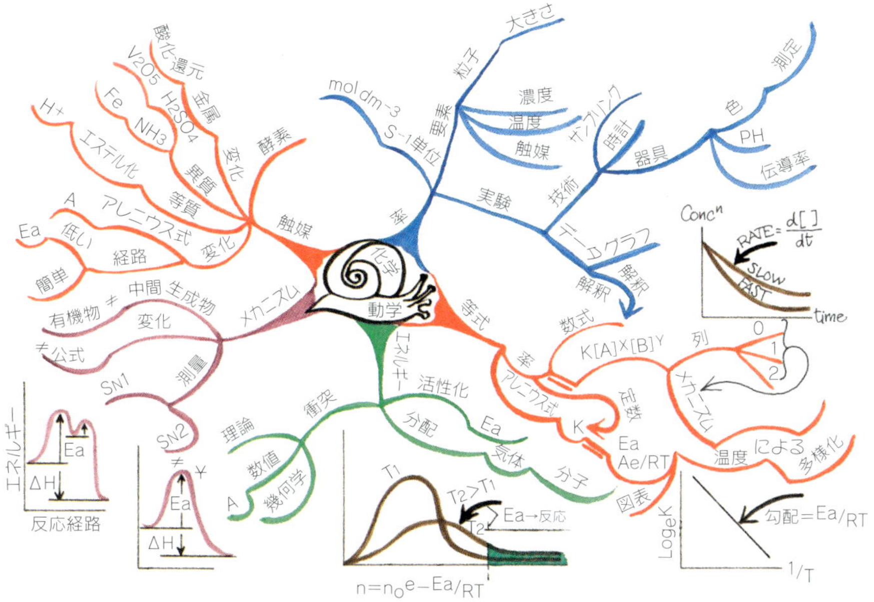

化学科で行う授業内容をすべて盛り込んだグレアム・ウィーラーのマインドマップ。化学運動についてまとめてある。

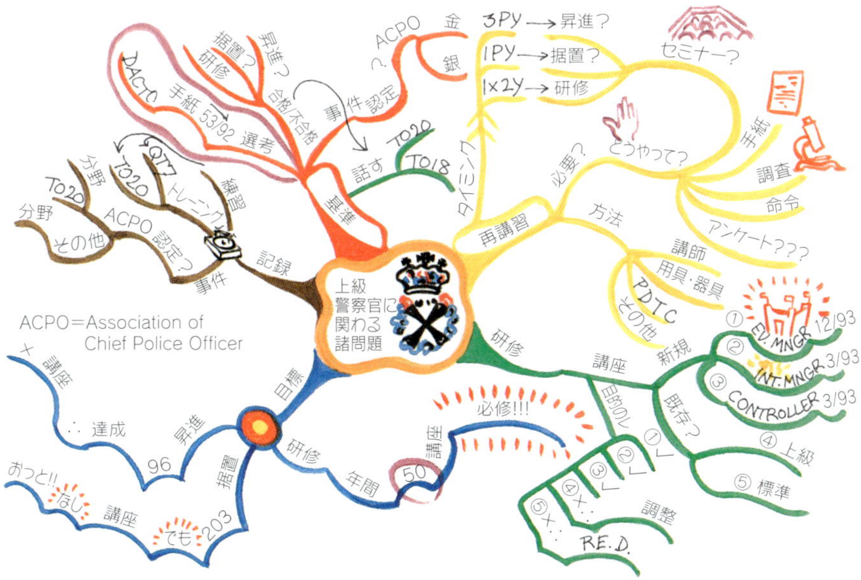

ダグラス・ブランド警視による研修制度についての考えをまとめたマインドマップ

ティミーは、自分もマインドマップも作りたいと言った。そして、またいたずら書きのようなものを描いて、次のように説明した。オレンジ色は彼の体で、嬉しい。上のほうにある黒いのは脳で、嬉しい。黄色のは体の動かない部分で、悲しい、と。それから、ちょっと間をおいて、濃い色でマインドマップの下にくねくねとした曲線を加えた。それは、これからいろいろ考えて、体をもっとうまく動かせるようにしたいということを表しているのだと説明した。

ティミーやその他の多く例からわかるのは、マインドマップが脳を「学習障害」といわれる障害から解き放つということだ。そもそも、障害などないのかもしれないし、障害を決めつけたために、さらに症状を悪化させている場合もあるのである。

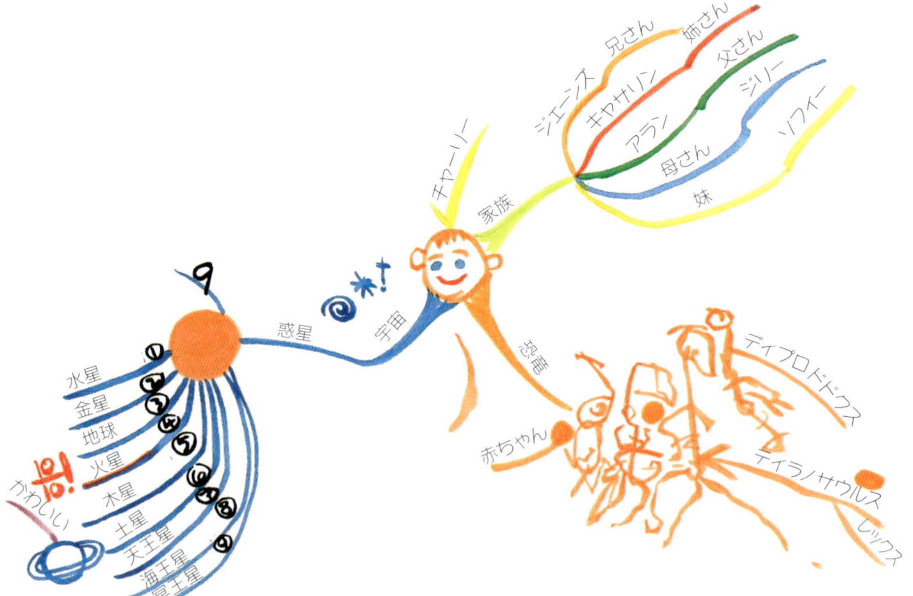

ティミーが、トニー・ブザンに手伝ってもらって作ったマインドマップ

非英語圏出身者向けの英語の授業のために、
講師のチャールズ・ラ・フォントが作成したマインドマップ

マインドマップを授業に使う利点

1 ● 生徒が自発的に興味を持ち、授業をよく聞き、協力的な態度を示すようになる。

2 ● 授業やプレゼンテーションが、教師や生徒にとって、より自発的で、創造的で、楽しいものになる。

3 ● マインドマップを使って作った講義用のノートは、何年たっても柔軟性を失うことがなく、変更や追加が容易である。変化と進歩が速い今日では、講義用ノートもすばやい対応が必要だ。

4 ● 関連する内容だけをはっきりと記憶しやすい形で示すため、生徒の試験の成績が向上する。

5 ● 直線形のノートと違い、事実だけではなく、その関係性も同時に示すことができるので、生徒が課題をより深く理解できるようになる。

6 ● ノートの量が大幅に減る。

7 ● 「学習障害」とくに「失読症」の子どもにとって、非常に有効な学習法になる。学習障害といわれる子どもの9割は、ただそう呼ばれているだけなのである。マインドマップを使えば、子どもは、より自然に、より完璧に、より積極的に自分を表現できるようになる。

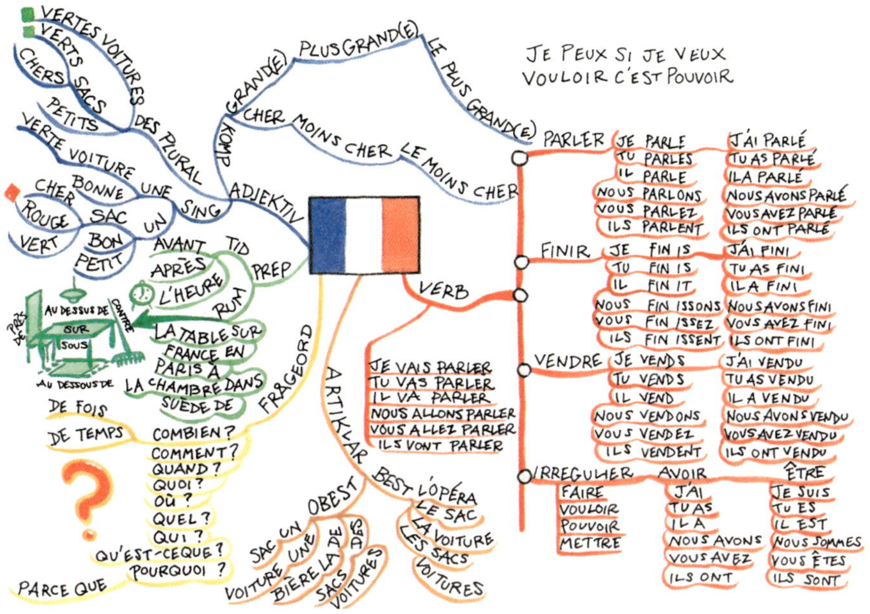

ラース・ソダーバーグによる、フランス語文法概論のマインドマップ

次の章では…

マインドマップを使って
論文やレポートを書く方法や授業を行う方法を説明した。
次は「ノートをとる」という学習の最も重要なスキルに、
マインドマップを用いる方法を学ぼう。
次章では、本、講義、ビデオ、コンピュータ、映画から
ノートをとるときの
最も効果的な
マインドマップ作成法について説明する。

24 大量の知識を獲得する技術

従来の直線的なノート法のせいで脳が泥沼にはまり込んでいること、
マインドマップでノートをとることには利点が多いことは、
すでに3章で詳しく述べた。
この章では、読書、講義、その他大量の知識を獲得する際に使う
マインドマップの技術について解説する。

マインドマップ読書術

本をマインドマップする作業は、大きく2つの要素に分けられる。準備と適用である。さらに、2つの要素は、合わせて8つのステップに分割することができる。8つのステップをそれぞれの推奨制限時間とともにまとめてみた。また、例として、ヴァンダ・ノースが、学習日の計画をMMOSTテクニックで作成したマインドマップを227ページに紹介している。

準備

1● 拾い読みをする、マインドマップの中心イメージを作る（10分）
2● 時間と量を決める（5分）
3● 課題について、知っていることをマインドマップにする（10分）
4● 目的をマインドマップにする（5分）

適用（適切な時間を割り当てる）

5・全体に目をとおし、マインドマップのメインブランチを書き込む
6・下読み。第1、第2段階のレベル
7・本読み。マインドマップの詳細を埋めていく
8・仕上げ読み。マインドマップを完成させる

準備

1・拾い読みをする（10分）

本の細部を読む前に、概要をつかむのが大切である。表紙、裏表紙、目次を見てから、全体に、2、3度目をとおし「雰囲気」をつかむ。

次に大きめの白紙かマインドマップ用のスケッチブックに、本の主題か題名を中心イメージとして描く。表紙か、なかのページにカラフルで印象的な絵があれば、それを使ってもよい。メインブランチがすでに決まっていれば、この時点で中心イメージから放射状に書き加える。たいがいは、本の章のタイトルか、その本を読む目的になるだろう。

この段階でマインドマップ作りを始めるのは、これから読む本に脳を集中させ、知識を獲得して統合するための基本的な枠組みを作るためである。

2・時間と量を決める（5分）

本を読む目的、本の内容や難易度、すでに持っている知識の量を考慮し、作業全体にかける時間を決め、さらにその時間を各段階に配分する。

3・課題について、すでに知っていることをマインドマップにする（10分）

ここで、本と先ほど作ったマインドマップのことは忘れ、これから学ぼうとすることについて、すでに知っていることを、新しい用紙を使って速射法でマインドマップにする。ステップ1で拾い読みしたときに得た知識も含め、これまでの人生で学んだあらゆる関連情報や知識を書き込む。

たいがいは、予想以上に自分の知識が多いことに驚き、嬉しくなるものだ。この作業を行うことにより、脳に連想のひっかかりが生まれて、学習する課題へ脳が向かうようになる。また、よく理解している部分と、していない部

分がはっきりするので、何を学べばいいのかがわかるようになる。

4 ● 目的を定めてマインドマップにする（5分）

本を読む目的をマインドマップにする。ステップ3で作成したものに色の違うペンで書き加えるか、速射法で新しい用紙に別のマインドマップを作成してもよい。答えを見つけたいと思うことについて、あるいは知識を深めたいこと、身につけたい技術などについての質問の形にしてもよい。

目的を定めることにより、脳と目が目的を達成するための情報を受け入れる可能性が高くなる。マインドマップが「食前酒」のような役割を果たし、学ぶ意欲が自然と高まるのだ。数日間何も食べなかった人が、食べ物を無性にほしがるように、マインドマップでじゅうぶんな準備をすると、脳が知識を渇望するようになるのである。

適用（適切な時間を割り当てる）

5〜8 ● 全体読み、下読み、本読み、仕上げ読み

準備が終わったら、全体読み、下読み、本読み、仕上げ読みを行う。この4段階を経て、本の内容をより深く理解するのである。詳細は21章を参照してほしい。

このステップでは、本を読みながらマインドマップを作ってもいいし、本に印をつけながら読み、後からマインドマップを作ってもいい。効果はどちらでも同じなので、あとは個人的な好みである。もちろん、本が自分のものかどうかにもよるだろう。

- 読みながらマインドマップを作るのは、作者と「会話」をするようなものである。読み進むごとに知識が発達するので、それをマインドマップに反映させる。大きくなっていくマインドマップを見ながら、自分の理解度をチェックし、必要とする情報に焦点を絞り込む。
- 読み終えてからマインドマップを作る場合は、本の内容と各部分の関連性を完全に理解したうえで作成することになる。そのため、より範囲が広く、焦点がはっきりとしたものができあがり、後で修正を加える必要が少

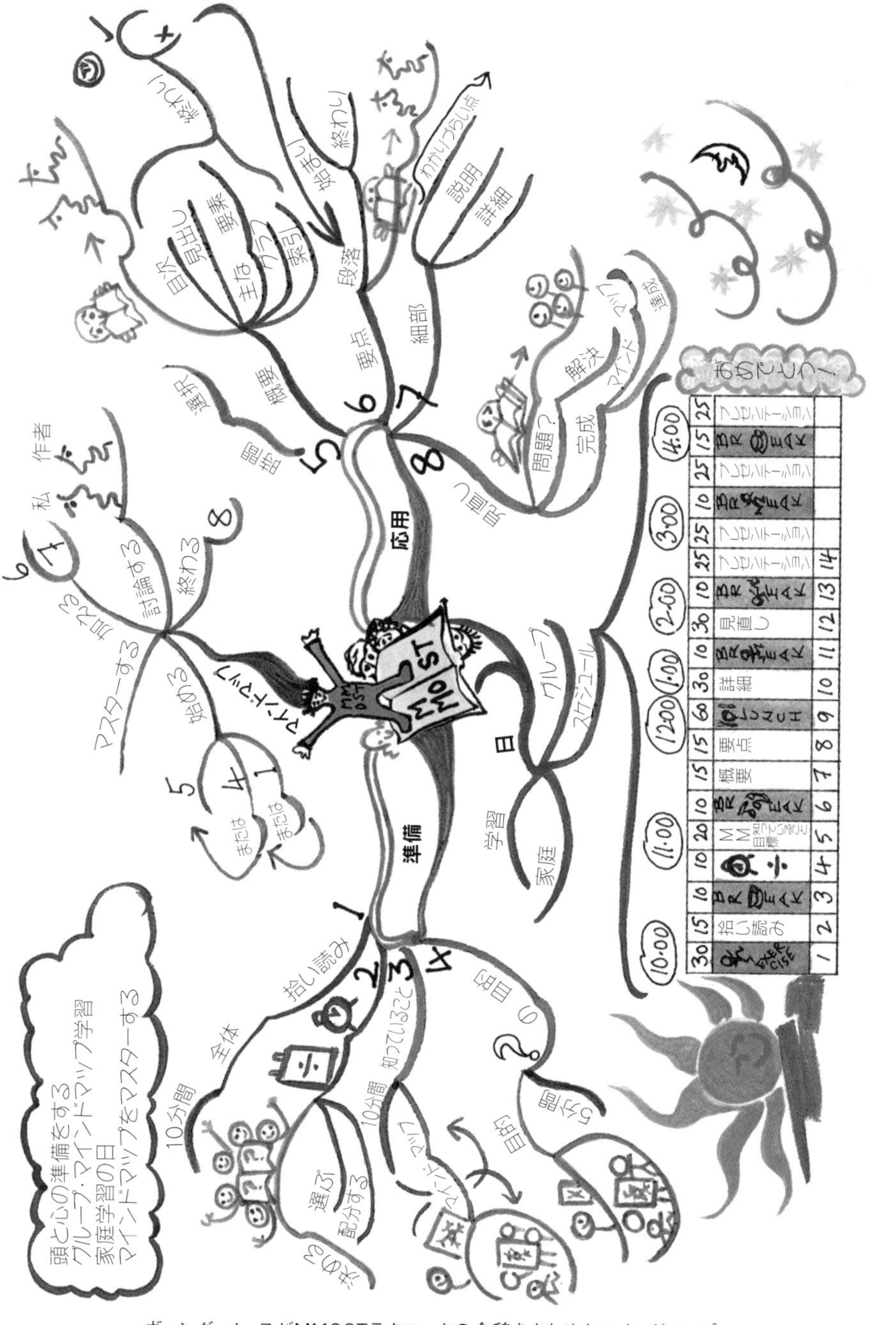

ヴァンダ・ノースがMMOSTテクニックの全貌をまとめたマインドマップ

なくなる。

どちらの方法でも大切なのは、マインドマップが2方向のプロセスからできあがることである。マインドマップを作る目的は、作者の考えをコピーすることではなく、自分自身の知識、理解、目的に合わせて整理し、統合することなのだ。マインドマップには本を読んで感じた自分自身のコメントや、意見や、独創的な理解などが含まれているのが理想的である。色や記号を使って、作者の考えと自分の考えをはっきりと区別するのもいいだろう。

講義やプレゼンを効率的に知識化する方法

本のマインドマップを作る作業とよく似ているが、講義やプレゼンテーションの進行は直線的であり、資料の他の部分を自由に参照することができない場合が多い。

そのため、概要をできるだけ早くつかむことが重要になる。講義やビデオや映画が始まる前に、中心イメージを描き、メインブランチも可能な限りあらかじめ書き込んでおくとよい（良い講師というのは講義に興味を示す人には、内容の要約を喜んで教えてくれるものである）。

また、状況が許せば、2分ほどのあいだにあらかじめ知っていることを速射法でマインドマップにし、新しい情報を受け入れる準備をしよう。

その後、最初のマインドマップの関連する場所に情報やアイデアを書き加え、必要があれば基本構造を修正する。本のマインドマップ同様、自分の感想や書き加えるべきことがあれば書き加える。

情報を獲得するうちに形が崩れ、マインドマップが「ごちゃごちゃ」になったとしても気にしなくてよい。いわゆる「きれい」な直線的ノートほど、情報を脳に伝える手段として効果が低いことは、これまで説明してきたとおりである。

22章で紹介したラナ・イズラエルは、マインドマップを学校生活のあらゆる場面で使っている。229ページの図は授業のノートと、論文や試験準備のためのマインドマップを合成したものである。ラナはこう説明している。

「このマインドマップは歴史のノートをそっくり写したものです。授業は毎

ラナ・イズラエルが歴史の授業をまとめたマインドマップ

日あるので、それをマインドマップにまとめています。

このマインドマップには、アメリカ初期の政党とその政治的立場が示されています。

中心イメージで、政党の分裂を引き起こした政治的対立を表しました。このイメージを見るだけで、マインドマップのテーマとそれぞれの政党の特徴を思い出すことができます。

民主共和党は一般民衆の支持が多く、連邦党は上流階級の人たちが中心でした。マインドマップに絵を使うと、情報を塊として覚えやすくなるだけでなく、歴史が楽しくなります。

このマインドマップと同じ内容を直線的ノートにすると、少なくとも2、3ページになるでしょう。1ページじゃなく3ページも勉強するのは、楽しいことではありません。

さらに、マインドマップなら復習は1分ですみます。時間も節約できるし、キーワードの結びつきが強いので、ひとつを覚えると他のこともたくさん覚えたことになるのです。

マインドマップは、ただ勉強に使うのに便利なだけではありません。丸暗記や復習のような退屈なことをしなくてもすむうえに、楽しく学び、自分自身で考え、記憶力を発達させ、まとめる力をつけることができます。

それにマインドマップのおかげで、歴史の成績がAになったのです」

記憶が定着する効率的な復習時間

マインドマップを使ってノートを作ったら、学んだことを忘れないよう、定期的に復習する。記憶の自然なリズムについては、トニー・ブザン著『頭がよくなる本』の5章と11章で詳しく説明している。ここではその要点を簡単にまとめてみよう。

1時間の学習について、学習後の経過時間別にみた理想的な復習時間は次のようになる。

- 10分後 → 10分間の復習
- 24時間後 → 2分から4分間の復習
- 1週間後 → 2分間の復習
- 1か月後 → 2分間の復習
- 半年後 → 2分間の復習
- 1年後 → 2分間の復習

この後、学習した情報は長期記憶として定着する。

復習のときは、作ったマインドマップを見直すだけでなく、そのときに覚えている内容を速射法でマインドマップにすることから始めるとよい。それにより、マインドマップの助けなしに何を思い出せるかがわかる。その後、以前に作ったマインドマップを見て矛盾点を調整し、記憶の再生が弱いところを強化する。

大テーマにはマスター・マインドマップを作る

長期的にわたる講座に参加する場合などは、巨大なマスター・マインドマップを作り、主な下位領域、テーマ、理論、参加者、その分野に関する出来事などを書き加えていくとよい。本を読むたび、あるいは講義に出席するたびに、新しく得た知識をマスター・マインドマップに加え、脳のなかで知識のネットワークが発展する様子を外面化するのである。27章の251、257、261ページのマインドマップは、経営上の緊急事態に対応するための多目的マスター・マインドマップである。

233ページの図は、IBM社の取締役であるブライアン・ヘラーによるマインドマップである。彼は熱心に鳥を研究しているので、鳥類の分類と「順列」を示すためにこのマインドマップを作成した。知識を外面化した非常に優れた例であり、たった1枚の紙の上に、長い間、蓄積した知識をまとめあげたのである。

こうしたマインドマップを作ると驚くべき見返りがある。いくらか時間がたって気がついてみると、マインドマップの境界が、他の領域にまで広がっているのである。たとえば心理学についてのマスター・マインドマップの外縁が、神経生理学、数学、哲学、天文学、地理学、気象学、環境学などに触れるようになるのだ。

それは決して、知識の構造が崩れたとか、本来の目的からはずれてしまったということではない。知識があまりに深く幅広くなったために、他の分野の知識との関連ができるようになったのである。これは、すべての理論が他の分野に関連するという、歴史上の偉大な思想家に多く見られる知的発達の域である。そうしたマスター・マインドマップを使うことは、人類の英知の発達に貢献することにもなるのだ。

マインドマップ・ノートとマスター・マインドマップの有効性

1 ● 知識のすべてを「絵」にして常に見ることができる。つまり、テーマ全体をよりバランスよく、広い範囲にわたって理解することができる。

2 ● 直線形ノートにくらべてスペースを節約できる。1000ページ分の文章も、大きなマインドマップ1枚にまとめることができる。

3 ● 脳に注目すべきものを与え、知識を統合するための枠組みを作る。

4 ● 脳が知識を渇望するようにしむける。

5 ● 自らの考えやアイデアを、本や講義やプレゼンテーションの内容に関連づける。

6 ● より効果的、効率的に復習できる。

7 ● 本、講義、プレゼンテーションなどの内容を理解し、記憶できるようになるので、あらゆる学習コースで優れた成績をおさめることができる。

次の章では…

学校での教育が終われば、
多くの人は企業に就職したり、仕事を見つけたりするようになる。
ここからの章は、マインドマップを活用して
より苦労の少ない、楽しい生産的な
ビジネスライフを送る方法を紹介する。

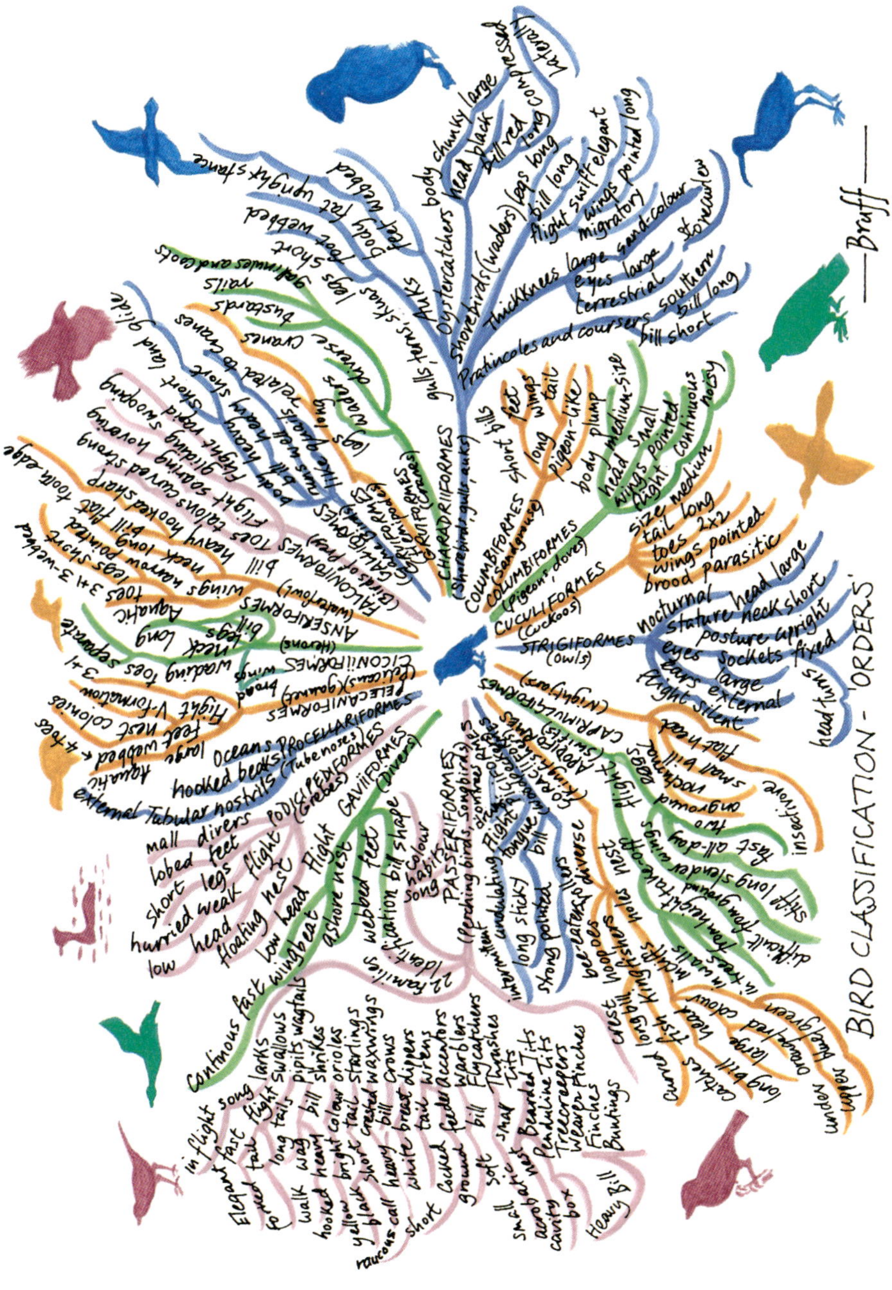

IBM社のブライアン・ヘラーがライフワークの鳥類研究をまとめたマスター・マインドマップ

ビジネス編

マインドマップ会議術 25

会議では参加者全員が発言者であり、聞き手であることが理想だ。
マインドマップを使うことで、個人、あるいはグループが、
より積極的に会議に参加できるようになる。
積極性こそが、会議を刺激的で生産的なものにする鍵である。

まず個人でマインドマップを作る

14章と24章で説明したように、会議のあいだに、参加者がそれぞれマインドマップを作るとよい。

議題を中心イメージとし、事前に配られたおもな協議事項をメインブランチにする。会議の進行とともに、アイデアや情報を、最も関係の深いと思われる場所に書き加える。必要があれば、発言者ひとりひとりについてミニ・マインドマップを作ってもいいだろう。大きめの紙を用意して1枚に書き込んでいけば、論点や流れがわかりやすいよう参照するのも簡単である。

繰り返しになるが、マインドマップは汚くなってもかまわない。汚くなるのは、単にそのときのコミュニケーションが混乱していたということであり、あとから清書や編集することは可能だからだ。

右ページのマインドマップは、ブレイン・トラストの評議委員会が4時間にわたって行った会議を、レディ・メアリー・トレバーが記録したものである。中心イメージは会議の中心的な議題を絵にしたもので、この1枚のマインドマップで、標準的な議事録8ページ分に等しい内容を網羅している。レ

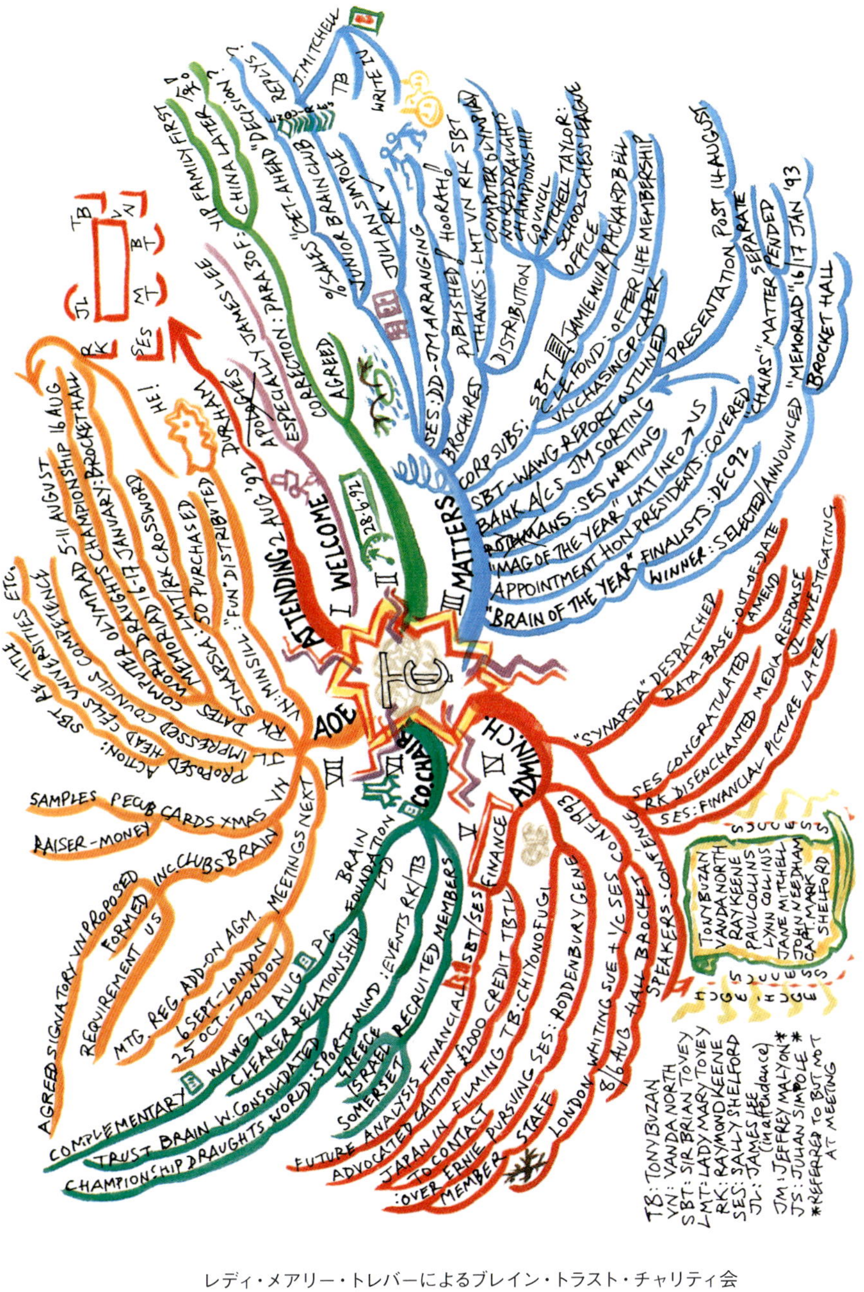

レディ・メアリー・トレバーによるブレイン・トラスト・チャリティ会議のマインドマップ

ディ・メアリーが使ったテクニックでとりわけ有用なのは、会場での出席者の席順を記録したことである。これは記憶の一助として実に有効な方法だ。

237ページは、新たな多言語使用の例として、日本語と英語を使った多言語のマインドマップの例である。作成者のIBM日本支社の幹部社員は、スペインのバルセロナに3日間の滞在したときに行った仕事上および社交上の会合を、その場でマインドマップに記録した。日本へ帰国後、プレゼンテーションをするときの土台にもなった。

参加者にアイデアを共有させる

個人のマインドマップに加えて、黒板やホワイトボード、スクリーン上で、参加者全員に見えるよう大きなマスター・マインドマップを作るのもよいだろう。書記を選び、出てきた意見をすべて記録し、会議全体の枠組みのなかに配置していくのである。

こうすれば、優れたアイデアが埋もれてしまったり、まったく出てこなかったりという、よくある問題を避けることができる。逆に、従来の会議の進行や議事録作成の方法では、グループ内のコミュニケーションが自然に発展するのを妨げてしまうのだ。

グループ・マインドマップによって、ブレインストーミングと立案を同時に行うことができる。著者が、チェスのグランドマスターで大英帝国四等勲士のレイモンド・キーン、アネット・キーン、ヴァンダ・ノースと会合したときもマインドマップを作成した。

有名なレストランであるシンプソンズ＝イン＝ザ＝ストランドを、マインドスポーツの国際センター、世界ドラフト（チェッカー）選手権、世界記憶選手権、チェスの選手権、書籍の発売記念、大きな知的オリンピック大会などに使おうというのが会合の目的だった。

場所、予算、またマーケティングなどを細部まで検討した結果、6種類のマインドスポーツのイベント開催が決定された。

会議にマインドマップを活用する利点は、会議の真の目的について、より明確でバランスのとれた観点から検討できることだ。従来の会議のやり方では、最初あるいは最後に発言した人や、声の大きい人、独特のアクセントが

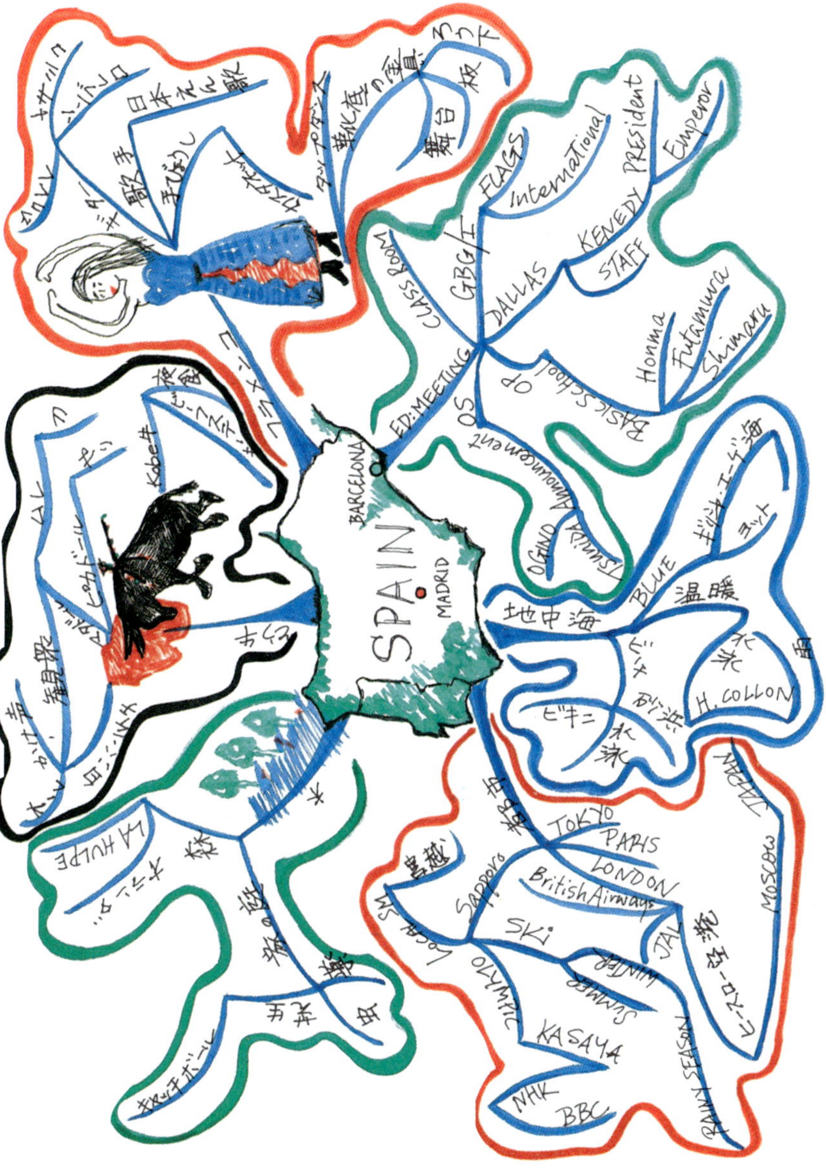

スペインでの3日間の会議を多言語でまとめたマインドマップ

ある人、語彙の豊富な人、または社会的地位の高い人から出た意見が重視されやすいという研究結果もある。マインドマップには、こうした情報上の偏見を取り除き、より客観的で総合的な観点をもたらす効果がある。それにより参加者全員の発言が尊重され、参加者のあいだにバランスが保たれたチームワークが生まれるのである。

マインドマップで会議を進行する

マインドマップは会議を進行する際にも利用できる。議事進行役は、基本となるマインドマップに協議事項をまとめておき、これを基本的の枠組みとして、意見を書き加えたり、討論を導いたり、最終的に議事録としてまとめられるよう会議の要点を記録したりする。色分けによって、議決、アイデア、疑問点、重要事項などを示すこともできる。マインドマップを使って会議を進める議長は、アイデアでいっぱいの星団や星雲のなかを、安全に航行する宇宙船の船長のようなものなのだ。

また、マインドマップで議事録を作る人を決めて、議長の横に座ってもらえば、議長は進行を常にチェックしながら、さまざまな形で会議に貢献できる。

マインドマップをこうした方法で利用して成功を収めたのは、フィデリティ社のブルース・ジョンストンである。マネー誌で、彼はいかに10年間にわたり、21パーセントという年間収益率を達成し、「アメリカで最高所得の投資家」となったのかを語っている。記事の内容を紹介しよう。

「オフィスにある本を何冊か見ると、彼が脳の力を最大限に活用しようとしていることがわかる。『The Brain User's Guide』や『Use Both Sides of Your Brain』などの本があった。

ジョンストンが学んだのは、マインドマップ、すなわち、たった1ページに重要なキーワードやアイデアを整理する図形式のノート法である。

30人以上ものアナリストやファンドマネージャーが出席する隔週のスタッフ・ミーティングでは、ジョンストンが会議のテーブルの端に座って議事を進行させ、国内最良のグロース株ファンドであるマゼランファンドのファンドマネージャー、ピーター・リンチが、キッチンタイマーを使って各発言を3分間で終わらせる。

昨年11月の会議では、ジョンストンは緑のブランチを描き、その上に『AT&T —おそらく—規制撤廃』と書いた。そこから紫色で別のブランチを分岐させ、『柔軟性—台頭—レート』と書き込んだ。さらに別のブランチに『Bへ格上げ。AT&T 買い』と書いた。会議のあと、ジョンストンはAT&T 株を25ドルで2万株買った。2週間後、株価は27ドルになった」

会議にマインドマップを利用する有効性

1 • 出席者が、他の出席者の視点を理解できるようになる。

2 • すべての意見が記録される。

3 • 参加者全員の意見が反映されるため、グループの勢い、熱意、協力関係が強化される。

4 • 会議の完全な記録が手元に残るので、参加者全員が決まったことを正確に理解し、覚えておくことができる。

5 • マインドマップは効率的なコミュニケーションの手段でもあるため、従来の会議にくらべて5分の1程度の時間で済む。

6 • 設定した目的を達成する可能性が高まる。

次の章では…

会議ではプレゼンテーションを行う場合が多い。
次章では、ビジネスの場における
アイデアと情報の
プレゼンテーションを行うスキルを、
マインドマップを使って
強化する方法を学ぶ。

26 マインドマップ プレゼン術

プレゼンテーションは、一対一のもの、
大小のグループに対して行うもの、
ラジオやテレビで行うものなどがあり、
ビジネスの場では不可欠なスキルである。
しかし、人前で話すのが苦手だという人は多く、
クモやヘビや病気や戦争、さらには死ぬより怖いと言う人もいる。
この章では、マインドマップがいかにこの恐怖を克服する
手助けとなるかを説明し、情報やアイデアを、明確な、魅力的な、
また効果的な形で準備し、発表する方法を学ぶ。
また、愉快な話も紹介しよう。

プレゼンの準備にマインドマップを利用する

ビジネスの場は、一般に考えられている以上に学校と似たところが多い。たとえば、コミュニケーションが重要である。コミュニケーションとは、情報を受け渡すことであり、言い換えれば教えることと学ぶことである。

つまり、ビジネスの場におけるプレゼンテーションの準備は、学校の試験やレポートの準備（22章）と、ほとんど変わらないのである。さらに自己分析や問題解決のマインドマップ（18章および19章参照）との類似点も多い。

- 初めに中心イメージを描き、プレゼンテーションの題材に関連するアイ

デアはすべて、速射法でマインドマップにする。

- 速射法で作ったマインドマップを見直す。メインブランチとサブブランチを選び、頭に浮かんだキーワードを書き込む。ひとつのキーワードから生まれる話をするには最低でも1分は必要になるので、1時間のスピーチなら、キーワードは50個までと限定しておくのがよいだろう。
- ふたたびマインドマップを見直し、本筋に関係のない部分を削除する。この段階で、スライド、ビデオ、参考資料、例などを用いるタイミングを記号やコードで示すとよい。
- メインブランチについて話す順番を考え、番号をふる。
- 最後に、各ブランチについて適当な時間配分を決め、あとは自分の計画に従ってプレゼンテーションを行えばいい。

非生産的なプレゼンはもうやめよう

直線的方法でスピーチの準備をすると、次のような問題が発生する。

1 ● スピーチのあいだ、ずっとメモを見なければいけないので、聞き手とのアイコンタクトができない。

2 ● メモだけが頼りになると、要点を身振りなどで強調することができない。

3 ● 書き言葉と話し言葉は大きく異なる。「文法的に正しい」書き言葉は、口頭のプレゼンテーションには向いておらず、聞き手を退屈させてしまうことが多い。マインドマップを使えば、話し手は、きちんと組み立てたアイデアを自然な口調で提示することができる。これが、プレゼンテーションを効果的に（そして、自信あふれたものにする）鍵なのである。

4 ● 事前に準備されたスピーチは、常に「遅れた」ものになる。聞き手がその場で求めているものや、他の発表者の論点に応じて、内容を変更することができないからだ。

5 ● 20分もすると、前から30列めくらいまでに座っている人たちは興味を失い、話の中身ではなく、早く終わらないかということを考え始める。

6 ● 柔軟性に欠けるものだけに頼ることはそもそも危険である。
7 ● メモに縛りつけられると、与えられた時間内におさめるように調整するのが難しくなる。

こうした欠点については、具体的な実例がいくつかある。

まず、ワシントンDCで行われた、3日間のデザイン会議でスピーチを行ったある男性の例だ。会議には2300人の代表者が出席しており、男性は75人のうち72番めの発表者だった。スピーチは演台を前にして、昼食後すぐに行うことになっていた。

講演にあまり慣れていないその男性が45分間の話を終える頃には、会場のほとんどの人が居眠りをしていたという。彼らが目を覚ましたのは、スピーチの最後に男性が叫んだときだった。

「どうしよう！　最後のページがない！」

原稿の最終ページがどこかへいってしまったのだ。男性は、そのページに書かれていたことを何ひとつ覚えていなかったのである。

次に、ある海軍将官の例である。彼は退屈きわまりない原稿をおもしろくする人として知られていた。まるで、テープ起こしをするタイピストのように原稿を読むのである。つまり、口調は完璧だが、内容に関する知識はゼロということだ。

彼は、海軍の上級士官数人向けにスピーチを頼まれた。しかし、時間があまりなかったので、補佐官に1時間分の原稿を用意させた。さて、当日、スピーチを始めて1時間ほど経ったころ、彼は何かがおかしいと思い始めた。手元には、これまで話したのと同量の原稿が残っていたのである。

実は、彼は、同じ原稿を2部、手渡されていたのだった。しかも、1、1、2、2、3、3……という順で原稿が並んでいた。高官である彼に、ここまでの念押しはいささか行き過ぎではないかという指摘は、誰もしなかったのだ。マインドマップを使っていれば、彼もこんな恥ずかしい思いをしなくて済んだはずである。

マインドマップで柔軟にプレゼンする

マインドマップを使えば、秩序と正確さを失わずに、自由と柔軟性に富んだプレゼンテーションを行うことができる。

スピーチの前や途中に聞き手から要求や質問があったら、それを書き加えることができるし、持ち時間が、突然、長くなったり、短くなったりした場合も、編集がすぐに簡単にできる。マインドマップは柔軟性があるので、どこまで話をしたかがひと目でわかり、状況に応じて、話を急いだり、引き伸ばしたりすることも可能である。プレゼンテーションを時間どおりに行うことは好印象を与えるし、他の発表者や聞き手にも喜ばれる。

前の発表者が自分と同じような論点を主張し、自分よりも知識が深く説得力があれば、彼への賛同を強調するよう、マインドマップを書き加えるか、修正する。それにより「彼はすばらしい、私もすばらしい」という連結ができる。反対に、前の発表者が誤った情報や、非論理的な意見を言ったときは、マインドマップにそれを書き込み、ディスカッションやディベートを促す形でプレゼンテーションを発展させる。

聞き手の興味を失わず、確実にこちらの思考パターンについてきてもらうためには、話の進行に従ってマインドマップを作り、「アイデアの簡単な地図」として聞き手に見せるのも一案だろう。

マインドマップによるプレゼンの例

245ページのマインドマップは、未来学者ジョン・ネスビッツの予言について行うプレゼンテーションのたたき台である。中心イメージはネスビッツの顔で、頭から伸びる矢印は、1990年から2000年に彼が発表した未来像を示している。10本の番号がついたブランチは、変化が起こるとネスビッツが予言した分野だ。

ネスビッツのおもな予言をまとめてみよう。経済は情報を基盤としたグローバルなものになる。美術、文学、精神文化の分野で新たなルネッサンスが起こる。主要都市が商業の中心地としての地位から脱落する。国家繁栄の形式としての社会主義は崩壊する。英語が世界的言語になる。メディアが電子化し、世界規模で連結する。商業の中心地域が、大西洋から環太平洋に移動する。政治が個人主義化し、起業を行いやすくなる。あらゆる分野の成長が無限と見られるようになる。貿易が自由化する。そして、こうした変化の結果、戦争や衝突が減少するようになるというのである。こうした変化は、ネスビッツが最初に唱えた「メガトレンド」を背景とするもので、マインドマップ左上の囲みにまとめてある。

このマインドマップは、地球の未来について、1日から1週間程度のディスカッションの素材となるように作ってある。16章と24章で説明したテクニックを使い、著者が、1987年にストックホルムで行われた2日間のセミナーに参加したときに作成した。ネスビッツが政府、企業、専門家、教育関係者のリーダーたちを前に講演を行ったときのものである。

2つめ（247ページ上）の例は、ヤング・プレジデンツ・オーガニゼーションの会長として、世界各国の大学教授や政府高官を前に歓迎のスピーチをするために作成した（セミナーはクイーン・エリザベス2世号の船上で行われた)。開会のスピーチ用の原稿として使われただけではなく、会の参加語録にもなった。

3つめの例はチェスのグランドマスターであるレイモンド・キーン氏によるマインドマップである（247ページ下)。彼はザ・タイムズ紙とスペクテイター誌のチェス欄に寄稿しており、チェスやチェスの歴史に関する考察を著した作品が多数ある。例にあげたマインドマップは、スペインのテレビ番組に出演し、スペイン語で講演を行う準備として作成された。16世紀のスペインの偉大なチェスプレイヤーで作家のルイ・ロペスと、当時の知的および政治的影響についてまとめてある。キーンはこう語る。

「マインドマップでスピーチや原稿の準備をするときの利点は、2つある。まず、アイデアのブランチを伸ばすことで、常に新しく型破りな考え方ができる。また、キーワードやイメージを使っているので、スピーチや文章が長くなっても、重要な点を見失わずにすむ。

とくに便利なのは、ページをひっくり返したり、あちこち探したりすることなく、聞き手に話の構成とキーポイントを前もって知らせることができる

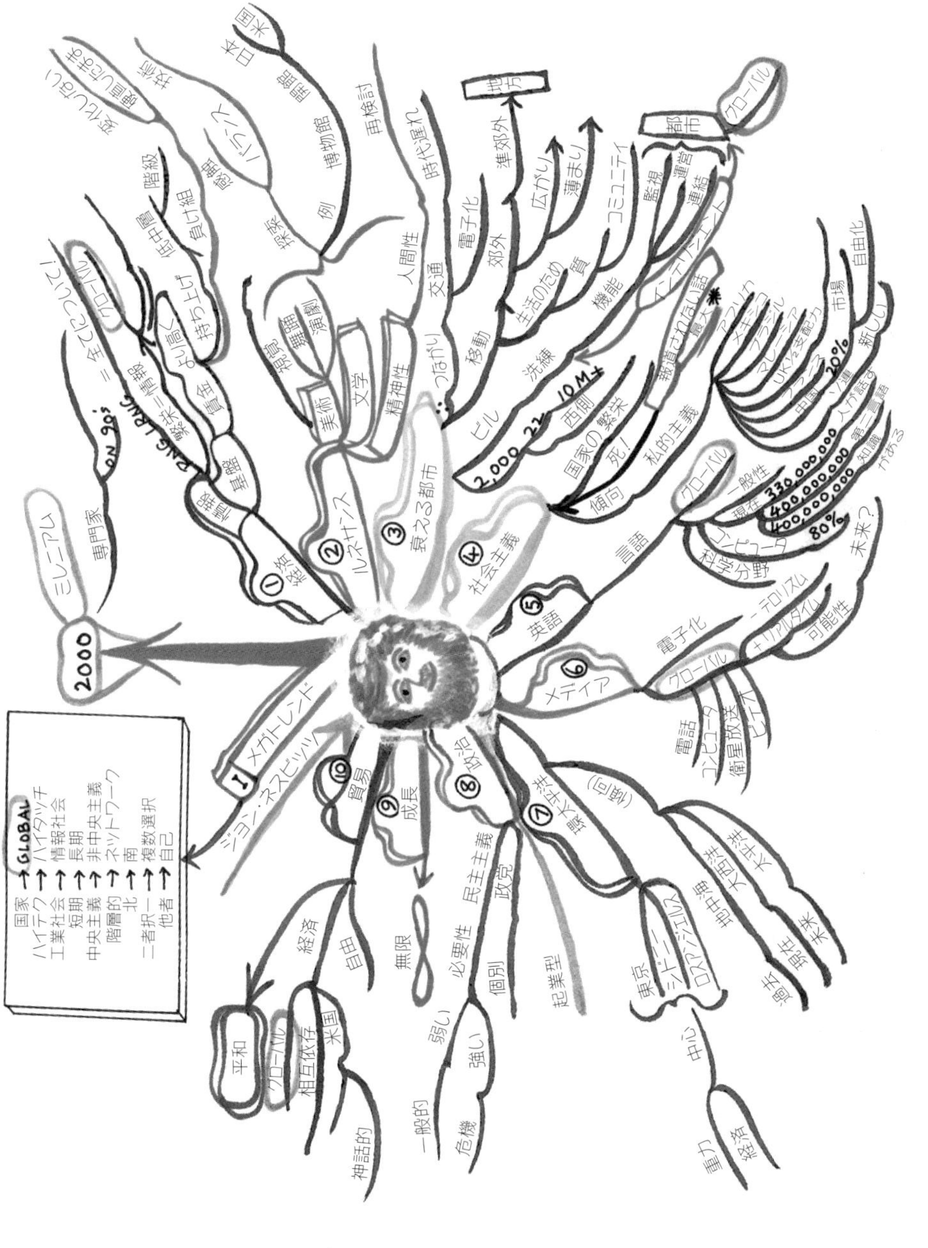

トニー・ブザンが、2日間にわたってジョン・ネスビッツの
400ページの著書について行った講義のマインドマップ

点だ。手元にあるのは１枚の紙だけなので、これから何を話すかを聞き手に伝えることができる。自信をもって話すことができるし、あとから、自分の論点が正しかったことも証明できる。直線形式のノートには、ノートの終わりが話の終わりという危険性を常に伴う。つまり、重要性など関係なく、時間的な配分のせいで突然終わってしまうのである。

論点がよく知っている分野の場合、キーワードによって気持ちが高まったり、ひらめきが浮かんだりするので、年代順に無味乾燥な事実を羅列する（たとえば、テーマとなる人物の誕生で始まり死で終わるなどといった）ようなことはなくなる。論題があまり得意でない分野の場合は、直線形式のノートでは事態を悪化させるだけである。記事を書くときも、口頭で講義を行うときも、マインドマップはプレゼンテーションの大海を導く舵輪のような役目を果たしてくれる」

キーンのこの文章は、ザ・タイムズ誌に寄稿した記事の一部で、スペインのテレビ番組に出演して行った講演のときに使ったマインドマップについて語っている。

マインドマップがプレゼンテーションに有用であることが明らかになってきたため、神経生理学者で作家のマイケル・J・ゲルブが、放射思考とマインドマップの考え方を基本にした『Present Yourself』を著した。ゲルブが執筆準備にマインドマップを利用したのは当然のことである。

マインドマップによるプレゼンの有効性

1 ● 聞き手と頻繁にアイコンタクトをとることができる。

2 ● 自由に動ける。

3 ● 話し手も聞き手も、熱心になる。

4 ● 大脳皮質の働きをより広範囲で活性化させる。

5 ● 聴衆の希望をその場でプレゼンテーションに反映させ、かつ時間通りに終わらせることが可能になる。

6 ● 要点を修正したり、拡大したりするのが簡単である。

7 ● 話し手にとっても聞き手にとっても、心に残る、効果的で楽しいプレゼンテーションを行うことができる。

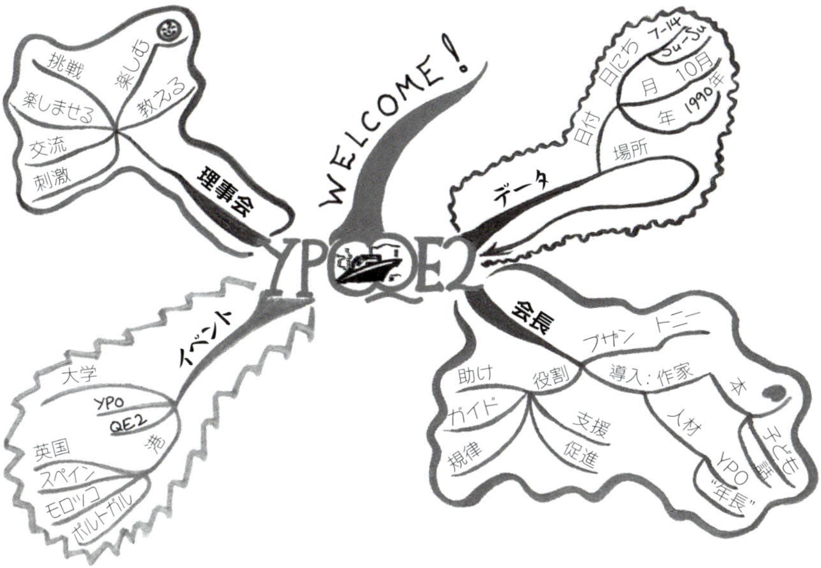

クイーン・エリザベス２世号の船上セミナーのスピーチ用につくられたマインドマップ

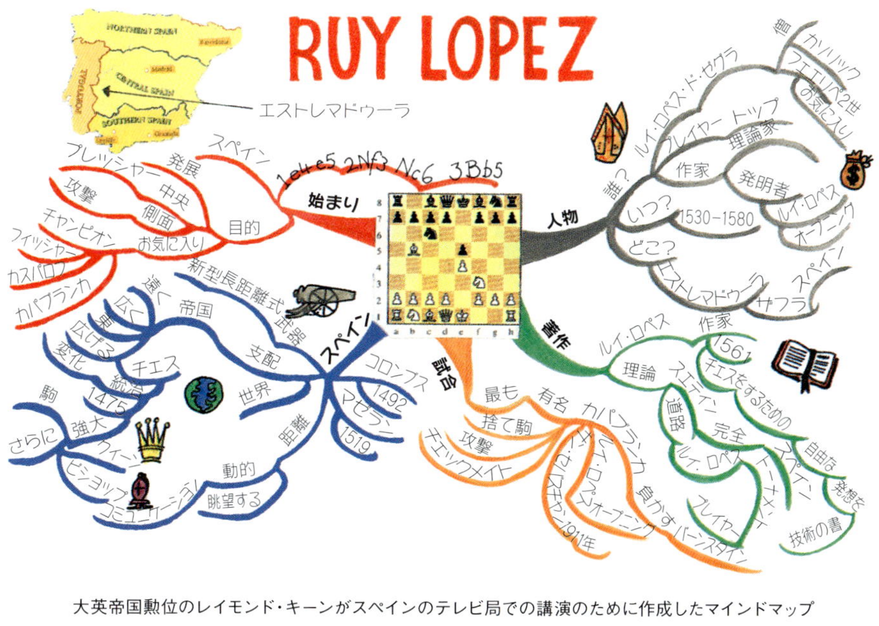

大英帝国勲位のレイモンド・キーンがスペインのテレビ局での講演のために作成したマインドマップ

8 ● 自分自身でいられる自由を与えてくれる。

次の章では…

ここまで、会議とプレゼンテーションに応用できる
マインドマップについて具体的に学んだ。
次章では、経営やビジネスの場で
コミュニケーションを円滑にし、効率を高めるために
マインドマップを利用する方法について説明する。

マインドマップ経営術 27

経営にマインドマップを用いる方法について書き始めれば、
それだけで一冊の本になるだろう。
そして、あなたがここまで読んできた本書こそが、
さまざまな意味で、その一冊なのである。
本章では、これまでに学んできたマインドマップの技術を
結集したものを経営の場で使い、
効率、生産性、働く楽しさ、を高める方法を学ぶ。

マネジメントのためのマインドマップ

マインドマップは、企業や専門職業的組織で、通常の直線形式のノートの代わりとして利用可能である。

まず、マインドマップ・スケジュールで1日の予定を立てる（20章参照）。さらに電話メモ、会議、カウンセリング・セッション、面接などに利用すると、関係者全員が、話の内容や合意点を完全かつ正確に理解できる。

エレクトロニック・データ・システム（EDS）社、デジタル・コンピュータ社、ブリティッシュ・ペトロレアム社（現BP社）などは、研修にマインドマップを採用し、膨大なコスト削減を実現している。なかには、80パーセントという数字を達成している企業もあるほどだ。米国シアトルのボーイング社では、プロジェクトリーダーのマイク・スタンレー博士が、飛行機の設計マニュアルを7メートル半以上のマインドマップにまとめあげ、社内で

表彰された（17章参照）。スタンレーは言う。

「マインドマップはわたしがボーイング社で行っている品質向上プログラムには不可欠の要素だ。本プログラムにより、1年間で目標の10倍以上になる1000万ドル以上もの経費削減ができた。当社のマインドマップは、品質向上のために何ができるかを考えるために作った独自のものである。わずか1か月以内に、500件以上のプロジェクトが立ち上がり、数百万ドル規模の経費削減が見込めるようになった」

社員研修にマインドマップを活用すれば、時間の短縮と効率の改善が図れるだけでなく、24時間以内に80パーセントを忘れるという忘却曲線に逆らうことができる。24章で説明したとおり、研修後に推奨した経過時間にあわせて復習を行うと、脳が活性化し、学習した内容を忘れずにいられる。一般的に、決断する、自分および他の人のアイデアを整理する、個人とグループでの創造性、分析、問題の発見と解決、時間と量の目標設定、そして、とくに記憶とコミュニケーションといった、マインドマップのスキルは、経営を成功させるために不可欠なものである。

経営にマインドマップを利用する例

1 • 経営の構造

マインドマップは、会社の組織作りにも利用することができる。組織のビジョンを視覚化し、第三者に組織そのものを説明するという役割を果たす。

251ページは、オランダの保険会社、インターポリス社のヴァイスプレジデント、ヤン・ピーター・H・シックスによるマインドマップである。彼はこのマインドマップで、組織を整理し、説明すると同時に、組織、ルーツ、事業提携、吸収合併、販売、さらに組織改革について考えた。

● 組織

組織発展は、2つの観点から考える。ひとつは命令系統（本社、本部、支社、支店）、もうひとつは商品（生保、非生保）、顧客（農業従事者、個人、企業）、営業地域における優位性である。

● ルーツ

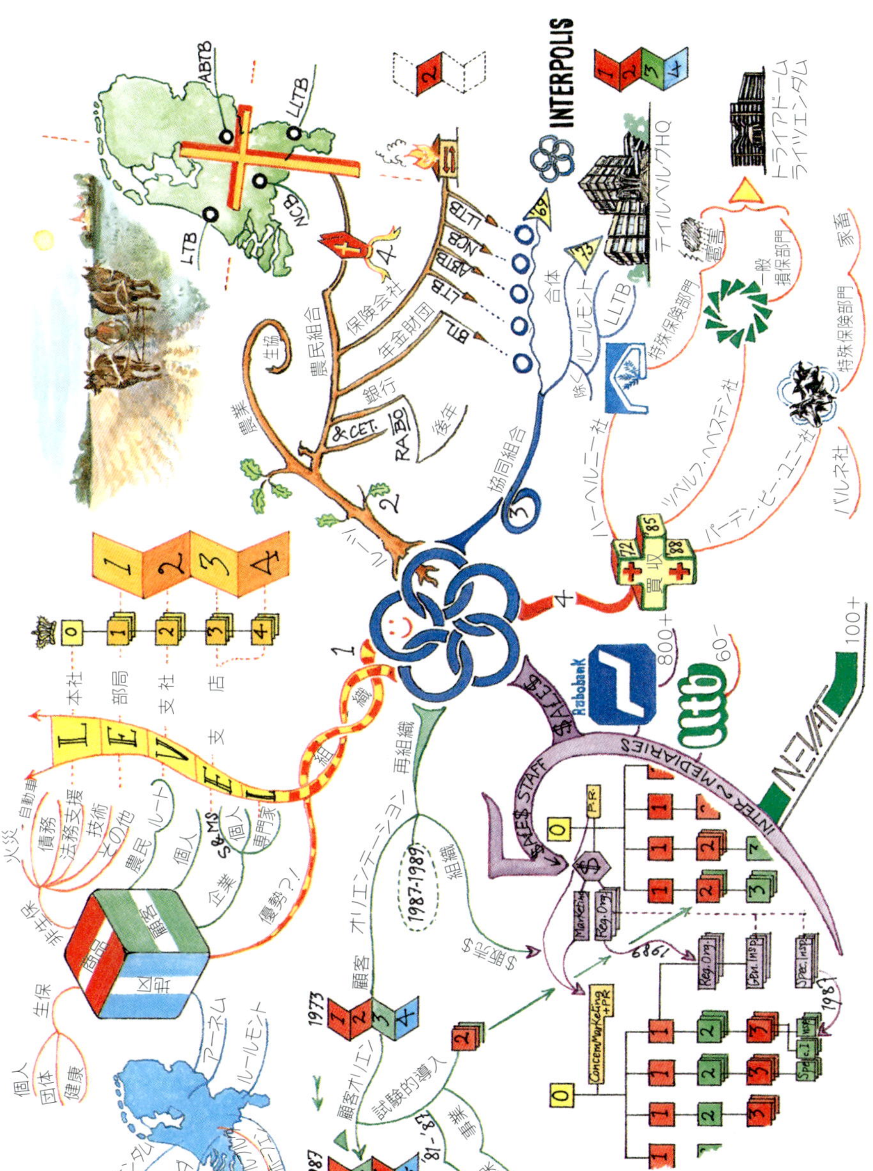

オランダの生命保険会社インターポリス社のシックス氏が作成したマインドマップ

インターポリス社は、カトリック系の農業協同組合として始まった。4つの教区で農民が組合を結成し、それぞれが共同事業として銀行、年金基金、保険会社（もともとは相互火災保険会社）を作ったのが始まりである。

●事業提携

1969年、年金基金と4つの保険会社が合併し、インターポリス社となった。4年後、ティルブルグに本拠地を構えた。組織は商品別にはっきりと分かれていた。

●吸収合併

1972年、ひょう災保険専門のハーヘルニー社を、さらに、1985年、一般損害保険会社のツバルフ・ヘベステン社を吸収合併し、新会社トライアドームを設立した。さらに近年、家畜保険の専門のパーデン・ビー・ユニーを買収している。

●販売

インターポリス社は、代理店を通して商品の販売を行っている。ロボバンク社（800店以上）LLTB社（60）、ネヴァト社（100以上）の3社である。

近年まで、販売スタッフは、マーケティング部門と5か所の地区営業所に所属していた。営業所は一般と特殊保険の監査官をそれぞれ配置した。

●組織変更

1987年から1989年、大きな組織変更を行った。1987年、特殊保険監査官を販売部門から切り離していくつかのグループを作り、3つの支店に配属した。

2●マーケティング

マインドマップは、マーケティングにおいても主力ツールとなる。英国のテンプル・マーケティング社では各顧客のマーケティングニーズに応えるため「マーケティング・マトリクス・マインドマップ」（MMMM）を作成している。

253ページの例は、テンプル・マーケティング社の社長兼CEOのナイジェル・テンプルが、マインドマップで各顧客についてのマーケティングプランをまとめたものである。

英国のテンプル・マーケティング創設者のナイジェル・テンプルによるマインドマップ。
各分野の顧客のマーケティング・ニーズを検討する目的で作られた。

マインドマップでは、顧客が市場で売りたい商品、顧客のビジネスおよびマーケティング上の目標、顧客が一般大衆や希望するメディアに最も伝えたいメッセージ、コンサルタント業務契約の本質と構造、各種メディアの活用法、あるいはその使用の有無、望ましい反応と反応をモニタリングする方法、短期、中期、長期的にターゲットとなる市場について検討している。テンプル氏は次のように述べている。

「我が社では、顧客戦略と危機管理のために、あらゆるレベルでマインドマップを活用している。ブレインストーミングの場などでは、マインドマップは創造的なアイデアを論理的に整理して記録できる、非常に強力なツールであると考える」

3 ● リーダーシップ

情報システムの複合企業であるエレクトロニック・データ・システム（EDS）社では、従業員のメンタルリテラシー教育を企業の優先目標として

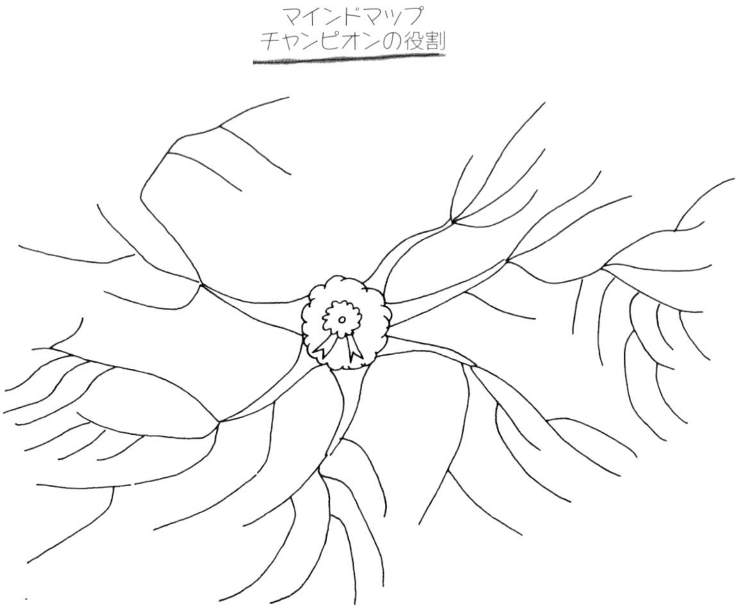

いる。

おもな目的は、リーダーシップ能力の開発である。そのために欠かせないのが、個々のプロジェクトの目標を完全に理解することと、種々多様なプロジェクトのリーダーすなわち「チャンピオン」の目的を確立することである。

各プロジェクト・グループにおけるチャンピオンの役割を確定するため、全グループに白紙のマインドマップ（上図）を配り、共同で埋め込んでいく作業を行った。この白紙マインドマップを考案したプロジェクト部長のジム・メサーシュミットとトニー・メッシーナは以下のように語る。

「これは非常に効果的だった。短時間のうちに全員が、我々が達成しようとしていること。つまりリーダーとしての『チャンピオン』の意味を完全に理解した」

「リーダーシップ・チャンピオン」のマインドマップの完成例は、256ページを参照してほしい。

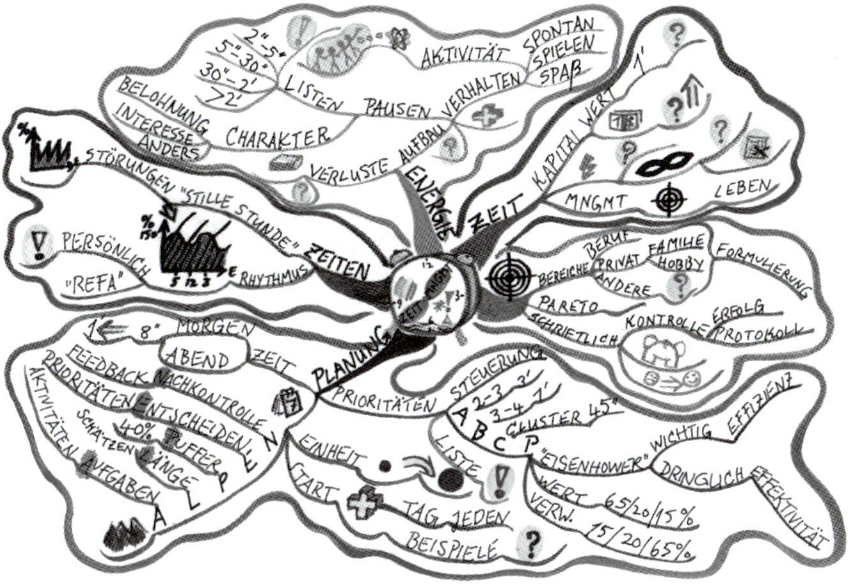

トーマス・H・シェーパーのマインドマップ

4 • 時間管理

20章で説明したとおり、マインドマップは時間の管理にも有効である。このページのマインドマップは、ドイツのゲッティンゲンにある国際経営者協会トーマス・H・シェーパーが作成したものだ。

シェーパーはこのマインドマップで、協会の他の経営者たちに対し、生活管理のための時間の有効な使い方を提案している。計画を立てる目的（個人の時間管理の基本ステップをドイツ語の頭文字をとって「ALPEN」という覚えやすい言葉にまとめている）、生理学的リズム、適切な時間管理により活力を高めるという点について考えている。

シェーパーは、自分が作ったマインドマップが多くの目的に使えることに気がついた。マインドマップにより、時間の無駄をなくし、自己管理を行い、同僚へ助言することが可能になったのだ。このマインドマップに同僚が関心を持つようになり、シェーパーはこの分野の専門家として、他の人から助言を求められるようになった。

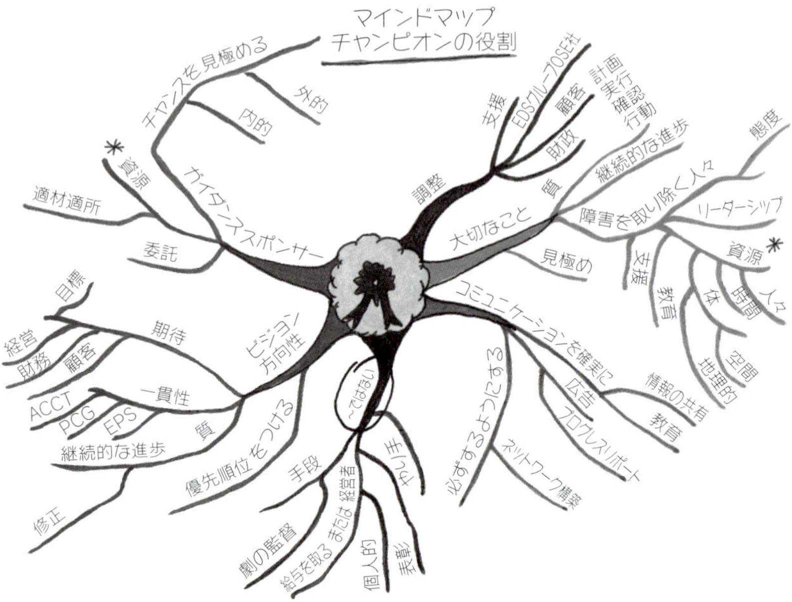

EDS社の「チャンピオンシップ」マインドマップの完成形

5 • 会計業務〜業務開発

会計の分野においても、マインドマップを重視する流れが大きくなっている。たとえば、英国公認会計士学会で表彰された学生たちは、試験準備にマインドマップを利用したし、プライス・ウォーターハウス社（現プライス・ウォーターハウス・クーパース社）といった有名企業の税務アドバイザーが、問題解決と顧客企業への助言にマインドマップを採用するなどといった例がある。さらにB・H・リー＆カンパニー社の経営者のひとりにして会計士、監査税務コンサルタントのブライアン・リーの例に見られるように、マインドマップは業務開発と拡大にも利用できるものである。

リーのマインドマップのおもな焦点は、危機管理、業務開発、そして拡大の3点である。マインドマップの説明は次のとおりである。

● 危険管理

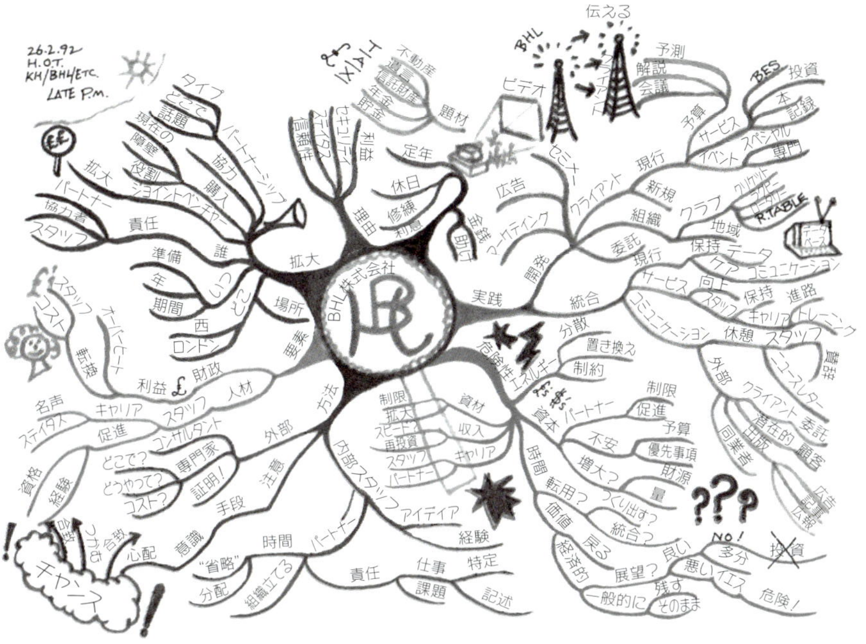

B・H・リー社の経理局長B・H・リーが開発、危機、経営戦略の拡大についてまとめたマインドマップ

最も大きな危険は、時間的、能力的に従業員に過剰な負担がかかることである。事業拡大の際には、経営者と社員の経歴構成からどのような危険が生じるか、収入、支出および再投資への負担はどのくらいか、また、拡大に向けた努力が的はずれであったり、分散されてしまったり、あるいはまったく不足したりしていないかなどを考える。

● 業務開発

事業は、新規開発するだけでなく、基盤を強化することも大切である。新しい顧客を獲得しても、その一方で、古くからの顧客を失っては意味がない。また、顧客だけでなく、社員にも開発が必要であることを認識するのが大切だ。

開発は、マーケティング、広告宣伝活動、委託、そしてとりわけ既存の顧客に拠るところが大きい。この支えとなるのが、予算会議の実施、他のサービスやセミナー活動の強化、特別イベントの開催である。

●拡大

この言葉は、基本的な問題に大きく関わってくるため、定義しなければならないことがいろいろある。対象は経営基盤か、提携者か、顧客か、社員か。いつ開始するか。どのくらいの時間をかけるのか。具体的な場所、範囲など、何を拡大するのか。合弁他企業との買収、共同事業、業務提携などによって行うのか。また、そうした分野に活路があるのか。いかにこの拡大計画を受け入れてもらうか、退職、休暇、援助制度を整備し、事業を拡大しながら負荷を減らし、収益を増加させることは可能なのか。どのような費用が発生するのか。資本コスト、資源コスト、平均収入に対するコストはどのくらいになるのか。

事業の拡大と、それによる機会獲得を達成するための手法にはじゅうぶんな考慮と配慮が必要だ。なぜ拡大するのか。資金はどこからくるのか。利益は見込めるのか。確実性はあるか。全員が望むような状況になるのか。内外からあらゆる分野の知識を総動員して、こうした疑問にも答えなければならない。

リーはこう締めくくる。

「会計業務とは、伝統的に論理に縛られ、あまりに枠にとらわれがちな性質がある。マインドマップを使えば、こうした境界を越えて、広い視野でものを考えることができる」

6●多目的機能をひとつにまとめる

ヒューレット・パッカード・メディカル・プロダクツのヨーロッパ支社長であるジャン＝リュック・カストナーは、ある問題に直面していた。彼の会社では、心臓の律動を監視、分析し、早期の段階で異常を発見して療法士に適切な処置を求めるコンピュータ・システムを開発している。そのため、専門の講師による４日間の心臓不整脈研修がある。

ある日、この研修プログラムの講師担当者が体調を崩し、２か月間休むことになった。カストナーは彼の上司であり、講座を行うのにじゅうぶんな知識を持つ唯一の人物だったので、病気の社員の穴を埋めることになった。カストナーは、講義のために、早急に自分の知識を整理し、補足する必要に迫られた。

心臓不整脈研修は、HP社のアプリケーション・サポート・エンジニアに対し、じゅうぶんな知識を提供するために行う。必要な項目は次のものである。

- 心臓生理学
- おもな律動異常とその症状
- コンピュータ・アルゴリズムの仕組み
- 不整脈システムの操作

さらに受講者は次の事項も修得する必要がある。

- エンドユーザー（看護師または医師）の研修
- 機械の不調が起こる可能性を説明する。

（機械は人間の心臓専門医にはまだかなわない！）

マインドマップ研修術

マインドマップを用いて高度な知識を教えられるかどうかを試すには、この講義は理想的である。

カストナーは、5日間をかけて、以下の目標に基づいて現存の資料をマインドマップにし、講座の準備をした。

a）4日間の研修終了時に、受講生を修了試験に合格させる。

b）受講生には、自分でも参考用のマニュアルを作成してもらう。

c）オーバーヘッドプロジェクターを使わない（医学的データのコピーは除く）。

d）講座終了後1か月たっても、内容の100パーセントを思い出せるようにする（通常は40パーセント以下となる）。

e）講師も受講者も、講座を楽しめるようにする。

● 構成

道案内となるマスター・マインドマップを用いて講座を構成する。それぞれのブランチが要点であり、各ブランチについてさらに詳しいマインドマップを作成し、フリップチャートで提示した。2時間ごとに休憩を入れる。

●講座の仕組み

講義を始める前、受講者に持ってきた筆記用具を部屋の外に置くように指示する。受講者の机の上には、A3サイズの白紙とさまざまな色のペンのみを置いておく。

受講者にマインドマップの説明をする。これから4日間は、講師がフリップチャートで示したマインドマップを写し取るよう求める。

講座を40分ごとに区切り、10分間の休憩を入れる。休憩中、受講者はコンピュータを用いた研修ツールを利用して、患者の心電図のシミュレーションを見ながら、講座で学んだ知識をテストすることができる。

マスター・マインドマップのブランチをひとつ終了するごとに、受講者にマスター・マインドマップを作成させる。大きな紙を壁に貼り、全員に参加してもらう（右ページ図参照）。

1日の終わりには、その日の講座の復習と記録のために、受講者にマインドマップを複写してもらう。

次の日の始めに、受講者のひとりに前に出てもらい、参加者みんなと話し合いながら前日のマスター・マインドマップを描いてもらう。その後、講義に入る。

全講座終了後の試験の前に、受講者全員でマスター・マインドマップを見直し、細部にわたって意見交換をする。

2時間の最終試験を行う（講座修了に必要）。

●結果

講座はこの概要にそって進められた。受講生はそれぞれ英国、フランス、ドイツ、イタリア、アイルランドからやって来た12名だった。全受講生が終了試験で18点から20点という、これまでで最も良い成績で合格した。

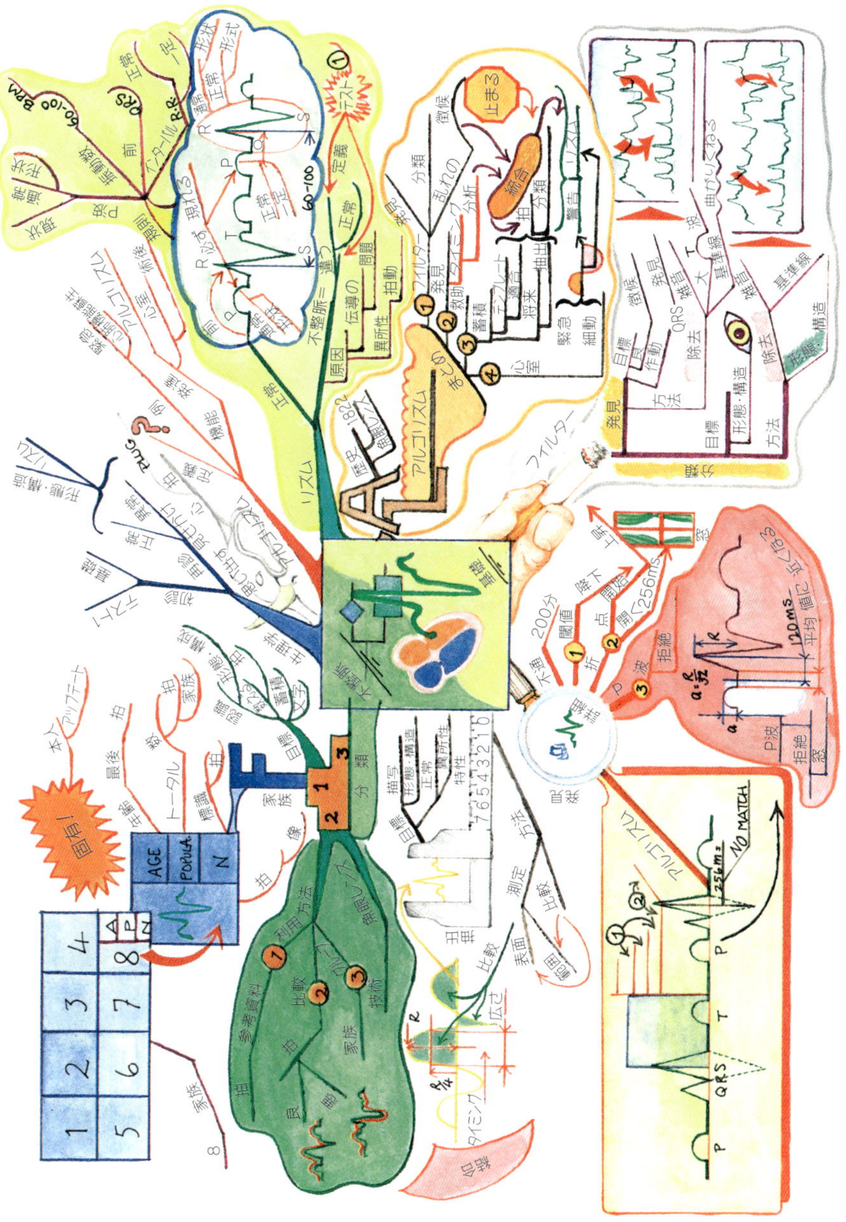

ジャン＝リュック・カストナーが四日間の講義に用いたマインドマップ

1か月後、非公式の追跡調査を行うと、記憶再生率は70パーセントを大きく超えた。平均で10問中9問の正答率だったのである。

講座の感想も好意的なものだった。スライドを用いて進める講義よりも理解しやすく、有用で、楽しいという意見が受講者から寄せられた。マインドマップを用いれば、英語が完璧でない受講者も講座についていけるという意見もあった。このことからも、マインドマップを用いた研修が成功したことがわかるだろう。

その後も4回、マインドマップを用いた講義が、別の講師によって行われたが、いずれも良い結果を残している。

マインドマップは、間違いなく最先端の研修ツールとなっている。

経営にマインドマップを用いる有効性

1 ● 社員がより楽しく、より高い動機をもって働くことで、経営と組織に良い結果をもたらす。つまり病欠で失われる時間が減り、会社の公共イメージが向上する。

2 ● 従業員間のコミュニケーションを促進する。

3 ● より効率的で効果的な研修を行える。

4 ● マーケティングや広告宣伝活動の焦点を明確にすることで、売り上げを伸ばす。

次の章では…

コンピュータによるマインドマップが、近年ようやく実現した。
次章では、コンピュータ技術と人間の技術の
共同作業の可能性について説明する。

28 PCで作るマインドマップ

近年、コンピュータでマインドマップを作成するソフトウェアが開発され、かつては未来の夢であった、新しく刺激的な活用法が可能になった。手書きのマインドマップが持つ視覚的に無限の多様性や、持ち運びやすさや最小限の道具（紙とカラーペン）で作れるという長所にはかなわないとはいえ、コンピュータでも手書きのものとほとんど変わらないほど優れたマインドマップが作れるようになっている。たとえば、デジタルペンを使えば、コンピュータ画面から直接データを書いて入力することもできるのだ。

こうした新たなソフトウェアの開発によって、次のような大きな進歩が生まれた。

- 編集する。
- 分析する。
- 異なる視点を作る。
- ナビゲーション機能を使う。
- 情報源にリンクする。
- 既存の情報で新しいマインドマップを作る。
- 共有する。
- レポート、プレゼンテーション、プランニングの原稿に変換する。

そして、コンピュータの助けを借りて思考する「コンピュータ・エイデッド・シンキング（CAT）」の環境も、整ってきた。

この章では、PCで作るマインドマップの一例として、PCソフトMindGeniusをあげてみよう。MindGeniusは、ブザン・グループの戦略的パートナー、ゲール社が開発した作成と思考のためのツールである。

MindGeniusの簡単な使い方

MindGeniusでのマインドマップの作り方はいたって簡単である。最初に、マインドマップの焦点となるキーワードを入力するよう画面に指示が出る。このキーワード、すなわち中心イメージが入力されると、コンピュータが自動的に中心イメージを描き、色づけし、画面の真ん中に配置する。

次にメインのテーマもしくはタイトルを入力し、リターンキーを押す。自動的にブランチが書き込まれ、形を作る。ただ考え、入力し、リターンキーを押すだけでマインドマップが目の前で大きくなっていくのである。形を整えるとか、アイデアを正しい場所に置くとかいったことに頭を悩ませる必要はない。マインドマップは、脳の思考の流れに沿って、放射状にアイデアを広げていく。作成者はただ「創造的」であるだけでいいのだ。

作成と編集の段階がはっきり区別されるので、コンピュータの操作に煩わされることはなく思考を巡らすことができる。思考を存分に巡らしたら、あらためて色とイメージを加える作業にかかり、記憶しやすい魅力的なマインドマップを作ればいい。

ブランチの位置を変える、色を変える、イメージを加える、コピーする、移動する、必要であれば全体の構造をそっくり変えるなどの作業も、マウスをクリックするだけで簡単にできる。各ブランチの特徴（形、フォント、色、連結の型）を個別に変更することも可能だし、初期設定のまま使ってもかまわない。

PCでのマインドマップは、長期にわたる作成にも向いている。設定を自由に変えることができるので、新たに書き直す必要もなく、熟考の結果や新しい経験と理解によって生じた新たなアイデアや知識を加えて、自動的に再構築できるからだ。

マインドマップを別の視点でみる

PCでのマインドマップは、非常に複雑な機能を備えたものになっている。コンピュータを使えば、紙の大きさによる制限もない。マインドマップの拡大を止めるものがあるとすれば、作成者の想像力ということになるだろうが、人間の想像力は無限なのだ。

PCでマインドマップを使いこなすには、複雑な機能を理解し、操ることができなければならない。マインドマップのどの部分を見ているのかを常に把握し、一部の領域を見ながらも、マインドマップ全体の構造に目を配る必要がある。しかし、通常の拡大表示や、スクロールや、展開表示の機能ではそれは難しいだろう。

そこで、MindGeniusでは「マップ・エクスプローラ」というナビゲーション機能がある。マインドマップの階層を構成するブランチを、リスト形式で表示するものだ。表示されたブランチのひとつをクリックすると、そのブランチと下位のブランチをもとに、マインドマップが表示される。中心イメージは、選択した項目である。

これにより、複雑なマインドマップのなかを、ヘリコプターに乗って上から眺めるように、垂直方向でも、水平方向でも迷子になることなく探索できる。「マップ・エクスプローラ」の特徴（ブランチの「展開」と「折りたたみ」機能の結合）により、必要に応じて細部を拡大することも縮小することも可能である。画面の大きさによって制限されることもないし、マインドマップを何ページも、何ファイルも広げる必要もない。

データを共有する

情報の共有は重要である。どうすれば、第三者にPC上で作ったマインドマップをすばやく供給できるだろうか。どのPCでも応用できる例をいくつか見てみよう。

1 • 印刷

マインドマップのハードコピーが必要な場合は、プリントアウトする。

2 ● 電子メール

電子メールに添付して必要な相手に送る。

3 ● ビューワー

たとえば汎用のビューワー・アプリケーションで、第三者も閲覧や探索ができるように作成する。

4 ● HTML

HTML形式で保存すれば、マインドマップがhtmlファイルに変換される。それをウェブ上に掲載して、公開する。Mind Geniusではこのhtmlファイルに、「マップ・エクスプローラ」閲覧機能が付加される。

5 ● PDF

PC上のマインドマップを「Adobe PDF」ファイルとして保存すれば、ウェブ上で公開でき、互換性も高い。

リンクなどで情報性を高める

最新のコンピュータ技術によって、かつては想像するだけだったさまざまな処理が可能になった。各ブランチに属性を加え、種々の処理を行うことによってマインドマップを活性化して、生産性を高めることができる（次項参照のこと）。

PCでは、マインドマップのブランチに次のような情報を付加できることが多い。

1 ● カテゴリ

各ブランチを判別し、意味づける。

2 ● リソース

ブランチを人や情報に関連づける。

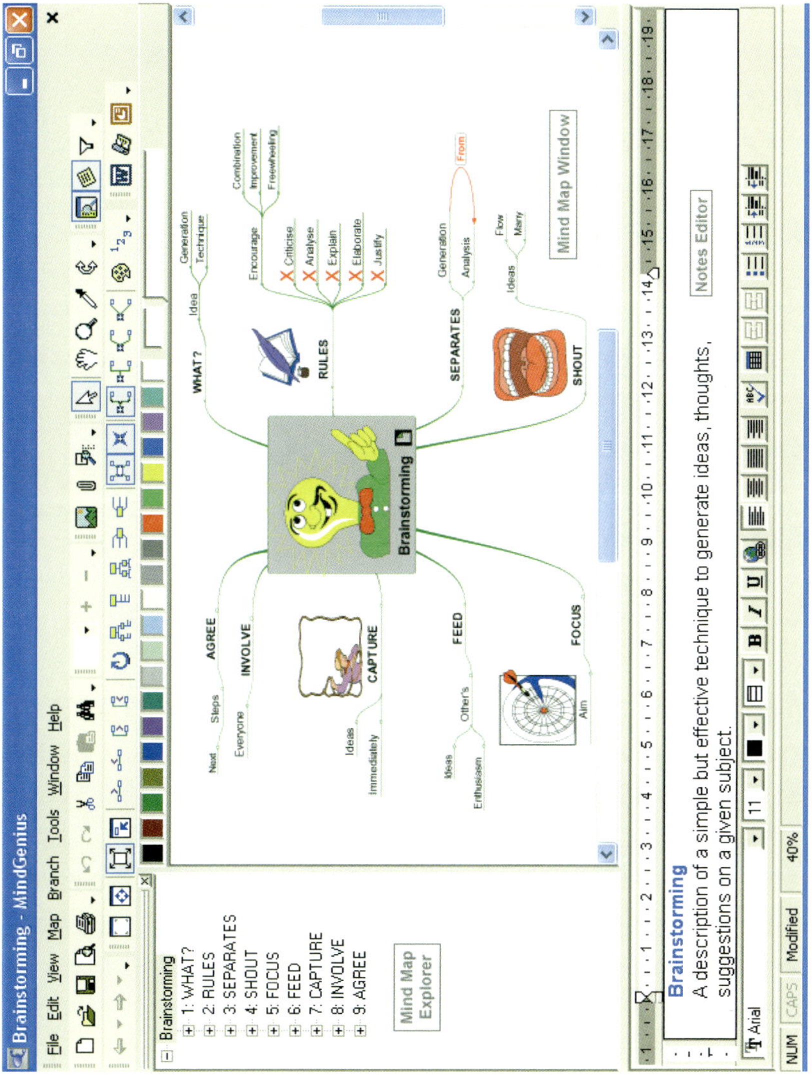

MindGeniusの画面の例

3 • 予定と日付

任意のブランチに予定を入れ、日付を割り当てる。

4 • アタッチメント

アクセス可能な電子ファイルにリンクを設定をする。

5 • メンタルコネクション

階層を横断してのリンクを設定する。

こうした要素がPCでのマインドマップの情報性を高める。さらに、要素をどうするか決めるために、調べたり、分析したりという作業を行うことで、その情報に対する理解が深まる。

知識を伝達する

「ひとつのブランチに書き込む単語はひとつ」というマインドマップのルールは、新たな思考の回路を作り出すためにあいまいな部分を残すためである。しかし、一方では、他人に自分のマインドマップを見せても、ブランチの意味を理解してもらえないことがある。そこでPCで作るときはエディタやテキストを使って、それぞれのブランチにメモを挿入しよう。ブランチごとに、読み手に伝えたい情報を量の多少にかかわらず自由に入力することができる。原稿の下書きや総括には、この情報が大いに役立つだろう。

最近は情報を比較したり、多様な情報源から理解を得たりするためにも、マインドマップが利用されている。そうした情報は電子ファイル形式である場合が多いため、ひとつのブランチからローカルPC、イントラネット、インターネットなどにあるファイルをリンクすることができる。自分のコンピュータからアクセスが可能であれば、マインドマップのブランチから、直接、リンク先を参照することができるのだ。そうすることにより、マインドマップが体系化され、情報源や情報基盤として、他者と共有できる視覚的フロントエンドになるのである。

視点を切り換える

仕事に行き詰まると、一歩下がって別の角度から見るように、と言われることがある。それは、そうすることによって考え方が変わり、新しい革新的なアイデアが浮かぶことがあるからだ。PCでのマインドマップには、そういう効果がある。

マインドマップの基本構造（連続性と階層）には、他の視覚的手段と共通するものがある。そうした図表への変換も、PCなら可能だ。

- アウトライン（系統的リスト）
- 相関ダイアグラム（ブレインストーミング後のグループ分け技術）
- 系統図
- 漏斗図
- インプット・ツリー（原因と結果の分析に有効。問題の真の原因を特定する）
- アウトプット・ツリー（解決と効果の分析に有効。解決法を実行前に試行できる。潜在的問題を特定し解決するのに、最もコストのかからない方法である）

また、質問や分析用フィルタリングをかければ、内容についてのより深い知識を得ることができる。条件に合うブランチだけを抽出して新たにマインドマップを作ることもできる。籾殻から小麦を選り分けるようなものだ。

必要なものだけを見ればいいのである。たとえば、ブランチの属性から抽出すると、今日やるべきことは何か、自分にとくに関わりのあるブランチはどれか、優先的に行うべき業務は何か、ブレインストーミングに関連するブランチはあるか、などといった疑問に簡単に答えることができる。これはマインドマップを違った角度から見るということであり、意識の中心点を変えるということである。ひとつのマインドマップから別のマインドマップを作ると、視点が変わり、思考の壁を打ち破る貴重なきっかけとなることがある。

チームで作業する

グループで共同作業を行うと、参加者それぞれの経験と、想像力を結集させることができ、そこから刺激とやる気が生まれ、多様なアイデアが生まれる。マインドマップでそうした「創造的混沌」を、作り出すにはどうすればいいのだろうか。PCでのマインドマップなら、簡単だ。

PCでのマインドマップは、グループにコラボレーションの場を提供する。別々の場所にいるメンバーが、同じマインドマップ上で作業できるのである。メンバーは作業画面にログオンして知識や意見を入力する。他のメンバーは追加した情報や変更、補足事項をリアルタイムで確認し、意見を返すこともできる。まさにグローバル・マインドマップの誕生である。企業や政府などの創造的活動に最適ではないだろうか。

通常、マインドマップは個人が作るものだが、個人は、多くの場合、何らかの組織やグループに属している。マインドマップを回覧して承認を得る必要があるとか、頭に浮かんだアイデアの芽を第三者に育ててほしいとかいった場合もあるだろう。PC上なら、検討や批評も容易である。電子化して送り、対応を求めることもできる。メンバーひとりひとりの属性を設定しておけば、マインドマップが作成者に戻ってきたときに、補足や修正を自動的に抽出して合成すれば、ひとつのマインドマップになる。時間の節約にもなる。同意やコンセンサスを得るために必要な時間が、大幅に短縮されるからだ。

完成したマインドマップを変換し、伝達する

ビジネス界では長らく「グローバル言語」というツールの登場を待ち望んでいたが、ついにそれが実現した。ビジネスの決定は、レポート、提案書、プレゼンテーション、計画書などをもとに行われる。そうした書類と思考の橋渡しをするのがCAT（Computer Aided Thinking）ソフトウェアだ。

Mind Geniusではボタンをクリックするだけで、コンピュータ・マインドマップをワード（文書）、パワーポイント（プレゼンテーション）、またはMSプロジェクト（計画書）に変換するというプログラムである。マインドマップのブランチに設定された属性が共通の構成要素となって、各形式のファイルに変換される。

ブランチ	Word®	PowerPoint®	MS Project®
キーテーマ	ドキュメントタイトル	プレゼンテーションタイトル	案タイトル
親ブランチ	段落タイトル	スライドタイトル	まとめのタスク
サブブランチ	下位段落タイトル	ブレットポイント	活動内容
ブランチノート	段落内本文	講義ノート	活動ノート
リソース	–	–	必要な資料
日時	–	–	日時

同僚や上司や顧客に、書類やプレゼンテーションの資料や計画案などを求められたときも、このソフトがあれば、新たにたくさんの別作業を行う必要はない。大変便利なうえに、ビジネスや仕事の場で求められる多種多様な課題にフロントエンドで対応できるという、まさにマインドマップが最も効果を発揮できる機能なのだ。

また、マインドマップのブランチを、そのままマイクロソフト社のアウトルックにエクスポートし、対応をしてほしい担当者に電子メールで送付することができる。また、自分のタスクリストに加えることもできる。このようにアウトルックを利用して、期限以内に業務を終わらせるのだ。

情報がすでに揃っている場合は、マインドマップをゼロから作る必要もない。ワード、パワーポイント、マイクロソフト・プロジェクト・プランのファイルを変換して、コンピュータ・マインドマップを作ることができるからだ。よって、時間が大幅に節約できるのだ。

デジタル・マインドマップの未来

デジタル・マインドマップの時代が、ようやくやって来た。マインドマップの真価は、現代の電子社会で大いに発揮されることだろう。すでにビジネスの現場では、PCでマインドマップが使われている。技術は進歩し続ける。だとすれば、技術の進歩はマインドマップの将来にどのような影響を与えるのだろうか。

デジタル・マインドマップの力強い未来を感じさせる魔法のような技術がすでに開発されている。たとえば「デジタルインク」という発想だ。デジタルペンを使って、紙に書くように直接コンピュータ・スクリーンに入力できるタブレットPCもある。高性能の手書き判別ソフトウェアでインクを標準テキストに変換すれば、手書きのスタイルをこれまで通り続けることも可能である。CATソフトウェアではデジタルインクによるインプットが可能なので、コンピュータ・マインドマップを、PC上に手書きで作成できる。

こうして考えると、マインドマップはPCに直接、手書きで書き、その後の分析や課題の伝達を、コンピュータ技術を用いて行うのが自然な流れであるように思われる。

さらにデジタル・マインドマップの世界にインパクトを与える技術を見ていこう。PCの分野では、超軽量ノートブックが、高性能の低電圧プロセッサと高容量のバッテリー、ワイヤレス内蔵機能と携帯電話の普及、その他内蔵、外づけ機能の開発で、劇的な進化を続けている。モバイルPCに求めるものはいずれすべて実現されるだろう。デジタル・マインドマップも「手軽に持ち運びできる」ようになるのだ。移動中にマインドマップを作成し（レポート、プレゼンテーション、決議、計画書でもよい）、その場で目的の相手に転送することもできるのだ。

デジタル・マインドマップは、すでにビジネス言語の主要部分になりつつある。業務のほとんどをマインドマップで行うようになっている企業もある。将来は、新しい、視覚的なやり方でビジネスが行われるようになるはずだ。細部にとりかかる前にじゅうぶん考え、内容を発展させ、見直しを行い、同意を得るという手順が実行しやすくなり、変化が他の人や組織にもたらす影響を全員が予測して、可能な限り早い段階での対応を行うようになるだろう。

さらにどのような未来がくるのだろうか。3次元の立体的マインドマップが開発され、階層を超えた連結が、異なる層と思考への入口になり、マインドマップに通路ができるかもしれない。

コンピュータ・マインドマップの未来を考えるとわくわくする。人間の自由な思考と無限の発展を見せるコンピュータ技術が結びついたら、マインドマップは、組織の目的や人生の目標を達成するためのテクニックとして使われ始め、ずっと使われ続けるだろう。

次の章では…

人間の知性と機械の発達により、未来はどのようになるのだろうか。
最終章では、
インテリジェンス・レボリューション（知力革命）
についての著者の個人的見解と予測を述べる。
たとえば天才の台頭、
メンタルリテラシーのある個人が作る
メンタルリテラシー社会や
放射思考による未来の拡がりなどである。

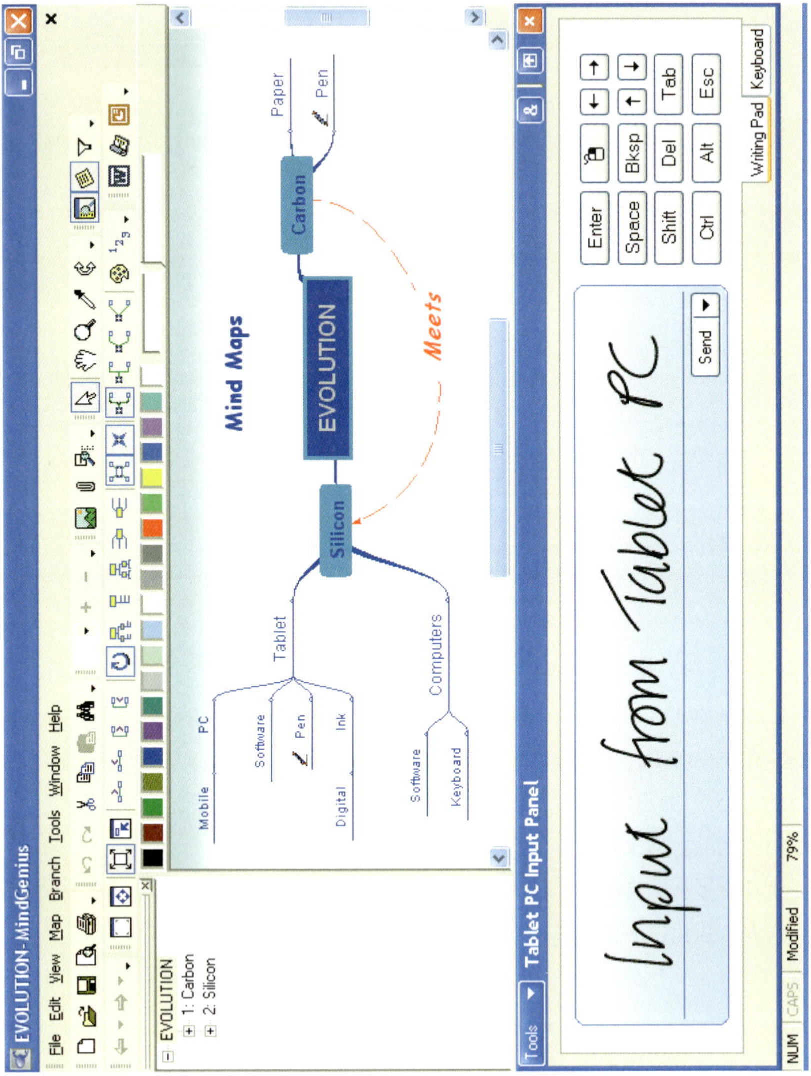

MindGeniusの画面の例

未来編

29 知的革命の時代

最終章となる本章では、
近年の、思考と脳の分野における喜ばしい傾向についてと、
新たな時代のヒーローとヒロインである知的スターについて述べる。
さらに放射思考とマインドマップがもたらす未来を考え、
個人、家庭、企業、社会、そして、地球全体の文明という観点から見た、
メンタルリテラシー世界の可能性についても解説する。

インテリジェンス・レボリューション（知的革命）

ここまで述べてきたとおり、世界はいま、大きな変革の縁に立っている。知性が自らの本質を理解し、自らを鍛え、成長させることが可能であるのがわかったからだ。同時に、人間にとって最も重要な財産が知的資本である、という認識も高まりつつある。

オリンピックに参加する選手たちは、トレーニング時期の半分を精神力と持久力の強化にあてている。また、米国のトップ情報技術企業では、社員のメンタルリテラシーのスキル向上に何億ドルもの予算を費やしている。

脳に関する情報の急増

1992年の1年間だけでも、脳の能力に対する関心が、一般の人々のあいだに大きく広がりつつあるのがわかる。国内外の新聞や雑誌に掲載された主要記事で、脳の働きに関する内容が急増しているのだ。

- フォーチュン誌の表紙に「脳の力」の文字が躍り、「知的資本」こそ社会の最も価値ある財産であるとする記事が掲載された。
- オムニ誌が「脳と加齢」「脳のダイエット」という特集を掲載した。
- ドイツのシュテルン誌が「知的健康を増進する」という記事を掲載した。
- シナプシア誌が「グローバル・ブレインの開発」と題する特集を組んだ。
- ニューズウィーク誌が、知性の新しい窓を開く科学の力とメンタルリテラシーについて特集を組んだところ、記録的な反響を得た。
- タイム誌が薬品と脳について論じた。
- USニューズ誌が、「創造的思考」と「頭と体の関係」と題する2回の特集記事を組んだ。
- ニューサイエンティスト誌では、20もの脳が並ぶイラストの表紙を使用した！
- 英国のタイム紙が、神経科学革命について調査、発表した。
- ウォール・ストリート・ジャーナルが、脳細胞に関する一般読者向けの調査記事を掲載した。
- サイエンティフィック・アメリカン誌が、1992年9月号を「知と脳」と題し、記憶と学習について全誌面をあげて特集を組んだ。

メディアでの扱いが加速するにつれて、国際舞台に新しいスーパースターが現れるようになった。知的スターである。

●知的スター

20世紀のスターはまず映画から生まれた。それから、歌、ロック、ポップス、そしてスポーツと、スターが出現する分野は急速に移り変わってきた。20世紀が終わり、「脳」の世紀である21世紀は、健全な身体に健全な知性が宿るという原理を体現する知的スターの誕生で始まった。スポーツ選手であり、チェスの世界チャンピオンでもあるガリ・カスパロフは、世界中の子どもたちが部屋にポスターを貼って、将来、自分も国際的なチェスのグランドマスターやチャンピオンになりたい、と憧れる存在になっている。

魅力的なハンガリーの少女、ユディット・ポルガーは、史上最年少のグランドマスターであり、熱烈なファンがいる。ドミニク・オブライエンは記憶力世界選手権の、初代にして6連覇中の現チャンピオンだ（当時）。彼は、膨大な情報をマインドマップを使って記憶し、最近では、各国のテレビ番組にも頻繁に出演している。レイモンド・キーンは、チェスの大家であり、チェスと思考に関する著作数は世界一である。マインドマップ、雑誌等の記事、著書、そしてテレビ番組（26章）などを通じ、今では18万人もの人々が、夜中の1時まで彼の番組を見るために起きているほどの人気者になっている。

この成長著しい「頭脳軍団」に、名を連ねるのは彼らだけではない。カール・セーガンは、著名な宇宙学者であり、予算10億ドル以上をかけた地球外知的生命体調査プロジェクトのリーダーであった。

いまや本業の俳優よりブリッジプレイヤーとして名高いオマー・シャリフや、世界各国をまわって水平思考についての講演を精力的に行っているエドワード・デボノ博士もいる。

ウェイトリフティングの選手にして天才チェス・プレイヤーのボビー・フィッシャーは、チェスの試合に対する一般の関心を呼び戻し、50歳になってから現役に復帰し、ボリス・スパスキーを負かした。

ケンブリッジ大学の物理学者スティーヴン・ホーキングは、著書『ホーキング、宇宙を語る』が記録的ベストセラーとなった。

さらに、マリオン・ティンズリーがいる。65歳のティンズリーは、稀に見る博識家で、数学の教授であると同時に、世界ドラフト（チェッカー）チャンピオンである。年齢と知的能力の関係に関する世間一般の神話に反して、1954年以来、負けたのはわずか7回という不動の世界ナンバーワンプレイヤーだった。コンピュータ・プログラムの「チヌーク」にも勝利し、チヌークを世界第2位の座に追いやった（当時）。ティンズリーは脳の放射思考のごく一部しか使っていないはずなのだが、それでも1分間で300万もの手を計算し、270億以上のポジションをデータベースに保存しているコンピュータに勝てるのである。

こうした流れと並行し、テレビでは「ブレイン・オブ・ブリテン」や「マスターマインド」といった知的クイズ番組も人気である。また、ブレイン・トラストが「ブレイン・オブ・ザ・イヤー」賞を設立し、知的ゲームの分野でガリ・カスパロフが、身体スポーツでの偉業に対して千代の富士が、またエンジニアリングメディアでの功績について、ジーン・ロッデンベリーが表彰されている。

●マインドスポーツオリンピアード/記憶力世界選手権

1968年以後20年間、コンピュータとチェスの試合をして勝ち続けたことで名を知られるデイビッド・リービが、マインドスポーツに対する世界的な関心について驚くべき数字を示している。「トリビアル・パスート」や「モノポリー」といったゲームを楽しむ人の数は1億人以上、「スクラブル」やクロスワードパズルでは2億人いるというのだ。また、6000万人がブリッジを、2億5000万人がドラフト（チェッカー）を、3億人がチェスを楽しんでいるそうである。

このように知的ゲームへの関心が急激に高まりつつあるのを受けて、1994年に記憶力世界選手権が創設された。マインドマップが革命を起こしたのと同様に、知的スポーツの分野でも世界的な革命が起こったのである。1997年には、第1回マインドスポーツオリンピアード（「世界の脳」チャンピオン大会）がロンドンのロイヤル・フェスティバルホールにて開催され、世界50か国から3000人を超える参加者が集まった。世紀が変わり、これまでに4度のオリンピアードが開催され、合計で3万人以上が74を超える国や地域から参加している。このオリンピアードでは、放射思考を必要とするあらゆる競技が行われている。ボードゲーム、カードゲーム、コンピュータゲーム、その他にも知的スキルを競う記憶術、創造的思考、速読、知力、そしてマインドマップなどの種目がある。

メンタルリテラシー

こうした流れは、世界がメンタルリテラシーへと向かいつつある動きを反映したものといえるだろう。「メンタルリテラシー」とは、次のように定義できる。

「メンタルリテラシーとは、生物学や行動学的側面からみた脳の能力のことで、とくに、大脳皮質や脳細胞における、学習や記憶や創造性に関わる能力をさす」

脳の放射的、生物学的コンセプト形成の構造について強調してきた本書は、メンタルリテラシーの入門書ということになる。メンタルリテラシーというコンセプトにより、個人、家庭、企業、社会、一般的な文明に対して、好ましい効果をもたらすことが著者の願いである。

1 • メンタルリテラシーがある人

個人の知性は長い間、小さな枠に閉じ込められた「非メンタルリテラシー」の状態にあった。この枠を広げるための、最も基本的なメンタルリテラシーのツールさえ使われてこなかった。昔ながらの「良い教育」を受けた人でさえ、この枠から抜け出せなかったのである。

● 認知能力の拡大

メンタルリテラシーがある個人とは、相乗効果のある放射思考を働かせ、コンセプトの外枠と無限の可能性を秘めた新たなパラダイムを生み出す能力のある人をいう。

281ページの図は、メンタルリテラシーのない直線思考の人と、放射思考の人それぞれの「メンタルスクリーン」を示している。一番右側の大きなスクリーンは、脳の働きによって動いているので、大きさ的にも、次元的にも、無限に成長し続けている。放射思考の持ち主は、脳に内在する自動的な自己強化フィードバック・ループによって、無限の知性を手に入れることができるのだ。脳は、無限の可能性を秘めた、コンパクトで、効率的で、美しい知的動力源なのである。

脳を放射思考の原理に沿って働かせると、決定、記憶、創造的思考といった知的活動がより自由にできるようになる。思考の構造を理解することで、意識的な知的プロセスだけではなく、超意識的なプロセスも経た決断ができるのだ。メンタルリテラシーがある人は、知性という広大な大地、惑星、銀河系、そして宇宙へと、いつでも探検に出かけていけるのである。

また、メンタルリテラシーがある人は、記憶と創造的思考とを、本来の姿のままとらえることができる。この2つは、プロセスが行われる時間が違うだけで、本来は同じものである。記憶は過去を現在に再創造し、創造は知的コンセプトを現在から未来へ投影するものだ。マインドマップを利用して記憶と創造の能力を意識的に開発すれば、両方が自然に強化される。

個人がメンタルリテラシーのスキルを向上させ、認知スクリーンを拡大するために効果的なのは、10章で説明した放射思考のガイドラインに従うことである。このガイドラインは、天才たち（2章および巻末付録「クイズ：天才たちのノートを探せ」で登場するノートの持ち主たち）が活用したメンタルスキルを向上するトレーニングの基礎となっている。脳の知的能力を完全に活用するために、歴史上最も秀でた人物であるレオナルド・ダ・ヴィンチが、4つの原則を提唱している。

右ページで紹介しよう。

現代のマインドマップの用語を使うと、ダ・ヴィンチの言葉は、次のように言い換えることができる。

「大脳皮質のすべてのスキルを発達させよ。脳の受容機能の全範囲を発達させよ。さらに、脳は相乗的に働き、放射宇宙のなかで、放射的な連想を無限に行う機能を持つことを認識せよ！」

マインドマップのガイドラインとダ・ヴィンチの法則を取り入れることで、脳はその独自の表現方法を発達させ、思いもよらない知の領域に達することができる。ピョートル・アノーヒン教授は、1章で紹介した引用の後に、以下のように続けている。

「脳のすべての能力を、たとえ間接的であっても、完全に探索し尽くした人は、未だかつて、そして現在もひとりもいないはずである。よって、人間の脳に限界があるという考えを受け入れるわけにはいかないのだ。なぜなら、脳は無限だからである」

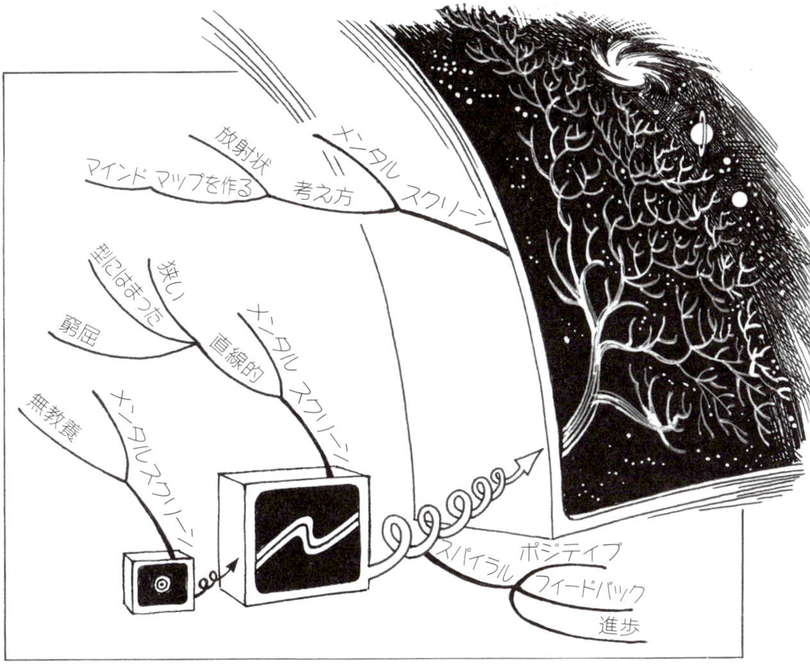

直線思考と放射思考のメンタルスクリーンの大きさを比較したイラスト。放射思考の持ち主は、自動的に自己強化を行うため、メンタルスクリーンを無限に大きくできる。

脳の豆知識

レオナルド・ダ・ヴィンチによるメンタルリテラシーマインド開発のための４原則

1 ● 芸術の科学を学べ。

2 ● 科学の芸術を学べ。

3 ● 感覚を発達させよ。とくに見る力を学べ。

4 ● すべてはすべてにつながると認識せよ。

2 ● メンタルリテラシーがある家庭

メンタルリテラシーがある家庭で大切にされるのは、成長、コミュニケーション、学習、創造性、愛である。それにより、家族のひとりひとりが、他の家族ひとりひとりの、神秘的な個性を認め、尊重するようになる。ジョン・ラダー・プラットは言う。

「もしこの固体（脳）の複雑さがわたしたちの目に見えるものであるとすれば、生物学の世界は物理学の世界に比べて、光り輝く野を歩くようなものとなるだろう。バラの木は激しい爆発を起こす太陽よりも、鮮やかで目を引くものになり、ミミズはかがり火に、犬が光になる。そして、人類は輝く太陽のようにひときわ目立つ存在となり、物理的世界の淀んだ闇を貫いて、意味という煌きを伝達し合うだろう。まぶしくて目がくらんでしまうかもしれない。あなたのそばにいる仲間たちの頭脳を見てみるといい。まぶしいほど輝いているのではないだろうか？」

たしかにそのとおりである。

3 ● メンタルリテラシーがある組織

将来的には、クラブであれ、学校、大学、企業であれ、あらゆる組織がメンタルリテラシーのある家族を拡大した形で発展していくことが望ましい。

1990年代、最初の劇的な兆候が見られた。脳の使い方を学びたいと願う人たちの国際的な慈善団体であるブレイン・トラストが、世界10か国で「脳を使う（Use Your Head）」支部を設立し、「脳を使う」国際クラブ会報の「脳を使う―シナプシア」を発行した。

学校では、メンタルリテラシーに関心を持つ教師や学生が増えている。英国の有名なパブリックスクールであるイートン校では、ブレイン・クラブが設立され、最初の年に300人の部員を集めた。

またダラム大学では、ジェームズ・リーをリーダーとするメンタルリテラシーを促進するクラブが作られ、英国中の大学を結ぶネットワークシステムが確立された。

ビジネスの世界でも、メンタルリテラシーの流れは加速している。25章、26章、27章で多くの例を紹介したが、ビジネス書の著者や思想家の多くも同様の議論を展開している。ピーター・ドラッカーは著書『イノベーションと起業家精神（Innovation and Entrepreneurship）』（上田惇生訳、ダイヤモンド社）で、「未来の社会では、上司とは学習を導く人のことになる」と

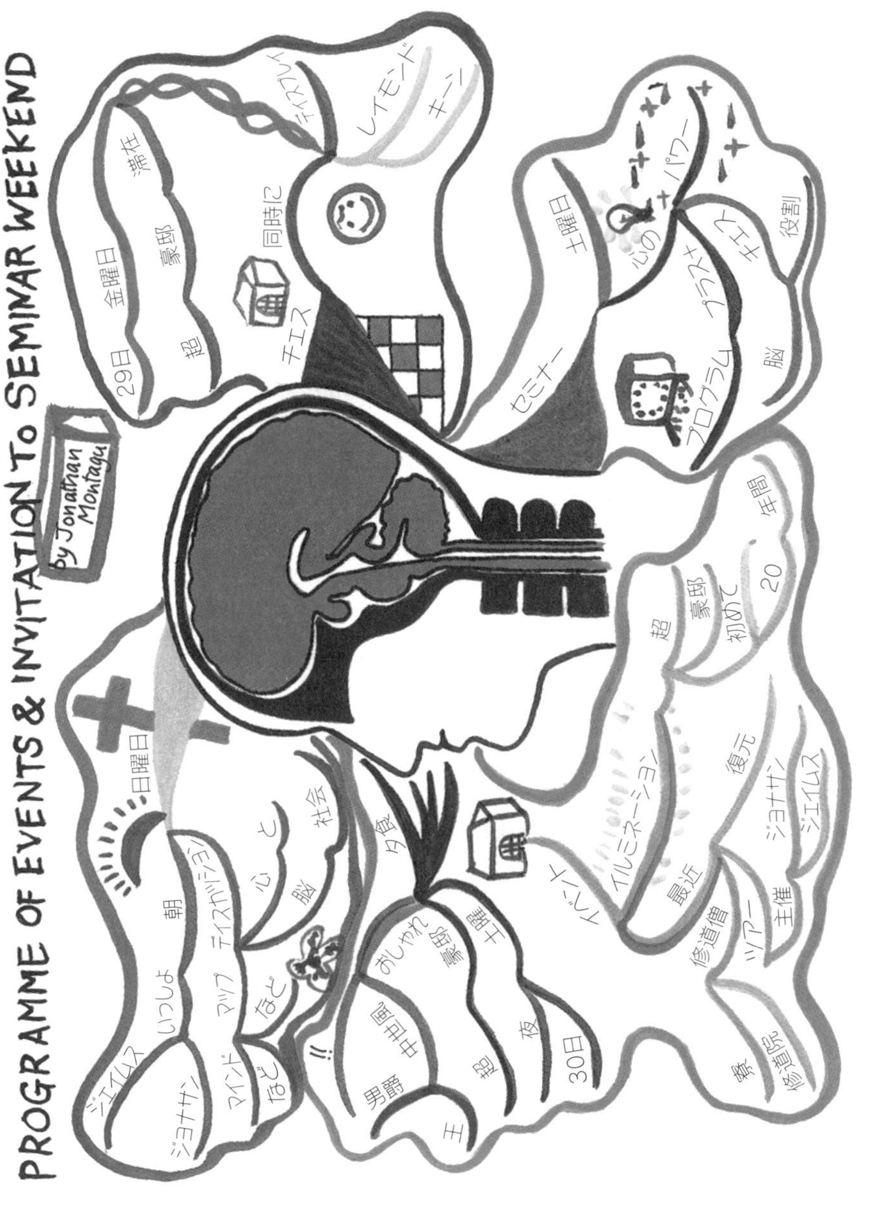

イートン・カレッジのジョナサン・モンターグによるマインドマップ。セミナーウィークエンドの概要をまとめている。

予言した。またジョン・ネスビッツは『トウェンティハンドレッド（2000）黄金世紀への予告（Megatrends 2000）』（パトリシア・アバディーン共著、木村尚三郎監訳、日本経済新聞社）でミレニアムを前に、メガトレンドの基礎となるメタトレンドを特定することにより人類の10のトレンドを次のように総括している。「どのように学ぶかを学ぶのがすべてである」（26章のマインドマップ参照）。

また、『未来の衝撃（Future Shock）』（徳山二郎訳、中公文庫／実業之日本社）の著者、アルビン・トフラーは著書『パワーシフト（Power Shift）』（徳山二郎訳、中央公論社／フジテレビ出版）でこう述べている。

「未来において、文盲という言葉は文字を読めない人の意味ではなくなるだろう。どのように学ぶかを学んでいない人が、そう呼ばれるようになるはずだ」

4 ● メンタルリテラシーがある社会

メンタルリテラシーのある個人、家庭、組織が増えれば、メンタルリテラシー社会の夜明けもすぐそこである。

米国議会はこの流れの重要性と意義を認識し、1990年代を「脳の10年」と銘打って次のように宣言した。

「アメリカ合衆国上院および下院の決議により、1990年1月1日に始まる10年を『脳の10年』とする。合衆国大統領には、すべての公民公官に向けて声明を発表するよう求めるとともに、合衆国国民にも今後行われるプログラムや活動にじゅうぶんな関心を持つよう願うものである」

こうした動きによる結果が、さまざまな方面で表れ始めている。脳の研究や調査の推進に加え、EDS社などの企業が、メンタルリテラシーを促進するための「教育的福祉」プログラムを開始した。また「教育2000」プログラムの発足で脳の学習能力を理解する新たな方法が研究されたり、全国規模での生涯学習プログラムが開設されたりした。将来、学校で必要となる教育についても検討が始められたりしている。こうした知的風土ができあがる一方で、テレビ、ラジオ番組、その他の主要メディアで、脳に関する特集が激増している。

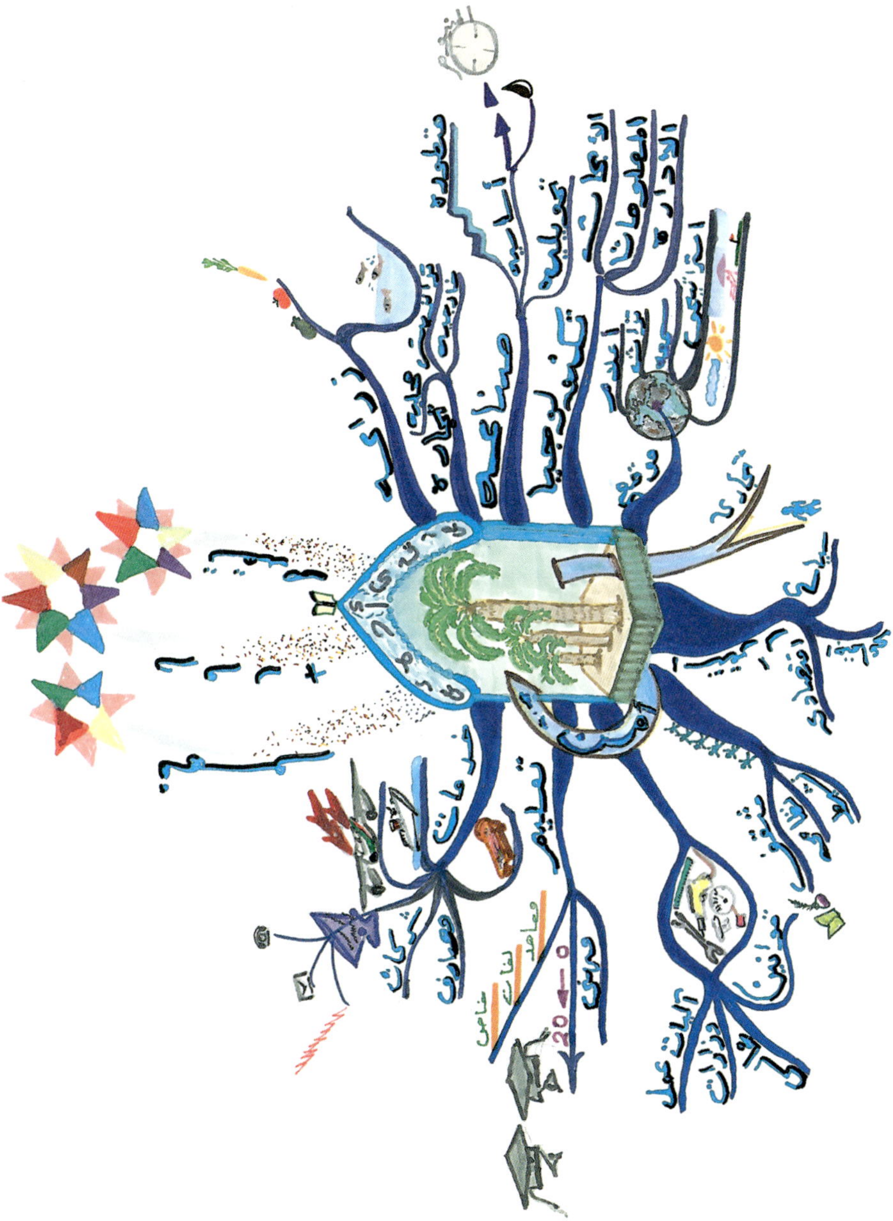

シーク・タリブが知識教養協会のプラン概要を記したマインドマップ

ベネズエラでは「人知開発大臣」が設置されるなど、大きな流れが起こっているのだ。

285ページのマインドマップは、アラブ人哲学者であり、思想家であるシーク・タリブが、メンタルリテラシー社会の発展プランをまとめたものである。マインドマップの汎言語性の見本ともいうべきこのマインドマップは、教育、経済、政治という安定基盤と、農業、サービス、経営メカニズム、工業、コミュニケーション、マーケティングを盛り込んでいる。

マインドマップ右側には、現代社会のコミュニケーションとビジネスの場で、より重要度を増しつつある「情報テクノロジー」が強調されている。左側のブランチの、帽子をかぶって向かい合う２つの目が「教育」を意味している。

シーク・タリブは言う。

「これは教育者を教育するという仕事がいかに必要かを強調するために書いたものだ。多くの国ではその重要性を認識していない。良いプランというものは、あらゆる段階で修正が可能である場合に、初めて成功する。よって、プランは柔軟で動性のあるもの、つまり生きたものでなければならない」

タリブ氏のマインドマップにはおもしろい話がある。彼がマインドマップを書き始めたところ、若いウェイトレスがちらりと彼のほうを見たので、何に見えるかと尋ねてみた。

ウェイトレスは、少し考えてから、

「より良い世界を作るための絵」

と答えた。

ウェイトレスはアラビア語を読むことはできないし、もちろん、事前にテーマが何かを教えられたわけでもなかった。これは、マインドマップがコミュニケーションの基本として有効なツールになること、人間の脳の働きに関する研究結果を生かすことが重要であることを、わかりやすく示した例といえるのではないだろうか。

5 • メンタルリテラシーがある文明

メンタルリテラシー社会が発展すれば、メンタルリテラシー文明の誕生まで、あと一歩である。新世紀の幕開きとともに、ブレイン・トラストは21世紀を「脳の世紀」、第三千年紀を「精神の世紀」と宣言し、新たな時代への一歩を踏み出した。この動きについて詳細を知り、共通の考えを持つ人々と交流したいという方は、ぜひ www.mind-map.com にアクセスしてみてほしい。コンピュータ、衛星、メディアネットワークを通じて放射思考が爆発的に広がり、未発達な脳が成長するかのごとく、地球規模的な情報網が構築されつつある。これにより、地球という惑星の、コミュニケーションがより複雑化し、迅速化するとと同時に、より理解しやすく、より身近になるという未来像を描くのも可能ではないだろうか。いま、人類は、哲学者オラフ・ステープルドンが『スターメイカー(Star Maker)』(浜口稔訳/国書刊行会)で描いた、400万年のグローバルブレインの世界への実現へと向かっているのだ。

真の集団的経験は、全惑星を覆い尽くした何兆という集団の脳が、放射状につながったとき実現する。ひとりの人間が、集団全体の中に自身を見出すのである。恋人たちの抱擁も、そのほかの身体的接触も、ただ一度の直観として感じるのだ。無数の男女の足の裏から、ほんの一瞬で、世界が理解できる。すべての目でものを見、すべての風景をひと目でとらえる。こうして彼は、多様性に富んだこの球体、この惑星の全表層を、ただちに、そして継続的に知覚することができるのだ。

しかもそれだけではない。

そのとき1人の人間は、集団的精神の中の1つの精神として存在しているのだ。そして、その精神を自分の脳の細胞を研究するかのように眺めている。それは、アリ塚を観察するような冷めた気持ちでもあり、自分の仲間たちの奇妙で風変わりなやり方を楽しんでいるものでもあり、とりわけ、思想はないが、夢や表現技術を持つ芸術家の好奇心でもあった。

この集団的知覚の状態にあるとき、人間は天文学的な量の事物を理解することができる。すべての目、すべての観測点を通じて、自分の旅する世界を眺望し、宇宙空間を見る。太陽系については、世界の両の手で、惑星と太陽を同時に、まるで双眼鏡で見たかのように立体的に知覚することができる。さらに、彼が知覚する「いま」という時間は、この一瞬ではなく、膨大な時の流れを示すのである。

こうしたメンタルリテラシーの未来へと近づく一歩を踏み出すことは可能なのか。著者はその可能性を信じている。

放射思考は未来を拡大する

その可能性を検証するために、いまは宇宙から大脳皮質へ話を戻し、経済や公害や地球上のさまざまな問題を伝える悲しいニュースのなかから、ラダー・プラットが唱えた「希望の灯り」を見つけ出そう。現在の流れを完全に理解し、未来をより現実的に考えるのであれば、未来の可能性すべてに最も影響する要素に注目すべきである。その要素とは、一般的な環境や経済や心理学の理論でもなく、「人類の基本的攻撃性」や「歴史の不可逆性」でもない。それは本書のテーマであり、残りすべての要素を記録し、制御し、導くもの——つまり、放射思考を行う人間の脳である。

この驚くほど複雑で、神秘的な器官をより深く理解すること、自分の周囲に放射状に存在する人類という仲間や家族をより深く理解すること、あらゆる事象の連結と関連性をより深く理解すること、それが著者の未来の希望である。

実現の可能性はある。

ならば実現しようではないか。

第６部

付録

クイズ：天才たちのノートを探せ

政治、軍事、建築、美術、詩、科学、文学の分野で、
偉大な思想家といわれる人々のノート17点を紹介する。
優れた知性が、脳のスキルを通常の範囲を超えたレベルで
活用しているのがわかるだろう。
それぞれのノートが誰のものかを当ててみてほしい。
これまでの、最高得点は17点中の7点である。

Ⓐ

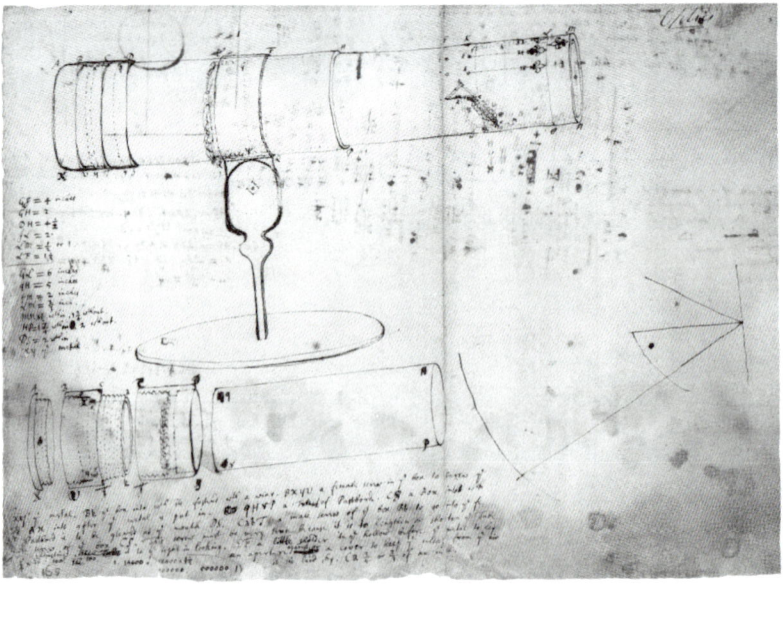

Ⓑ

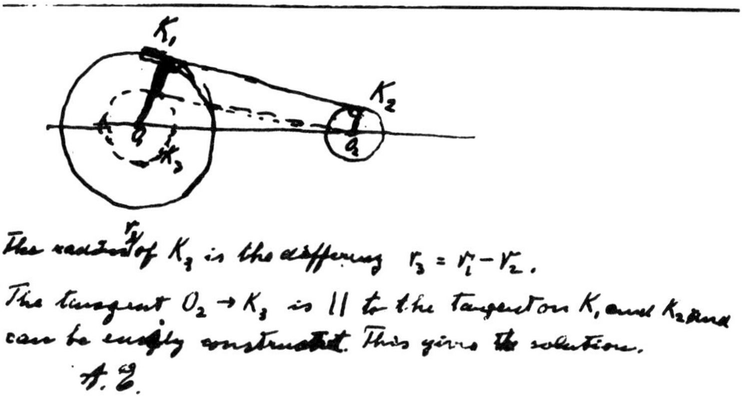
K1
K2
K3
The radius of K3 is the difference r3 = r1 − r2.
The tangent O2 → K3 is || to the tangent on K1 and K2 and
can be easily constructed. This gives the solution.
A. E.

Ⓒ

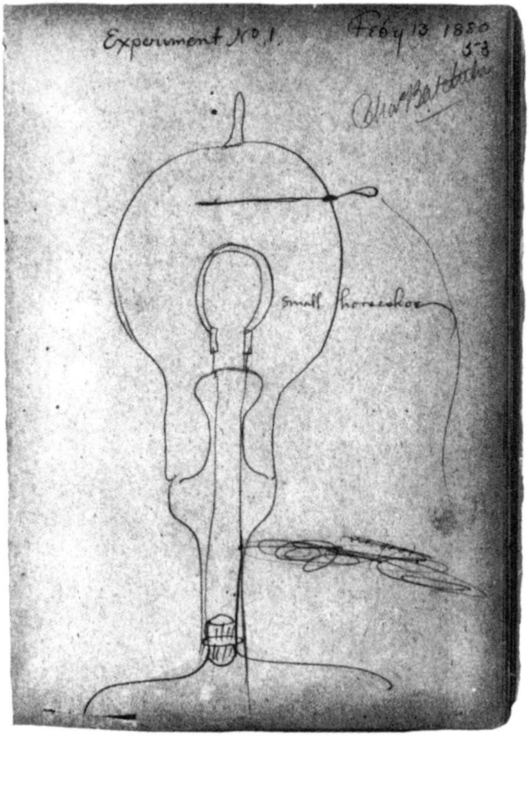
Experiment No 1.
Feby 13 1880
Small horseshoe

Ⓓ

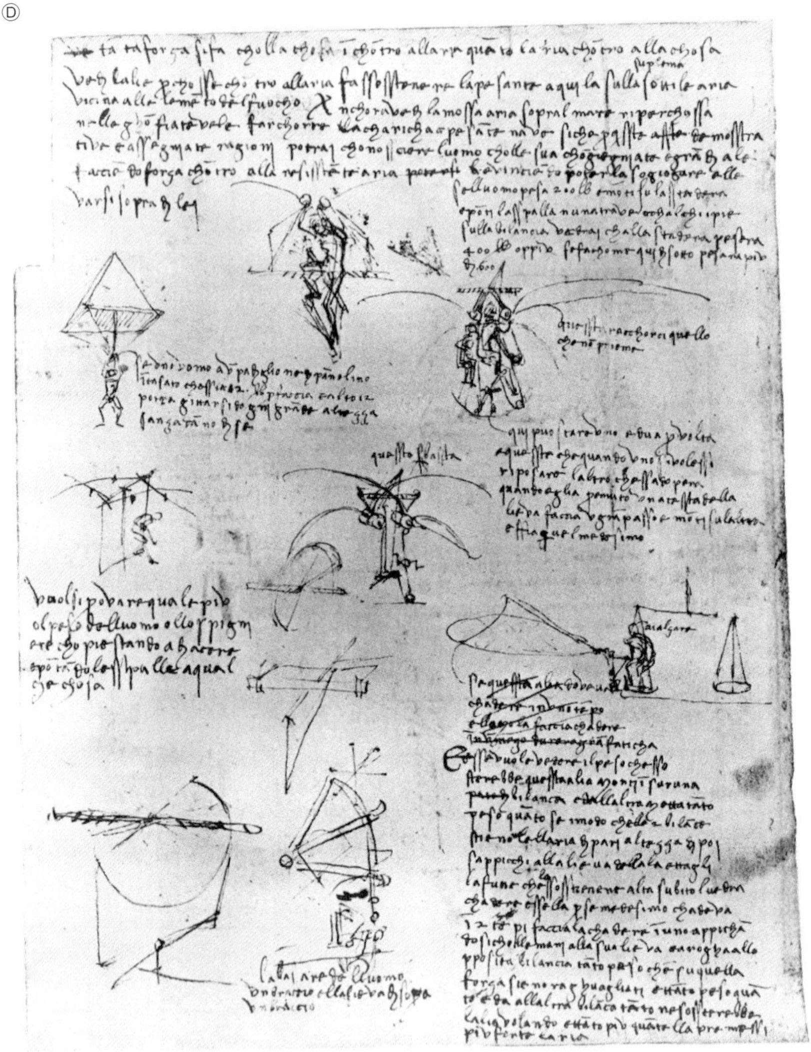

Ⓔ

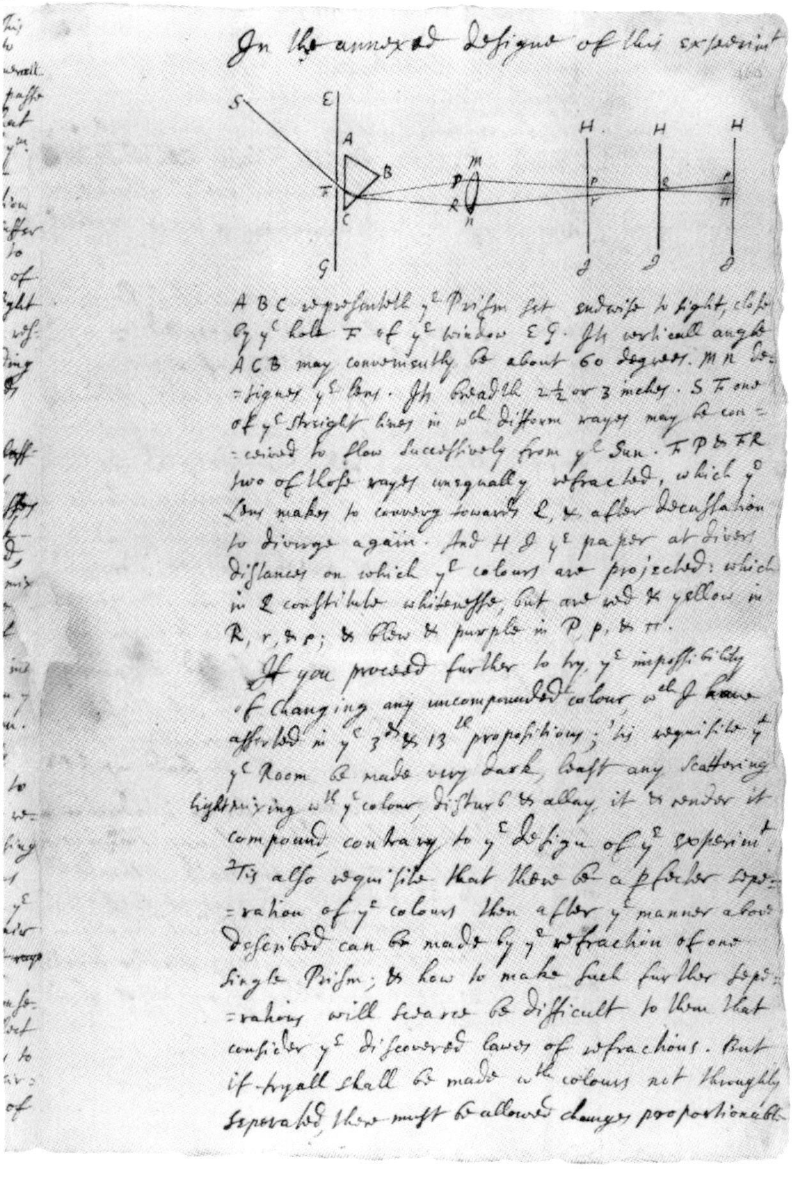
In the annexed designe of this experimt

ABC represents ye Prism set endwise to sight, close by ye hole F of ye window EG. Its verticall angle ACB may conveniently be about 60 degrees. MN designes ye Lens. Its breadth 2½ or 3 inches. SF one of ye streight lines in wch difform rays may be conceived to flow successively from ye Sun. FP & FR two of those rays unequally refracted, which ye Lens makes to converg towards Q, & after decussation to diverge again. And HG ye paper at divers distances on which ye colours are projected: which in Q constitute whitenesse, but are red & yellow in R, r, & ρ; & blew & purple in P, p, & π.

If you proceed further to try ye impossibility of changing any uncompounded colour wch I have asserted in ye 3d & 13th propositions; 'tis requisite yt ye Room be made very dark, least any scattering light mixing wth ye colour, disturb & allay it & render it compound, contrary to ye designe of ye experimt. 'Tis also requisite that there be a perfecter separation of ye colours than after ye manner above described can be made by ye refraction of one single Prism; & how to make such further separations will scarce be difficult to them that consider ye discovered laws of refractions. But if tryall shall be made wth colours not throughly separated, there must be allowed changes proportionable

Ⓕ

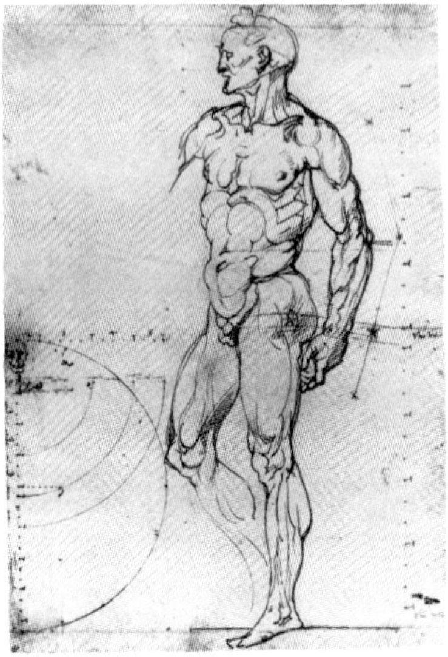

Ⓖ

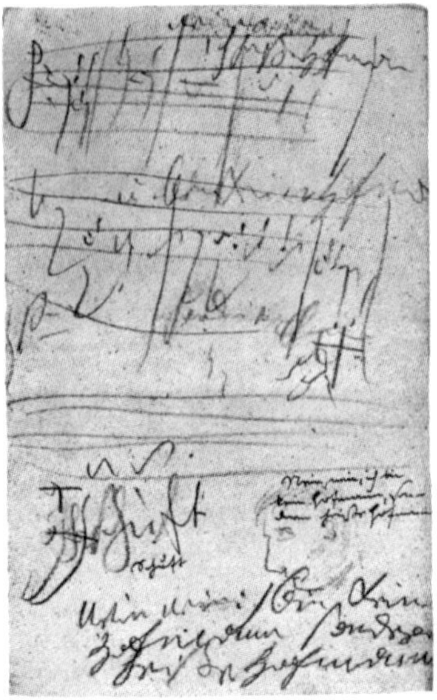

Ⓗ

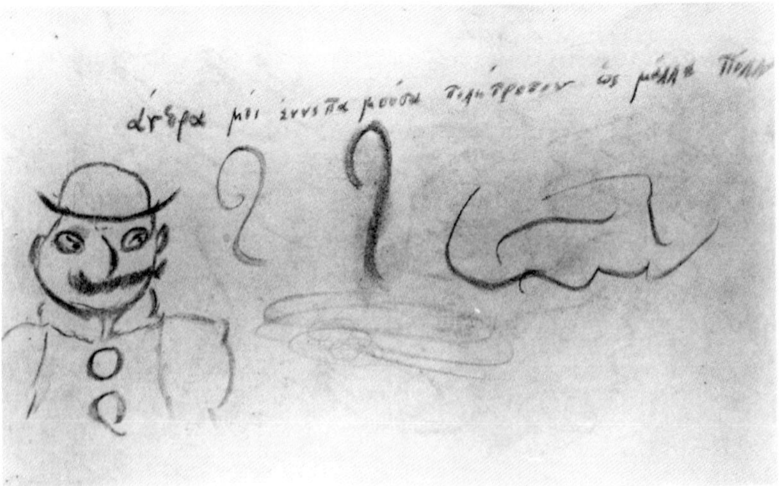

Ⓘ

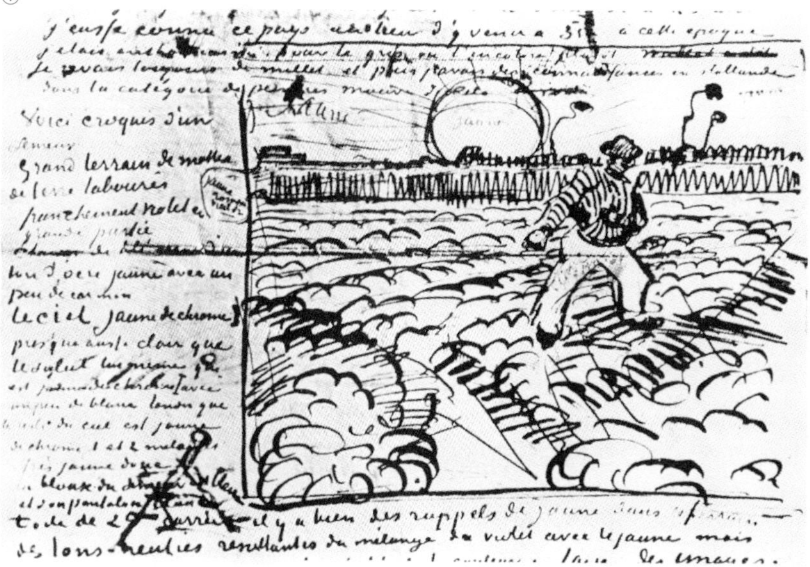

Ⓙ

Ⓚ

The Lamb
Little Lamb who made thee
Dost thou know who made thee
Gave thee life & bid thee feed,
By the stream & o'er the mead;
Gave thee clothing of delight,
Softest clothing wooly bright;
Gave thee such a tender voice,
Making all the vales rejoice;
Little Lamb who made thee
Dost thou know who made thee
Little Lamb I'll tell thee,
Little Lamb I'll tell thee;
He is called by thy name,
For he calls himself a Lamb:
He is meek & he is mild,
He became a little child:
I a child & thou a lamb,
We are called by his name.
Little Lamb God bless thee.
Little Lamb God bless thee.

Ⓛ

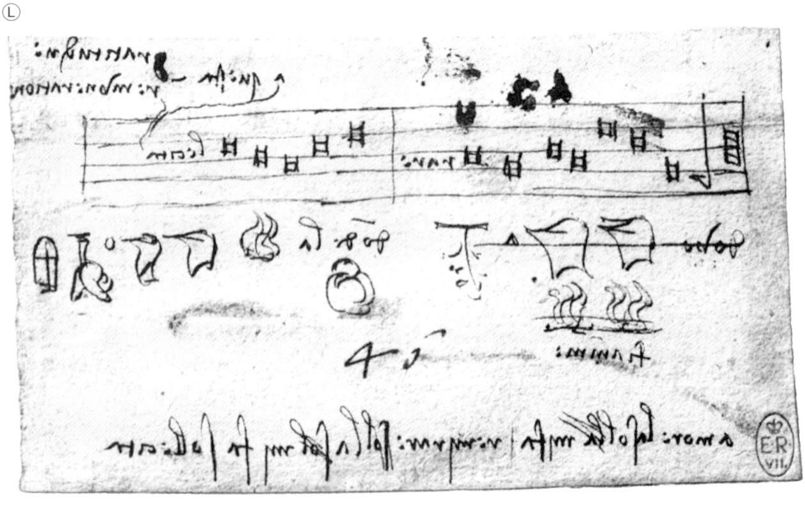

Ⓜ

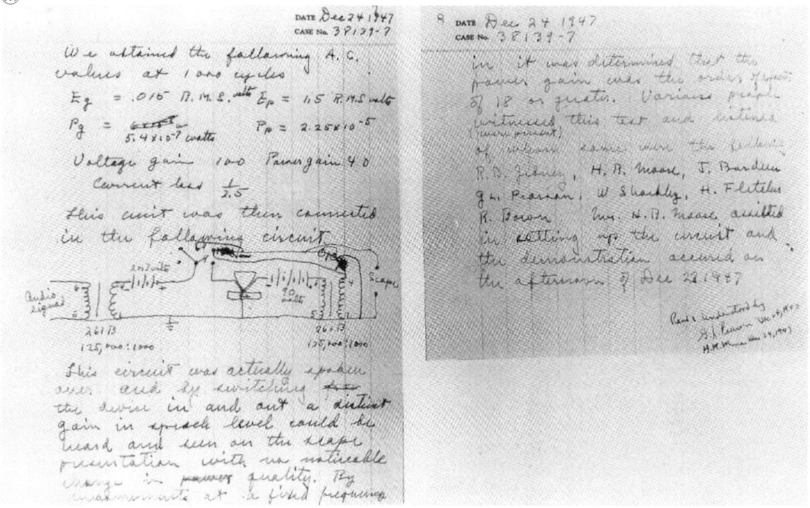

DATE Dec 24 1947
CASE No. 38139-7

We obtained the following A.C. values at 1000 cycles

Eg = .015 R.M.S. volts Ep = 1.5 R.M.S volts

Pg = 5.4×10⁻⁷ watts Pp = 2.25×10⁻⁵

Voltage gain 100 Power gain 40

Current loss 1/2.5

This unit was then connected in the following circuit

This circuit was actually spoken over and by switching the device in and out a distinct gain in speech level could be heard and seen on the scope presentation with no noticeable change in quality. By measurements at a fixed frequency

8 DATE Dec 24 1947
CASE No. 38139-7

in it was determined that the power gain was the order of 18 or greater. Various people witnessed this test and listened (some present) of whom some were the following R.B. Gibney, H.R. Moore, J. Bardeen, G.L. Pearson, W Shockley, H. Fletcher, R. Bown. Mr. H.R. Moore assisted in setting up the circuit and the demonstration occurred on the afternoon of Dec 23 1947

Read & understood by G.L. Pearson Dec 24, 1947 H.R. Moore Dec 24, 1947

Ⓝ

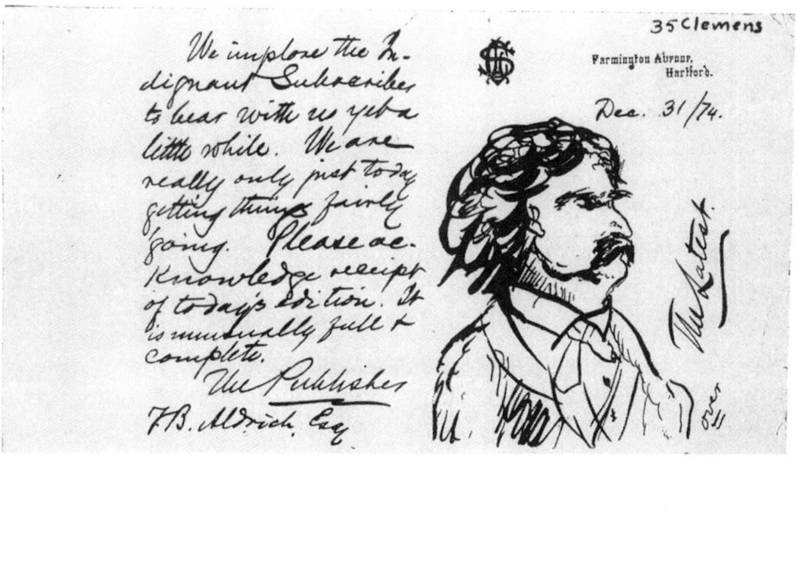

35 Clemens

Farmington Avenue,
Hartford.

Dec. 31/74.

We implore the Indignant Subscriber to bear with us yet a little while. We are really only just today getting things fairly going. Please acknowledge receipt of today's edition. It is unusually full & complete.
The Publishers
T.B. Aldrich, Esq.

The Latest.

over

Ⓞ

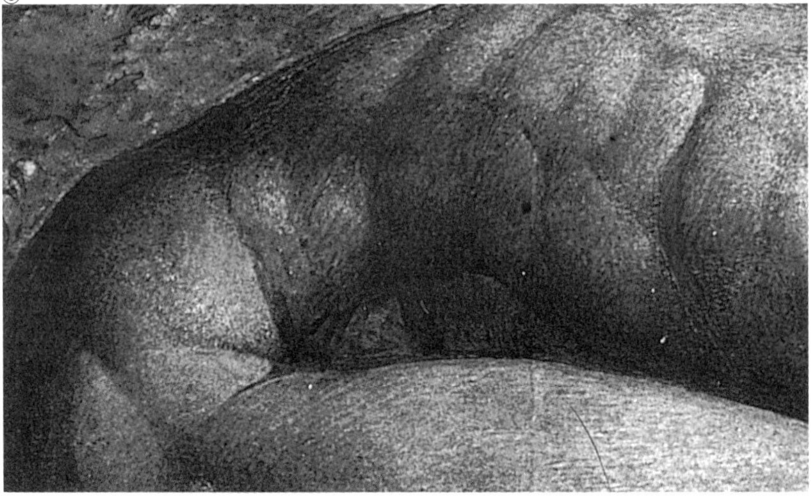

Ⓟ

Ⓠ

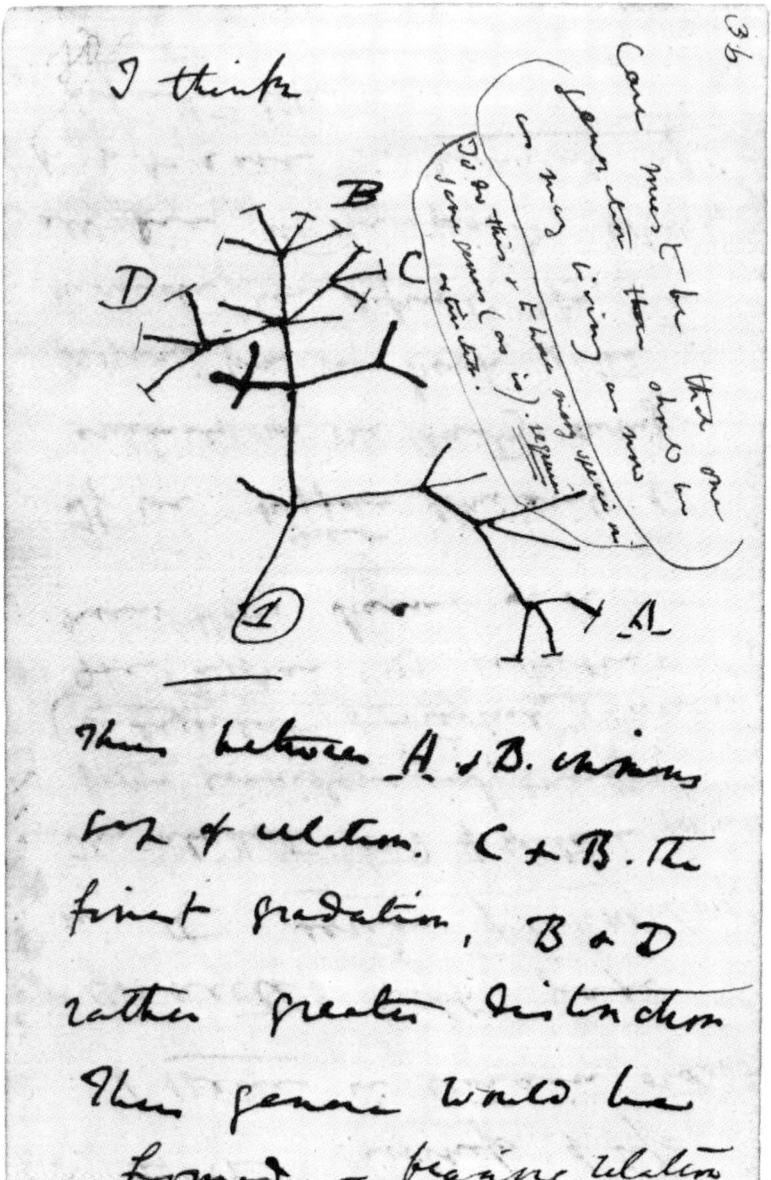
I think
B
C
D
1
A
Thus between A & B. immense
gap of relation. C & B. the
finest gradation, B & D
rather greater distinction
Thus genera would be
formed. — bearing relation

クイズの答え

45ページ上　　ピカソ
45ページ下　　レオナルド・ダ・ヴィンチ
A　アイザック・ニュートン。反射望遠鏡の自筆スケッチ
B　アルバート・アインシュタイン。
　女子生徒の質問に対する回答に示した図形
C　トーマス・エジソン。1880年作成のノートから、電球の製図
D　レオナルド・ダ・ヴィンチ。パラシュートと飛行機械の羽の製図
E　アイザック・ニュートン。
　1671年6月2日付、オールデンバーグ宛ての書簡。
　光の実験について記述している。
F　ミケランジェロ。人体解剖の研究図
G　ベートーヴェン。
　1819年以降、客とのやりとりに使われた「会話帳」から。
H　ジェイムズ・ジョイス。
　1920年代の著作『ユリシーズ』からレオポルド・ブルームの線画
I　ヴィンセント・ヴァン・ゴッホ。
　1888年6月、エミリー・バーナードに宛てた書簡。
J　クリストファー・コロンブス。イスパニョーラ島の簡単な地図。
　サンタマリア号の航海日誌より。
K　ウィリアム・ブレイク。『無垢の歌』より「子羊」。
L　レオナルド・ダ・ヴィンチ。楽譜。
M　ノーベル賞受賞者のウォルター・ブラッテン。
　1947年12月23日、トランジスタ効果の発見を記録したもの。
N　マーク・トウェイン。自画像（1874年）。
O　ウィリアム・ブレイク。『ニュートン』（部分的拡大）。
P　ジョン・F・ケネディ。落書き。
Q　チャールズ・ダーウィン。進化の木の線画。

解説　神田昌典

10年以上も前のこと。私は、勤めていた米国のコンサルティング会社の社員研修に参加していた。アメリカ人が5～6人集まって、笑い声をたてている。彼らのほうに目をやると、1枚の大きな画用紙（フリップチャート）に――赤、黄、緑、桃、青色等のマーカーを使って――楽しそうに絵を描いている。

「いい大人が、なぜ、お絵かきしているのだろう？」

目を丸くしてみていると、同僚が教えてくれた。

「これはマインドマップといってね……幹から枝（ブランチ）が伸びるようにメモをとるんだ。すると脳にとって、とても自然な方法でノートがとれるから、発想がどんどんわくんだよ」

いまから振り返ってみると……それが、私とマインドマップとのはじめての出会いであった。アメリカのビジネススクールに通い、グラフやチャート、数式に慣れていた私にとって、マインドマップは、私をモノクロの世界から、フルカラーの世界につれていってくれる新しいオモチャだった。

そのオモチャで遊ぶために、私は、早速、イギリスから原書を手に入れた。重厚感のある臙脂色の布製の表紙を開いたとたん、私は吸い込まれるように、その不思議な世界に入り込んでいった。その30分後……私は見様見真似で1枚のマインドマップを描きはじめた。そのとき以来、私の仕事は、一変した。効率的・効果的になっただけでなく、なによりも楽しいものになったのである。

使い始めて10年たったいまでも、1枚のマインドマップを描くときの新鮮さは、色褪せることがない。

白い紙を広げ、カラーペンをとりだし、そして中央に楕円を書く……

この短時間の儀式に、毎回ドキドキ感がある。それは、マインドマップを描くたびに思ってもみなかった気づきやアイデアが得られるからだろう。一瞬にして新しい世界をつくる作業――それがマインドマップなんだなぁとつくづく思う。

マインドマップのメリットを、思いつくままにあげてみれば……

1. カンタンに学べ、しかも永続的な効果がある。
2. ストレスがなく、直感的にノートをとれる。
3. 勉強に苦手意識がある人が、とつぜん勉強が楽しくなる。
4. １枚の紙に大量の情報が記録できる。
5. 描いた内容が記憶に残りやすくなる。
6. 話がヘタだった人が、マインドマップで準備すると、話のエキスパートになる。
7. 年齢にかかわらず、子どもから大人まで誰でも学べる。
8. 短時間で、プレゼンテーションや講演の準備ができる。
9. うんうんと頭を絞らなくても、いい企画が出てくる。
10. ペンと紙さえあれば、どこでも描ける。
11. 言語が異なっても、直感的に伝えたいことが伝えられる。
12. 試験前の復習の最強ツール等々。

マインドマップをお使いになった方であれば、このメリットのリストをさらに何倍にもふくらませることができるだろう。

このような数多くのメリットの結果、全世界で1000万冊以上のマインドマップ・シリーズが売れて、2億5000万人が学んでいるのであるが、マインドマップを習慣とする人は、とくにここ数年で、爆発的に増えているらしい。その背景には、同じものを効率的につくりだすことが評価される社会から、ゼロから新しいものを生み出すことが評価される社会に大きく変わってきていることがあるのだろう。

誰もが画一的なノートから、ひとりひとりが自己を表現するノートへ。ノートのとり方の変化が、われわれの思考パターンにさえ影響を与える。マインドマップの広がりは、創造性そして多様性をうけいれる社会への変化にそのまま同調（シンクロ）しているのだ。その意味で、この本の読者は、よりよい社会を築く、輝かしい変化プロセスにかかわっているのだと思う。

このように世界中で教育・思考革命を起こしてきたマインドマップの原典（バイブル）が、いまあなたが手にしている『ザ・マインドマップ ～ 脳の力を強化する思考技術』である。今回、私は原書にできるだけ忠実に――本書の美術書のような美しさをきちんと伝えられるように――日本語版を制作した。マインドマップの原点を知ってもらいたいし、この効果・効率的なノート術はたんなる思いつきで生まれたのではなく、膨大な知識によって裏付けられた思考体系であることを知ってもらいたかったからである。

翻訳書であるという性質上、本書には英語のマインドマップ事例が多い。そのために日本人にマインドマップは使えるのだろうかと心配される読者もいらっしゃるかも知れない。しかし、心配ご無用。私は経営者向けセミナーのなかで、ブザン氏の書籍とともにマインドマップを紹介したことがあるのだが、たった15分の説明で、頭の堅い経営者が、子どものようないきいきとした目で、マインドマップを描きはじめるのをなんども目撃している。日本語という言語体系に放射思考があっているためだろうか……日本では、欧米以上にマインドマップが浸透するスピードが速いというのが、私の実感である。

最後に、マインドマップを身につけるための、ちょっとしたヒントをお伝えしておこう。

本書を読み終わったら、ぜひ文房具店にいって、カラーペンを買ってくるといい。マインドマップを描くこと自体は、いっさい難しいことはない。しかし、多くの人は「あとで描いてみよう」と行動を先延ばしにするうちに、マインドマップを描く機会を永遠に失ってしまう。それはとてもとてももったいないことなので、早速カラーペンを手に入れてほしい。はじめの一歩を踏み出せば、二歩目は簡単。三歩目はもっと簡単になる。

また、もし私個人のマインドマップ作成法が参考になるなら……カラーペンと一緒にA4サイズの大学ノートも買ってくるといいと思う。経験上、マインドマップを描くのにA4だと小さい。そこでB4のノートにマインドマップを描く人が多いのであるが、私の場合は、B4のノートだとカバンに入れづらくなるので、A4ノートを見開きで使うようにしている。ページをまたぐところに楕円を描き、そのなかにトピックを書き入れる。そうするとA4の倍のスペースに思う存分、あなたの新しい思考宇宙（スペース）を描くことができる。

マインドマップは、日本以上に、他のアジア諸国で急速に広がっている。韓国では義務教育課程で、マインドマップが教えられるようになった。また中国では2008年の北京オリンピックまでに、市民ひとりひとりが英語100語を覚える運動が行われており、そのための教育ツールとしてマインドマップが公式に採用されていると聞く。私は、マインドマップという世代や言語、民族の壁を超えられる思考法が普及することにより、異なるもの同士が知識を分かち合い、多様性に寛容な創造的な社会が生まれることを、切に願っている。

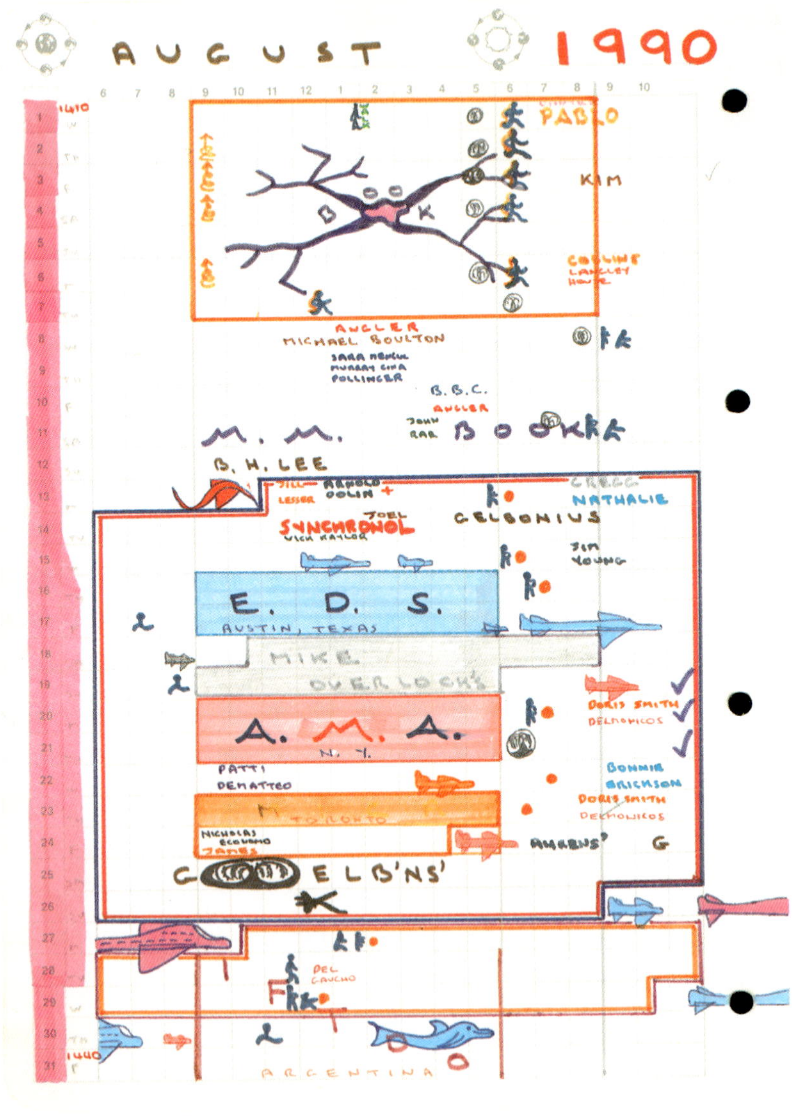

付録:トニー・ブザンのスケジュール帳から抜粋。よりクリエイティブかつ簡単にスケジュールを思い出すための、大脳皮質の働きをフル活用するスキルがみえる。

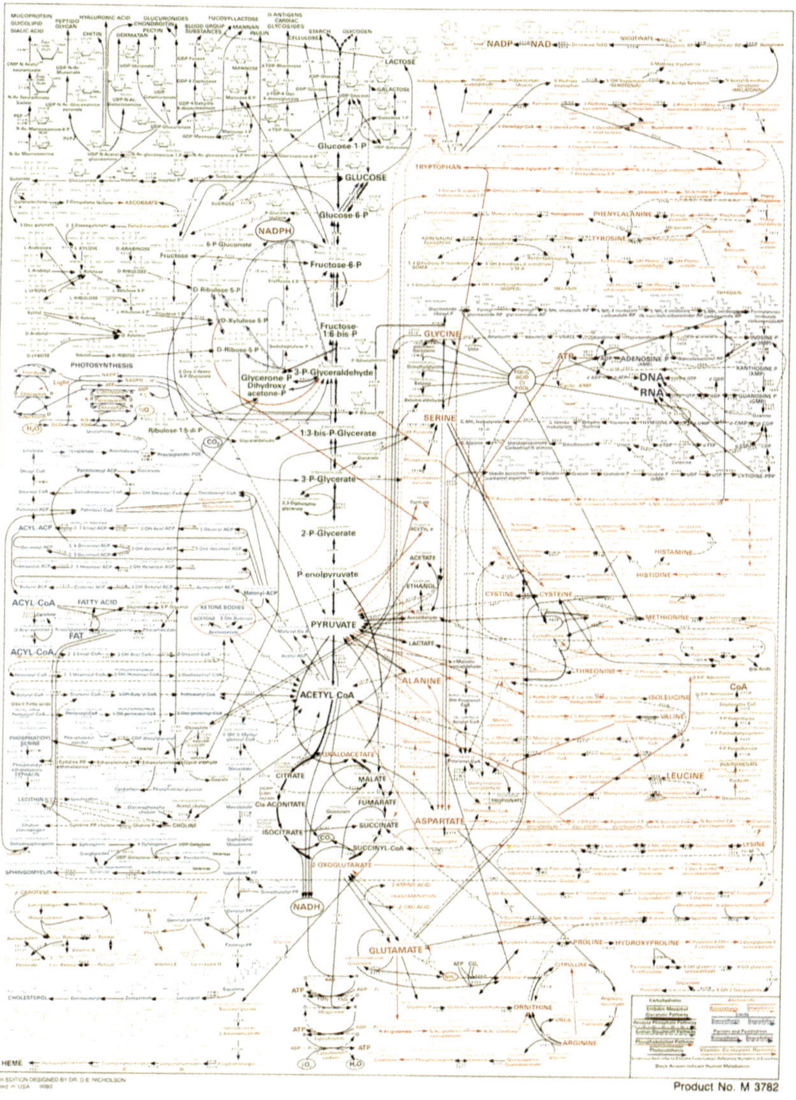

付録:代謝経路図は、多分類（ポリカテゴリック）マインドマップそのものに見える。

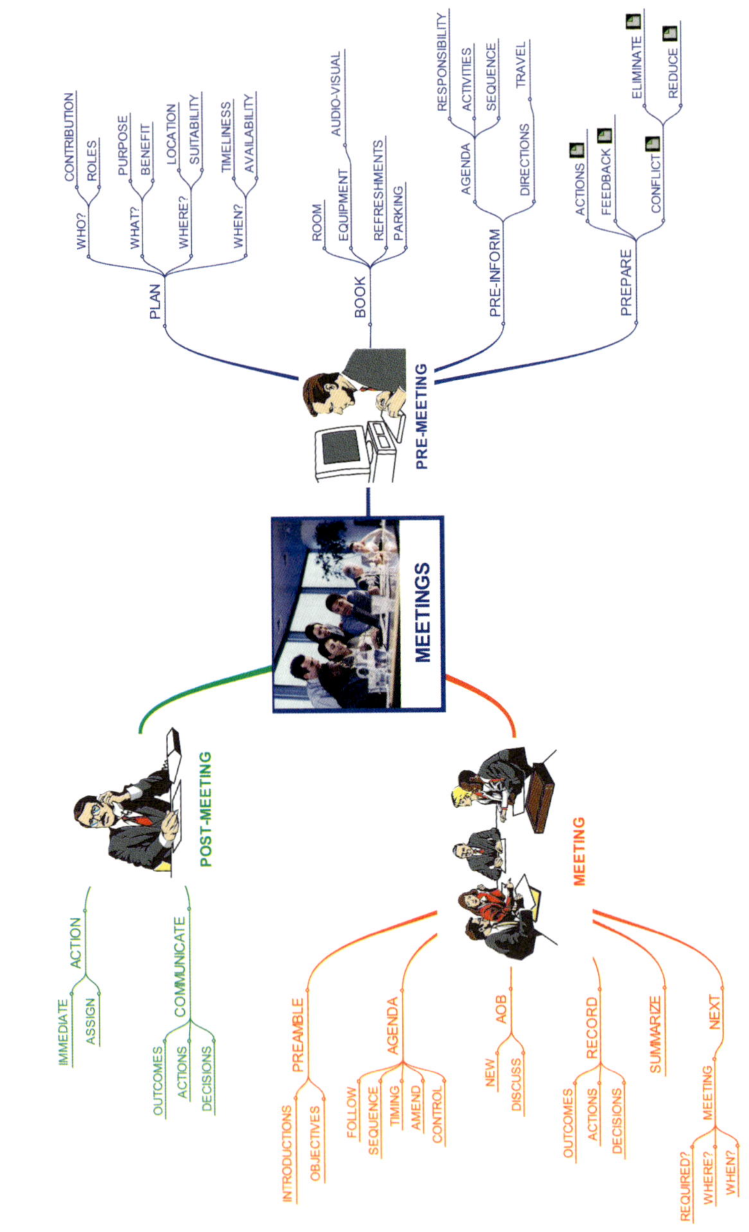

付録:コンピュータで作成されたマインドマップは、ビジネスに使われている。

ブザン著作一覧

トニー・ブザンの著作のなかで、日本語訳があるものを中心に主なものを紹介します。

勉強が楽しくなるノート術　マインドマップ® for kids

神田昌典［訳］　ダイヤモンド社

原題:Mind Maps for kids

トニー・ブザン　頭がよくなる本

佐藤哲＋田中美樹［訳］　東京図書

原題:Use Your Head

頭の取扱説明書

ヴァンダ・ノースとの共著　佐藤哲＋田中美樹［訳］　東京図書

原題:Get Ahead

自分を天才だと思える本 - HEAD FIRST

田中孝顕［訳］　きこ書房

原題:Head First

売れる脳トレ

リチャード・イズラエルとの共著

古賀祥子＋田中雅子［訳］　アスペクト
原題:Brain Sell

コミュニケーションに奇跡を起こすマインドマップ活用術
田中孝顕［訳］　きこ書房
原題:The Power of Social Intelligence

Master Your Memory
Expand your memory systems from 10 to 10,000!

The Speed Reading Book
The classic book on improving your reading skills

Use Your Memory
The classic best seller

The Power of Verbal Intelligence
10 ways to tap into your verbal genius

Head Strong
Use your brain to help your improve your physical fitness

Mind Map at Work
How to be the best at your job and still have time to play

Brain Child
How smart parents make smart kids

謝辞

写真の提供あるいは著作権資料の模写を許可してくださった方々に深く感謝の意を表します。すべての著作権を確認するために最大の努力をしたつもりでおりますが、万が一、間違いや漏れなどがあった場合は、ご容赦いただきますようお願い申し上げます。

ベル電話研究所（ニュージャージー）　ベットマン・アーカイブ
大英博物館　エジソン国立歴史記念館
オランダ市立近代美術館　ピカソ美術館（バルセロナ）
NHPA（ナショナル・ヒストリー・フォト・エージェンシー）
ノースウエスタン大学図書館（イリノイ州エバンストン）
オックスフォード・サイエンティフィック・フィルム
ロイヤルコレクション @1993　ロンドン科学博物館
M. スタンレー博士（ボーイング社）　ケンブリッジ大学図書館理事
テート・ギャラリー　ユーピーアイ・ベットマン
ウィット図書・コートルド美術館 / ブルノ・モラビアン・ギャラリー

技術的な理由から、本書に掲載されているマインドマップのほとんどが複製である。（オリジナルのものについては、「オリジナル」と注をつけてある）。72 ページのトニー・ブザンのスケッチ以外の絵は、ジュリアン・ビングレー氏が書き直したものである。しかし、マインドマップの著作権は次の方々に属するものとする。

ショーン・アダム
リチャード・コーラー
ジョン・ラグスデール
トーマス・スピノラ
ロリータ・ウィリアムズ
ダグラス・ブランド
バリー・ブザン
パン・コリンズ
キャシー・ド・ステファノ
ジョン・ギーシンク博士
デニー・ハリス
IBM
ジャン＝リュック・カストナー
ドナ・キムと家族
B・H・リー
ジム・メッサーシュミットとトニー・メッシーナ
カタリナ・ナイマン
カレン・シュミット
ラーズ・ソーダバーグ
シーク・タリブ
テッサ・トック＝ハート
グレアム・ウィーラー
ほか匿名希望の作者

トニー・ビゴニア
マシュー・パク
クリス・スラバック
トーマス・サリバン
クラウディアス・ボーラー（オリジナル）
マーク・ブラウン
トニー・ブザン
リン・コリンズとキャロ・エアー
トマス・エンスコグ
ロレイン・ギル
ブライアン・ヘラー
ラナ・イズラエル
レイモンド・キーン OBE
チャールズ・ラフォン
ジェームズ・リー
ジョナサン・モンタギュー
ヴァンダ・ノース
ジャン・ピーター・H・シス
ノーマ・スウィーニー
ナイジェル・テンプル
レディ・メアリー・トービー
ベンジャミン・ザンダー

また、マインドマップの前での撮影に応じてくれた、スタンレー博士とボーイング社には、著者より特別の感謝を述べる。

編注：日本語版では、収録したマインドマップの多くを、日本語訳に変更しています。また、マインドマップ用語はアップデートしていく可能性があります。

参考文献

Aiken, E.G., Thomas, G.S., and **Shennum, W.A.** 'Memory for a lecture: Effects of notes, lecture rate, and information density.' Journal of Educational Psychology 67 (3), 43-44, 1975.

Anderson, J.R. Cognitive Psychology and Its Implications. Second edition. New York: W.H. Freeman & Co., 1985.

Anderson, J.R. 'Retrieval of propositional information from long-term memory.' Cognitive Psychology 6, 451-74, 1974.

Anokhin, P.K. 'The Forming of Natural and Artificial Intelligence.' Impact of Science on Society, Vol. XXIII 3, 1973.

Ashcraft, M.H. Human memory and cognition. Glenview, Illinois: Scott, Foresman & Co., 1989.

Atkinson, Richard C., and **Shiffrin, Richard M.** 'The Control of Short-term Memory.' Scientific American, August 1971.

Baddeley, Alan D. The Psychology of Memory. New York: Harper & Row, 1976.

Bever, T. and **Chiarello, R.** 'Cerebral dominance in musicians and non-musicians.' Science 185, 137-9, 1974.

Bloch, Michael. 'Improving Mental Performance' biographical notes. Los Angeles: Tel/Syn, 1990.

Borges, Jorge Luis. Fictions (especially 'Funes, the Memorious'). London: J. Calder, 1985.

Bourne, L.E., Jr., Dominowski, R.L., Loftus, E.F., and **Healy, A.F.** Cognitive Processes. Englewood Cliffs, NJ: Prentice-Hall Inc., 1986.

Bower, G.H., and **Hilgard, E.R.** Theories of Learning. Englewood Cliffs, NJ: Prentice Hall Inc., 1981.

Bower, G.H., Clark, M.C., Lesgold, A.M., and **Winzenz, D.** 'Hierarchical retrieval schemes in recall of categorized word lists.' Journal of Verbal Learning and Verbal Behavior 8, 323-43, 1969.

Breznitz, Z. 'Reducing the gap in reading performance between Israeli lower- and middle-class first-grade pupils.' Journal of Psychology 121 (5), 491-501, 1988.

Brown, Mark. Memory Matters. Newton Abbot: David & Charles, 1977.

Brown, R., and **McNeil, D.** 'The "Tip-of-the-Tongue" Phenomenon.' Journal of Verbal Learning and Verbal Behavior 5, 325-37.

Bugelski, B.R., Kidd, E., and **Segmen, J.** 'Image as a mediator in one-trial paired-associate learning.' Journal of Experimental Psychology 76, 69-73, 1968.

Buzan, Tony. The Mind Set: Use Your Head, Use Your Memory, Master Your Memory and The Speed Reading Book.

All London: BBC Worldwide, 2000.

Buzan, Tony. WH Smith GCSE Revision Guides (60).

Buzan, Tony. Head First, The Power of Creative Intelligence, The Power of Spiritual Intelligence, The Power of Social Intelligence, The Power of Verbal Intelligence, Head Strong, How to Mind Map. All London: Harper Collins, 2002.

Carew, T.J., Hawkins, R.D., and **Kandel, E.R.** 'Differential classical conditioning of a defensive withdrawal reflex in Aplysia Californica.' Science 219, 397-400, 1983.

Catron, R.M., and **Wingenbach, N.** 'Developing the potential of the gifted reader.' Theory into Practice, 25 (2), 134-40, 1986.

Cooper, L.A., and **Shepard, R.N.** 'Chronometric studies of the rotation of mental images.' In Chase, W.G. (Ed.) Visual Information Processing. New York: Academic Press, 1973.

Daehler, M.W., and **Bukatko, D.** Cognitive Development. New York: Alfred A. Knopf, 1985.

Domjan, M. and **Burkhard, B.** The Principles of Learning and Behavior. Monterey, Cal.: Brooks/Cole Publishing Co., 1982.

Dryden, Gordon and **Vos, Jeanette** (Ed.). The Learning Revolution. Sacramento, Cal.: Jalmar Press, 1993.

Edwards, B. Drawing on the Right Side of the Brain. Los Angeles: J. P. Tarcher, 1979.

Eich, J., Weingartner, H., Stillman, R.C., and **Gillin, J.C.** 'State-dependent accessibility of retrieval cues in the retention of a categorized list.' Journal of Verbal Learning and Verbal Behaviour 14, 408-17, 1975.

Erickson, T.C. 'Spread of epileptic discharge.' Archives of Neurology and Psychiatry 43, 429-52, 1940.

Fantino, E., and **Logan, C.A.** The Experimental Analysis of Behavior: A Biological Perspective. San Francisco: W.H. Freeman & Co., 1979.

Frase, L.T., and **Schwartz, B.J.** 'Effect of question production and answering on prose recall.' Journal of Educational Psychology 67 (5), 628-35, 1975.

Freidman, A., and **Polson, M.** 'Hemispheres as independent resource systems: Limited-capacity processing and cerebral specialisation.' Journal of Experimental Psychology: Human Perception and Performance 7, 1031-58, 1981.

Gawain, S. Creative Visualization. Toronto: Bantam Books, 1978.**Gazzaniga, M.** 'Right hemisphere language following brain bisection: A 20-year perspective.' American Psychologist 38 (5), 525-37, 1983.

Gazzaniga, M. Mind Matters. Boston: Houghton Mifflin Co., 1988.

Gazzaniga, M. The Social Brain. New York: Basic Books Inc., 1985.

Gazzaniga, M. and DeDoux, J.E. The Integrated Mind. New York: Plenum Press, 1978.

Gelb, Michael J. Present Yourself. London: Aurum Press, 1988.

Gelb, Michael J. and Buzan, Tony. Lessons from the Art of Juggling. USA: Harmony Books, 1994.

Gelb, Michael J. How to Think Like Leonardo da Vinci. New York: Delacorte Press, 1998

Glass, A.L., and **Holyoak, K.J.** Cognition. New York: Random House, 1986.

Godden, D.R., and **Baddeley, A.D.** 'Context-dependent memory in two natural environments: On land and under water.' British Journal of Psychology 66, 325-31, 1975.

Good, T.L., and **Brophy, J.E.** Educational Psychology. New York: Holt, Rinehart and Winston, 1980.

Greene, R.L. 'A common basis for recency effects in immediate and delayed recall.' Journal of Experimental Psychology:

Learning, Memory and Cognition 12 (3), 413-18, 1986.

Greenfield, Susan. Brainpower: Working Out the Human. Element Books, 2000.

Greenfield, Susan. Human Brain: A Guided Tour. Phoenix, 2000.

Grof, S. Beyond the Brain: Birth, Death, and Transcendence in Psychotherapy. New York: State University of New York Press, 1985.

Haber, Ralph N. 'How We Remember What We See.' Scientific American, 105, May 1970.

Halpern, D.F. Thought and Knowledge: An Introduction to Critical Thinking. Hillsdale, NJ: Erlbaum, 1984.

Hampton-Turner, C. Maps of the Mind. New York: Collier Books, 1981.

Hearst, E. The First Century of Experimental Psychology. Hillsdale, NJ: Lawrence Erlbaum Associates, 1979.

Hellige, J. 'Interhemispheric interaction: Models, paradigms and recent findings.' In D. Ottoson (Ed.) Duality and unity of the brain: Unified functioning and specialization of the hemispheres. London: Macmillan Press Ltd, 1987.

Hirst, W. 'Improving Memory.' In M. Gazzaniga (Ed.) Perspectives in memory research. Cambridge, Mass.: The MIT Press, 1988.

Hooper, J., and **Teresi, D.** The Three-pound Universe. New York: Dell Publishing Co. Inc., 1986.

Howe, M.J.A. 'Using Students' Notes to Examine the Role of the Individual Learner in Acquiring Meaningful Subject Matter.' Journal of Educational Research 64, 61-3.

Hunt, E., and **Love, T.** 'How Good Can Memory Be?' In A.W. Melton and E. Martin (Eds.) Coding Processes in Human Memory. Washington, DC: Winston, Wiley, 1972, op.

Hunter, I.M.L. 'An Exceptional Memory.' British Journal of Psychology 68, 155-64, 1977.

Kandel, E.R., and **Schwartz, J.H.** 'Molecular biology of learning: Modulation of transmitter release.' Science 218, 433-43, 1982.

Keyes, Daniel. The Minds of Billy Milligan. New York: Random House, 1981; London: Bantam, 1982.

Kimble, D.P. Biological Psychology. New York: Holt, Rinehart and Winston Inc., 1988.

Kinsbourne, M., and **Cook, J.** 'Generalized and lateralized effects of concurrent verbalization on a unimanual skill.' Quarterly Journal of Experimental Psychology 23, 341-5, 1971.

Korn, E.R. 'The use of altered states of consciousness and imagery in physical and pain rehabilitation.' Journal of Mental Imagery 7 (1), 25-34, 1983.

Kosslyn, S.M. Ghosts in the Mind's Machine. New York: W.W. Norton & Co., 1983.

Kosslyn, S.M. 'Imagery in Learning.' In M. Gazzaniga (Ed.) Perspectives in Memory Research. Cambridge, Mass.: The MIT Press, 1988.

Kosslyn, S.M., Ball, R.M., and **Reiser, B.J.** 'Visual images preserve metric spatial information: Evidence from studies of image scanning,' Journal of Experimental Psychology: Human Perception and Performance 4, 47-60, 1978.

LaBerge, S. Lucid Dreaming. New York: Ballantine Books, 1985.

LaPorte, R.E., and **Nath, R.** 'Role of performance goals in prose learning.' Journal of Educational Psychology 68, 260-4, 1976.

Leeds, R., Wedner, E., and **Bloch, B.** What to say when: A guide to more effective communication. Dubuque, Iowa: Wm. C. Brown Co. Publishers, 1988.

Loftus, E.F. Eyewitness Testimony. Cambridge, Mass.: Harvard University Press, 1980.

Loftus, E.F., and **Zanni, G.** 'Eyewitness testimony: The influence of wording of a question.' Bulletin of the Psychonomic Society 5, 86-8, 1975.

Luria, A.R. The Mind of a Mnemonist. London: Jonathan Cape, 1969.

Madigan, S.A. 'Interserial repetition and coding processes in free recall.' Journal of Verbal Learning and Verbal Behavior 8, 828-35, 1969.

Matlin, W.M. Cognition. New York: Holt, Rinehart & Winston Inc., 1989.

Mayer, R.E. Thinking, problem solving, cognition. New York: W.H. Freeman & Co., 1983.

Mendak, P.A. 'Reading and the Art of Guessing.' Reading World 22 (4), 346-51, May 1983.

Miller, G.A. 'The magical number seven, plus or minus two: Some limits on our capacity for processing information.' Psychological Review 63, 81-97, 1956.

Miller, W.H. Reading Diagnosis Kit. West Nyack, NY: The Centre for Applied Research in Education, 1978.

Neisser, U. Memory Observed: Remembering in Natural Contexts. San Francisco: W.H. Freeman & Co., 1982.

Nelson, T.O. 'Savings and forgetting from long-term memory.' Journal of Verbal Learning and Verbal Behavior 10, 568-76, 1971.

North, Vanda. Get Ahead. UK: Buzan Centres Ltd, 1993.

Ornstein, R. The Psychology of Consciousness. New York: Harcourt Brace Jovanovich, 1977.

Paivio, A. 'Effects of imagery instructions and concreteness of memory pegs in a mnemonic system.' Proceedings of the 76th Annual Convention of the American Psychological Association, 77-8, 1968.

Paivio, A. Imagery and Verbal Processes. New York: Holt, Rinehart & Winston Inc., 1971.

Penfield, W., and **Perot, P.** 'The Brain's Record of Auditory and Visual Experience: A Final Summary and Discussion.' Brain 86, 595-702.

Penfield, W., and **Roberts, L.** Speech and Brain-Mechanisms. Princeton, NJ: Princeton University Press, 1959.

Penry, J. Looking at Faces and Remembering Them: A Guide to Facial Identification. London: Elek Books, 1971, op.

Recht, D.R. and **Leslie, L.** 'Effect of prior knowledge on good and poor readers' memory of text.' Journal of Educational Psychology 80 (1), 16-20, 1988.

Reid, G. 'Accelerated learning: Technical training can be fun.' Training and Development Journal 39 (9), 24-7, 1985.

Reystak, R.M. The Mind. Toronto: Bantam Books, 1988.

Rickards, J.P., and **DiVesta, F.J.** Journal of Educational Psychology 66 (3), 354-62, 1974.

Robertson-Tchabo, E.A., Hausman, C.P., and **Arenberg, D.** 'A classical mnemonic for older learners: A trip that works!' In K.W. Schaie and J. Geiwitz (Eds.) Adult development and aging. Boston: Little, Brown & Co., 1982.

Robinson, A.D. 'What you see is what you get.' Training and Development Journal 38 (5), 34-9, 1984.

R**ogers, T.B., Kuiper, N.A.,** and **Kirker, W.S.** 'Self-reference and the encoding of personal information.' Journal of Personality and Social Psychology 35, 677-88, 1977.

Rosenfield, I. The Invention of Memory: A New View of the Brain. New York: Basic Books Inc., 1988.

Rossi, E.L. The Psychobiology of Mind-Body Healing: New Concepts of Therapeutic Hypnosis. New York: W.W. Norton & Co., 1986.

Ruger, H.A., and **Bussenius, C.E.** Memory. New York: Teachers College Press, 1913, op.

Russell, Peter. The Brain Book. London: Routledge & Kegan Paul, 1966; Ark,

1984.

Schachter, S., and **Singer, J.E.** 'Cognitive, social and physiological determinants of emotional state.' Psychological Review 69, 377-99. 1962.

Schaie, K.W., and **Geiwitz, J.** Adult Development and Aging. Boston: Little, Brown & Co., 1982.

Siegel, B.S. Love, Medicine and Miracles. New York: Harper & Row, 1986.

Skinner, B.F. The Behavior of Organisms: An Experimental Analysis. New York: AppletonCentury-Crofts, 1938.

Snyder, S.H. Drugs and the Brain. New York: W.H. Freeman & Co., 1986.

Sperling, G.A. 'The information available in brief visual presentation.' Psychological Monographs 74, Whole No. 498, 1960.

Sperry, R.W. 'Hemispheric deconnection and unity in conscious awareness.' Scientific American 23, 723-33, 1968.

Springer, S., and **Deutch, G.** Left Brain, Right Brain. New York: W.H. Freeman & Co., 1985.

Standing, Lionel. 'Learning 10,000 Pictures.' Quarterly Journal of Experimental Psychology 25, 207-22.

Stratton, George M. 'The Mnemonic Feat of the "Shass Pollak".' Physiological Review 24, 244-7.

Suzuki, S. Nurtured by love: a new approach to education. New York: Exposition Press, 1969.

Tart, C.T. Altered States of Consciousness. New York: John Wiley & Sons Inc., 1969.

Thomas, E.J. 'The Variation of Memory with Time for Information Appearing During a Lecture.' Studies in Adult Education, 57-62, April 1972.

Toffler, A. Power Shift: knowledge, wealth and violence in the twenty first century. London: Bantam Books, 1992.

Tulving, E. 'The Effects of Presentation and Recall of Materials in Free-Recall Learning.' Journal of Verbal Learning and Verbal Behaviour 6, 175-84.

Van Wagenen, W., and **Herren, R.** 'Surgical division of commissural pathways in the corpus callosum.' Archives of Neurology and Psychiatry 44, 740-59, 1940.

von Restorff, H. '_ber die Wirkung von Bereichsbildungen im Spurenfeld.' Psychologische Forschung 18, 299-342.

Wagner, D. 'Memories of Morocco: the influence of age, schooling and environment on memory.' Cognitive Psychology 10, 1-28, 1978.

Walsh, D.A. 'Age difference in learning and memory.' In D.S. Woodruff and J.E. Birren (Eds.) Aging: Scientific perspectives and Social Issues. Monterey, Cal.: Brooks/Cole Publishing Co., 1975.

Warren, R.M., and **Warren, R.P.** 'Auditory illusions and confusions.' Scientific American 223, 30-6, 1970.

Wolford, G. 'Function of distinct associations for paired-associate performance.' Psychological Review 73, 303-13, 1971.

Yates, F.A. The Art of Memory. London: Routledge & Kegan Paul, 1966.

Zaidel, E. 'A response to Gazzaniga: Language in the right hemisphere: Convergent perspectives.' American Psychologist 38 (5), 542-6, 1983.

著者紹介は本書12ページをご覧ください。

[訳者]

神田昌典（かんだ・まさのり）

上智大学外国語学部卒。ニューヨーク大学経済学修士、ペンシルバニア大学ウォートンスクール経営学修士（MBA）。外務省経済局、米国家電メーカー日本代表を経て、経営コンサルタントに。現在、企業家教育、心理カウンセリング、加速教育等の分野にて複数の会社を経営。
2001年、米国発の加速学習法・フォトリーディングを解説する『あなたもいままでの10倍速く本が読める』（フォレスト出版）を監訳。
著書に、『60分間・企業ダントツ化プロジェクト』（ダイヤモンド社）、『成功者の告白』『人生の旋律』（講談社）、『あなたの会社が90日で儲かる！』『非常識な成功法則』『仕事のヒント』（フォレスト出版）等、多数。

〈ホームページ〉http://www.kandamasanori.com/
〈ブログ〉http://www.kandamasanori.net/

ザ・マインドマップ®

2005年11月2日　第1刷発行
2008年2月22日　第8刷発行

著　者――トニー・ブザン　バリー・ブザン
訳　者――神田昌典
発行所――ダイヤモンド社
〒150-8409　東京都渋谷区神宮前6-12-17
http://www.diamond.co.jp/
電話／03・5778・7236（編集）　03・5778・7240（販売）

カバーデザイン―藤田知子（有限会社　HEMP）
本文デザイン―廣田清子（office sun ra）
翻訳協力――月沢李歌子・渡辺一美・森久里子
協力――Caroline Shott (ALMA MANAGEMENT LIMITED)
BBC Worldwide Japan Ltd.
Communication design
編集協力――佐藤和子（ダイヤモンド社）
製作進行――ダイヤモンド・グラフィック社
印刷――共栄メディア
製本――川島製本所
カバーイラスト―谷山彩子
DTP――伏田光宏
プルーフリーディング――茂原幸弘
版権ディレクター――浅川まどか（ダイヤモンド社）
製作総指揮・編集――渡辺考一（ダイヤモンド社）

ISBN 4-478-76099-3